金融违法案件办理丛书

信托违法案件
办理总成

刘　佳◎编著

DEALING WITH
ILLEGAL TRUST CASES

法律出版社
LAW PRESS · CHINA
北京

图书在版编目(CIP)数据

信托违法案件办理总成 / 刘佳编著. -- 北京 : 法律出版社, 2024
ISBN 978-7-5197-9030-1

Ⅰ. ①信… Ⅱ. ①刘… Ⅲ. ①信托法-案例-中国 Ⅳ. ①D922.282.5

中国国家版本馆 CIP 数据核字(2024)第 076058 号

信托违法案件办理总成
XINTUO WEIFA ANJIAN BANLI ZONGCHENG

刘 佳 编著

责任编辑 许 睿
装帧设计 汪奇峰

出版发行 法律出版社
编辑统筹 司法实务出版分社
责任校对 裴 黎
责任印制 胡晓雅
经 销 新华书店

开本 710 毫米×1000 毫米 1/16
印张 18.75 字数 334 千
版本 2024 年 8 月第 1 版
印次 2024 年 8 月第 1 次印刷
印刷 三河市兴达印务有限公司

地址:北京市丰台区莲花池西里 7 号(100073)
网址:www.lawpress.com.cn
投稿邮箱:info@lawpress.com.cn
举报盗版邮箱:jbwq@lawpress.com.cn
销售电话:010-83938349
客服电话:010-83938350
咨询电话:010-63939796

书号:ISBN 978-7-5197-9030-1
定价:85.00 元

序

信托是一种由来已久的制度安排和法律关系，信托领域相关主体围绕民事信托、营业信托和公益信托的交相互动，共同构成了我国金融行业丰富多样的金融生态。一方面，在我国信托行业孕育、起源、发展、壮大过程中，信托业迄今为止，仍然始终未曾真正脱离银行业的笼罩，甚至一度以“影子银行”的姿态大展拳脚，因此有关信托行业的法律规章、审慎规定与银行业监管的各项制度要求始终密不可分。信托机构属于银行业金融机构，信托行业的规制，绝大多数仍然以银行业经营管理规定作为参考。另一方面，信托行业毕竟属于资产管理行业的重要组成部分，属于“受人之托、忠人之事”，属于“卖者尽责、买者自负，卖者失责、按责赔付”，既要按照履职尽责和失责情况要求信托机构承担相应的赔偿责任，也要坚决打破刚性兑付，增强投资者风险自担意识。信托领域的违法违规活动，涉及刑事、行政、民事三大领域，涉及的法律法规、部门规章、司法解释也十分繁杂。基于上述信托行业的两方面特点，对于信托机构的违法违规行为的认定、处罚，既要按照《民法典》中有关合同法的相关条文加以解释，也要参考有关银行业经营和监管的法律法规，同时还要依据信托法等信托行业的法律规定，这对法律从业人员、政府监管人员、行业从业人员都提出了很高的要求。

本书是已经出版的《证券违法案件办理总成》《期货违法案件办理总成》的姊妹篇，总体结构按照刑事篇、民事篇和行政篇三类归集。在每一篇中，都以法律条文为中心，从相关规定、典型案例、权威解读等方面展开表述。其中，刑事篇法律条文以刑法为核心展开，典型案例为裁判文书网上公开的相关刑事案例；民事篇以信托法为核心展开，相关权威解读为全国人大网上有关信托法的详细释义，典型案例同样取自裁判文书网；行政篇以银行业监督管理法、商业银行法为核心展开，并引用了全国人大网上的权威解读，典型案例以监管部门在官网公开的行政处罚案例为主。同时，结合近年来信托行业改革转型化险等情况，增加了最新监管规定和案例，以及资管新规、九民纪要等与信托行业展业、监管、处置等密切相关的权威解释和制度规定，供读者加深对信托制度的认识。

需要特别指出的是，随着近年来资管行业的迅速发展，尤其是2018年资管新规颁布之后整个资管行业的统一规范，信托行业也在逐步从传统“影子银行”的角色中脱离出来，逐步真正履行其资管机构的角色，转型回归真正的信托受托人定位。在这个过程中，有几个方面值得关注和思考。一是关于风险自担和打破刚性兑付，这是从投资人的角度来看，在我国政府的宏观管理体制下，投资者对于政府信用、市场信用的界限一度模糊，如何真正打破刚性兑付尤其是针对自然人投资者的刚性兑付，可谓任重道远。二是关于履职尽责和失责赔偿，这是从信托机构的角度来看。若信托公司存在履职不当行为，依据信托法需对表外信托投资承担赔偿责任，应当按照什么样的比例和具体实施路径，转换为信托公司需要承担的表内负债，其他资管机构是否也存在类似问题（现实中除信托机构之外并不多见），这具体的把握也需要法院判决。三是关于行业救助机制和风险共担机制，目前信托业保障基金的作用和定位，需要进一步予以研究和明确。资管机构的资本金、保障基金到底如何发挥作用，如何才能权衡好与打破刚兑的关系，也需要从业者深入思考。四是关于信托行业定位。信托行业一度被视为“影子银行”，在当前我国经济高质量发展、金融行业高质量发展的过程中，如何推动信托机构从私募投行转型为真正服务委托人的资管机构，如何在传统房地产政信类业务难以为继的时候，推动其找到符合本源特征的业务领域，也需要行业深入思考。综合而言，编写本书的目的，就是希望读者通过对相关法律判例的浏览，同步也对上面几个问题形成更加清晰明确的认识。若能对推动行业转型、增加社会公众认知、强化行业监管略有裨益，则已经达到了编者的目的。

值得一提的是，在本书汇总写作过程中，本人爱人始终耐心给予倾力支持，孩子们的欢声笑语也一直是个人努力的源泉和动力，这是个人干事创业的坚强屏障和底气所在。同时，当前信托业转型发展迅速推进，相关法律法规、部门规章也在不断推陈出新，鉴于个人能力有限，以上观点和相关判例引用可能有不当之处，敬请读者批评指正。

是为序。

目　录

第一篇　刑事犯罪篇

《刑法》第一百六十三条第一款　【非国家工作人员受贿罪】 ………………… 1
《刑法》第一百八十四条　【金融机构工作人员受贿的处理】 ……………… 2
《刑法》第二百七十一条第一款　【职务侵占罪】 ………………………… 3
《刑法》第三百八十二条　【贪污罪】 ……………………………………… 4
《刑法》第三百八十五条　【受贿罪】 ……………………………………… 5
《刑法》第三百九十三条　【单位行贿罪】 ………………………………… 12

第二篇　行政处罚篇

《银行业监督管理法》第二十一条　【审慎经营规则】 …………………… 14
《银行业监督管理法》第三十八条　【银行业金融机构接管及重组】 …… 17
《银行业监督管理法》第四十五条　【银行业金融机构违法违规处罚】 …… 21
《银行业监督管理法》第四十六条　【银行业金融机构违法罚则】 ……… 26
《银行业监督管理法》第四十七条　【银行业金融机构未按规定报送信息资料】 ……………………………………………………………… 34
《银行业监督管理法》第四十八条　【金融机构高管违法违规罚则】 …… 36
《信托公司管理办法》第二十四条　【信托公司勤勉尽责管理义务】 …… 40
《信托公司管理办法》第三十四条　【信托公司开展信托业务的禁止性行为】 ……………………………………………………………… 41
《信托公司管理办法》第四十六条　【信托公司财务真实性要求】 ……… 42
《信托公司管理办法》第四十七条　【监管部门检查信托公司经营活动】 ……………………………………………………………… 42
《信托公司管理办法》第五十条　【信托公司高管任职资格审查】 ……… 43

《信托公司管理办法》第五十九条 【信托公司违规设立分支机构罚则】 …… 44
《信托公司管理办法》第六十条 【监管处罚兜底条款】 …… 46
《信托公司管理办法》第六十二条 【信托公司高管处罚条款】 …… 48
《信托公司集合资金信托计划管理办法》第四条、第二十九条 【信托公司勤勉尽责及受益权拆分转让】 …… 49
《信托公司集合资金信托计划管理办法》第五条 【信托计划设立条件】 …… 50
《信托公司集合资金信托计划管理办法》第九条 【信托计划设立前尽职调查】 …… 51
《信托公司集合资金信托计划管理办法》第二十七条 【信托公司管理信托计划的行为禁止】 …… 52
《信托公司集合资金信托计划管理办法》第四十七条 【信托公司违规罚则】 …… 52
《信托公司集合资金信托计划管理办法》第四十八条 【信托公司推介违规罚则】 …… 54
《信托公司集合资金信托计划管理办法》第四十九条 【信托公司违规设立信托计划的罚则】 …… 55
《信托公司集合资金信托计划管理办法》第五十条 【信托公司违规信息披露罚则】 …… 56
《信托公司集合资金信托计划管理办法》第五十一条 【信托公司管理信托计划的兜底违规罚则】 …… 59
《金融违法行为处罚办法》第十一条 【金融机构违规账外经营及罚则】 …… 60
《金融违法行为处罚办法》第十六条 【金融机构违规放贷及罚则】 …… 61
《金融违法行为处罚办法》第二十八条 【信托公司违规经营及罚则】 …… 63
《流动资金贷款管理暂行办法》第六条 【流动资金贷款人强化贷权管理】 …… 64
《流动资金贷款管理暂行办法》第三十九条 【流动资金贷款人违法违规行为罚则】 …… 65
《个人贷款管理暂行办法》第十六条 【贷款人强化贷款自主管理】 …… 66
《固定资产贷款管理暂行办法》第三十九条 【固定资产贷款违规相关罚则】 …… 67

《商业银行委托贷款管理办法》第七条　【商业银行委托贷款审慎管理规定】 …… 68
《商业银行内部控制指引》第二十二条　【商业银行财会信息真实性要求】 …… 71
《商业银行股权管理暂行办法》第五十二条　【商业银行违反股权管理规定的相关罚则】 …… 72
《国务院关于加强地方政府融资平台公司管理有关问题的通知》（国发〔2010〕19号） …… 72
《银行业金融机构董事（理事）和高级管理人员任职资格管理办法》第四十七条　【金融机构高管人员管理不当的情形】 …… 76
《中国银监会办公厅关于加强信托公司房地产信托业务监管有关问题的通知》第三条　【信托公司房地产贷款强化监管要求】 …… 77
《中国银监会关于规范信贷资产转让及信贷资产类理财业务有关事项的通知》第三条　【信贷资产洁净转让要求】 …… 79
《银行与信托公司业务合作指引》第三十三条　【监管依法处罚银信合作违法违规行为】 …… 80
《中国银监会办公厅关于进一步加强信托公司风险监管工作的意见》【信托行业打破刚兑、消除“影子银行”业务特征的系统监管要求】 …… 81
《中国银保监会关于规范信托公司信托业务分类的通知》（银保监规〔2023〕1号） …… 89
《中国银保监会关于规范信托公司异地部门有关事项的通知》（银保监规〔2023〕3号） …… 97
《中国银保监会办公厅关于清理规范信托公司非金融子公司业务的通知》（银保监办发〔2021〕85号） …… 99
《信托公司股权管理暂行办法》（2020年1月20日） …… 100
《中国银保监会办公厅关于保险资金投资集合资金信托有关事项的通知》（银保监办发〔2019〕144号） …… 115
《信托业保障基金管理办法》（2014年12月10日） …… 118
《中国人民银行、中国银行保险监督管理委员会、中国证券监督管理委员会、国家外汇管理局关于规范金融机构资产管理业务的指导意见》（银发〔2018〕106号） …… 122
《信托公司集合资金信托计划管理办法》（2009年2月4日） …… 134
《全国法院民商事审判工作会议纪要》（法〔2019〕254号） …… 143

第三篇　民事责任篇

《信托法》第一条　【立法目的】 …… 149
《信托法》第二条　【信托】 …… 149
《信托法》第三条　【适用范围】 …… 153
《信托法》第四条　【具体办法】 …… 154
《信托法》第五条　【信托活动必须守法】 …… 156
《信托法》第六条　【信托目的的合法性】 …… 158
《信托法》第七条　【信托财产及其合法性】 …… 159
《信托法》第八条　【信托应采取书面形式】 …… 164
《信托法》第九条　【信托应采取书面形式】 …… 167
《信托法》第十条　【信托登记】 …… 169
《信托法》第十一条　【信托无效】 …… 172
《信托法》第十二条　【信托的撤销】 …… 175
《信托法》第十三条　【遗嘱信托】 …… 176
《信托法》第十四条　【信托财产的范围】 …… 178
《信托法》第十五条　【信托财产与委托人其他财产的区别】 …… 180
《信托法》第十六条　【信托财产与受托人其他财产的区别】 …… 182
《信托法》第十七条　【信托财产的强制执行】 …… 184
《信托法》第十八条　【债权债务的抵销】 …… 188
《信托法》第十九条　【委托人的定义】 …… 189
《信托法》第二十条　【委托人的了解权利】 …… 192
《信托法》第二十一条　【信托财产管理方法的调整】 …… 197
《信托法》第二十二条　【信托目的的违反】 …… 199
《信托法》第二十三条　【解任受托人】 …… 204
《信托法》第二十四条　【受托人的定义】 …… 206
《信托法》第二十五条　【受托人的义务】 …… 208
《信托法》第二十六条　【受托人与谋利】 …… 210
《信托法》第二十七条　【不得转为固有财产】 …… 212
《信托法》第二十八条　【相互交易】 …… 212
《信托法》第二十九条　【分别管理与记帐】 …… 218
《信托法》第三十条　【受托人再委托】 …… 219

《信托法》第三十一条　【共同受托人】 …… 222
《信托法》第三十二条　【连带赔偿责任】 …… 224
《信托法》第三十三条　【记录与报告】 …… 226
《信托法》第三十四条　【受托人的支付义务】 …… 229
《信托法》第三十五条　【受托人的报酬】 …… 235
《信托法》第三十六条　【不得请求给付报酬】 …… 239
《信托法》第三十七条　【优先受偿与损失承担】 …… 242
《信托法》第三十八条　【受托人的辞任】 …… 246
《信托法》第三十九条　【受托人职责终止】 …… 246
《信托法》第四十条　【新受托人的选任】 …… 248
《信托法》第四十一条　【受托人职责终止的责任】 …… 248
《信托法》第四十二条　【共同受托人之一职责终止后的信托财产管理和处分】 …… 249
《信托法》第四十三条　【受益人】 …… 250
《信托法》第四十四条　【受托受益权的起始】 …… 252
《信托法》第四十五条　【共同受益人信托利益的享有】 …… 254
《信托法》第四十六条　【信托受益权的放弃】 …… 256
《信托法》第四十七条　【信托受益权与受益人债务清偿】 …… 257
《信托法》第四十八条　【信托受益权的转让和继承】 …… 259
《信托法》第四十九条　【法院的裁定】 …… 261
《信托法》第五十条　【解除信托】 …… 262
《信托法》第五十一条　【受托人变更受益人与处分受益权】 …… 264
《信托法》第五十二条　【信托不终止的情形】 …… 266
《信托法》第五十三条　【信托终止的情形】 …… 266
《信托法》第五十四条　【信托财产的归属】 …… 269
《信托法》第五十五条　【信托财产归属确定的后果】 …… 272
《信托法》第五十六条　【信托终止后的信托财产的被执行】 …… 275
《信托法》第五十七条　【信托终止后受托人报酬的请求】 …… 277
《信托法》第五十八条　【清算报告】 …… 278
《信托法》第五十九条　【公益信托的法律适用】 …… 280
《信托法》第六十条　【公益信托的范围】 …… 280
《信托法》第六十一条　【国家鼓励发展公益信托】 …… 281
《信托法》第六十二条　【公益信托的批准】 …… 282

《信托法》第六十三条 【公益信托财产及其收益的使用】 …………………… 283
《信托法》第六十四条 【信托监察人】 …………………………………………… 283
《信托法》第六十五条 【信托监察人的权利】 ………………………………… 284
《信托法》第六十六条 【公益信托人的辞任】 ………………………………… 285
《信托法》第六十七条 【公益信托的检查、报告与公告】 …………………… 285
《信托法》第六十八条 【公益信托受托人的变更】 …………………………… 286
《信托法》第六十九条 【变更信托文件】 ……………………………………… 286
《信托法》第七十条 【终止报告】 ………………………………………………… 287
《信托法》第七十一条 【公益信托终止的清算报告与公告】 ……………… 287
《信托法》第七十二条 【公益信托终止后信托财产的处理】 ……………… 288
《信托法》第七十三条 【公益信托的委托人、受托人或受益人的诉权】…… 289
《信托法》第七十四条 【施行日期】 …………………………………………… 289

第一篇　刑事犯罪篇

《刑法》第一百六十三条第一款　【非国家工作人员受贿罪】

第一百六十三条第一款　公司、企业或者其他单位的工作人员，利用职务上的便利，索取他人财物或者非法收受他人财物，为他人谋取利益，数额较大的，处三年以下有期徒刑或者拘役，并处罚金；数额巨大或者有其他严重情节的，处三年以上十年以下有期徒刑，并处罚金；数额特别巨大或者有其他特别严重情节的，处十年以上有期徒刑或者无期徒刑，并处罚金。

典型案例

2010年10月，某房地产开发有限公司法定代表人陈某某（另案处理）因公司经营的融资需要，经过谢某介绍，与柴某商谈融资事项，并约定按照年化融资金额的2.5%收取中介费。而后，柴某联系了包括某信托投资股份公司在内的多家融资公司。同年11月，时任某信托公司业务二部负责人的被告人栾某某在谢某、柴某等人陪同下，带工作人员到平阳对该公司项目进行考察。之后，被告人栾某某告诉柴某项目可以推进。柴某遂与陈某甲联系，商谈签订居间费合同事宜。2011年1月29日，柴某与陈某甲在某公司位于本区学院路的办公室内，由柴某以上海某建设管理咨询有限公司的名义与陈某甲的衡阳某房地产开发有限公司签订了服务咨询合同。2011年2月，被告人栾某某向柴某索要50%的中介费，否则将不予推进该融资工作，柴某表示同意。获取的中介费，被告人栾某某占50%、柴某占30%、谢某占20%。2011年5月，某信托公司向某房开公司融资的4亿元的信托资金全部到位。被告人栾某某共计收受柴某给付的共计人民币1229.5万元。案发后，已有10,121,603.94元赃款被冻结。

法院认定：被告人栾某某及辩护人提出栾某某的工作性质对项目没有任何独立和绝对职权，不存在可以利用的职务上的便利。法院认为，被告人栾某某明知柴某欲帮助陈某甲的公司获得融资贷款从而收取中介费的情况下，利用负责该项目融资申报立项的启动及各部门间的后续衔接工作之便，向柴某索要好处费，足以认定其利用职务便利索取他人财物的事实。

法院认为，被告人栾某某身为公司人员，利用职务上的便利，索取他人财物，为他人谋取利益，数额巨大，其行为已构成非国家工作人员受贿罪。

《刑法》第一百八十四条　【金融机构工作人员受贿的处理】

第一百八十四条　银行或者其他金融机构的工作人员在金融业务活动中索取他人财物或者非法收受他人财物，为他人谋取利益的，或者违反国家规定，收受各种名义的回扣、手续费，归个人所有的，依照本法第一百六十三条的规定定罪处罚。

国有金融机构工作人员和国有金融机构委派到非国有金融机构从事公务的人员有前款行为的，依照本法第三百八十五条、第三百八十六条的规定定罪处罚。

相关规定[①]

《最高人民法院、最高人民检察院关于办理贪污贿赂刑事案件适用法律若干问题的解释》（法释〔2016〕9号）

第十一条第一款　刑法第一百六十三条规定的非国家工作人员受贿罪、第二百七十一条规定的职务侵占罪中的“数额较大”“数额巨大”的数额起点，按照本解释关于受贿罪、贪污罪相对应的数额标准规定的二倍、五倍执行。

典型案例

某银行工作人员王某安排同事谢某，经过银行内部的层层审批流程，通过某信托公司的田某，以浦发银行总行理财资金购买了某信托公司发行的信托计划，而某信托公司所发行信托计划的财产权标的，即为成都某建工的应收账款资产。因此，从该项操作实质来看，即为某银行为成都某建工提供融资。某信托公司的田某与某银行谢某达成协议，项目完成后，田某支付好处费600万元给谢某用于分配。项目推进过程中，田某通过自身实际控制并向某信托公司隐

① 本书中法律法规、司法解释等均是与主法条紧密相关的条款，且为节录，余同。

瞒该层关系的上海某公司，向某信托公司申请本项目3%额度的咨询服务费并通过审批，某信托公司与成都某建工、某银行、上海某公司分别签署协议。此后某信托公司向上海某公司支付1500万元，上海某公司支付某咨询公司服务费400万元，田某本人耗用500万元，支付谢某好处费600万元；谢某收款后支付王某180万元。

法院认为，田某为谋取不正当利益，给予金融机构工作人员王某、谢某好处费600万元，数额巨大，其行为构成对非国家工作人员行贿罪。田某利用职务便利，将本单位财物500万元非法占为己有，数额巨大，其行为构成职务侵占罪。王某、谢某作为银行工作人员，利用职务上的便利，共同非法收受600万元好处费，为他人谋取利益，数额巨大，二人行为均已构成非国家工作人员受贿罪。

《刑法》第二百七十一条第一款　【职务侵占罪】

第二百七十一条第一款　公司、企业或者其他单位的工作人员，利用职务上的便利，将本单位财物非法占为己有，数额较大的，处三年以下有期徒刑或者拘役，并处罚金；数额巨大的，处三年以上十年以下有期徒刑，并处罚金；数额特别巨大的，处十年以上有期徒刑或者无期徒刑，并处罚金。

相关规定

最高人民检察院公安部关于公安机关管辖的刑事案件立案追诉标准的规定（二）（公通字〔2022〕12号）

第七十六条　〔职务侵占案（刑法第二百七十一条第一款）〕公司、企业或者其他单位的人员，利用职务上的便利，将本单位财物非法占为己有，数额在三万元以上的，应予立案追诉。

典型案例

2012年至2013年，被告人苗某在担任某国际信托有限公司（以下简称某国际信托公司）同业合作部助理总裁和某控股有限公司执行总裁期间，利用其负责贷款项目，可以商定贷款条件，对于项目的融资费率具有一定范围内自主决定权的职务便利，在其负责某国际信托公司与武汉某房地产有限公司（以下简称某房地产公司）融资项目过程中，代表某国际信托公司与融资方某房地产公司商定，由某国际信托公司向某房地产公司融资人民币5亿元，某房地产公司定期支付融资费，融资费率为27%。其后，苗某采取分别与某房地产公司签署《融资合同》（费率为25%）和《融资顾问合同》（费率为2%）的手段，以收取咨询费的名义将该2%转至由其亲属实际控制的冒用刘某某名义注册成立的北京某咨询有限公司（以下简称某咨询公司）。至案发，某房地产公司共计支付咨询费人民币1500万元。

被告人苗某在负责某国际信托公司与江西某建设投资有限公司、某创展公司与黑龙江某房地产开发有限公司融资项目过程中，采取同样的犯罪手段，分别收取融资方咨询费人民币400万元和人民币500万元。

法院认定，被告人苗某作为公司的人员，利用职务上的便利，将本单位的财物非法占为己有，数额巨大，其行为已构成职务侵占罪。

《刑法》第三百八十二条　【贪污罪】

第三百八十二条　国家工作人员利用职务上的便利，侵吞、窃取、骗取或者以其他手段非法占有公共财物的，是贪污罪。

受国家机关、国有公司、企业、事业单位、人民团体委托管理、经营国有财产的人员，利用职务上的便利，侵吞、窃取、骗取或者以其他手段非法占有国有财物的，以贪污论。

与前两款所列人员勾结，伙同贪污的，以共犯论处。

相关规定

1.《刑法》

第三百九十四条　国家工作人员在国内公务活动或者对外交往中接受礼物，依照国家规定应当交公而不交公，数额较大的，依照本法第三百八十二条、第三百八十三条的规定定罪处罚。

2.《全国法院审理经济犯罪案件工作座谈会纪要》（法发〔2003〕167号）

二、关于贪污罪

（一）贪污罪既遂与未遂的认定

贪污罪是一种以非法占有为目的的财产性职务犯罪，与盗窃、诈骗、抢夺等侵犯财产罪一样，应当以行为人是否实际控制财物作为区分贪污罪既遂与未遂的标准。对于行为人利用职务上的便利，实施了虚假平帐等贪污行为，但公共财物尚未实际转移，或者尚未被行为人控制就被查获的，应当认定为贪污未遂。行为人控制公共财物后，是否将财物据为己有，不影响贪污既遂的认定。

……

（四）共同贪污犯罪中“个人贪污数额”的认定

刑法第三百八十三条第一款规定的“个人贪污数额”，在共同贪污犯罪案件中应理解为个人所参与或者组织、指挥共同贪污的数额，不能只按个人实际分得的赃款数额来认定。对共同贪污犯罪中的从犯，应当按照其所参与的共同贪污的数额确定量刑幅度，并依照刑法第二十七条第二款的规定，从轻、减轻处罚或者免除处罚。

典型案例

某信托公司工作人员杨某某、林某与某公司张某共谋，将某信托公司7个项目虚列为某公司担任投资顾问项目，并从某信托公司骗取投资顾问费491万元，其中某信托公司工作人员刘某与杨某某共谋骗取1个项目顾问费170万元；某信托公司杨某某、林某，将公司9个单位信托项目，虚列为杨某某以同学名义注册的北京某投资有限公司作为投资顾问推荐的项目，从而骗取投资顾问费447万元。杨某某获得投资顾问费321万元，林某获得投资顾问费219万元，杨某某、林某控制的北京某投资有限公司获得投资顾问费237万元，刘某获得投资顾问费72万元，张某及其控制的某公司获得投资顾问费40万元，另有49万元费用去向不明。

法院认为，被告人杨某某、林某、刘某作为在国有公司从事公务的人员，利用从事信托业务的职务便利，伙同某公司实际控制人张某采取骗取的手段非法占有公共财产，其四人行为均构成贪污罪。被告人杨某某、林某贪污数额939万元，被告人张某贪污数额491.22万元，均数额特别巨大，被告人刘某贪污数额170万元，数额巨大，公诉机关指控的事实及罪名成立。最终判决杨某某、林某、刘某、张某等犯贪污罪，判处有期徒刑10年至3年不等并处相应罚金。

《刑法》第三百八十五条　【受贿罪】

第三百八十五条　国家工作人员利用职务上的便利，索取他人财物的，或

者非法收受他人财物，为他人谋取利益的，是受贿罪。

国家工作人员在经济往来中，违反国家规定，收受各种名义的回扣、手续费，归个人所有的，以受贿论处。

相关规定

1.《刑法》

第九十三条 本法所称国家工作人员，是指国家机关中从事公务的人员。

国有公司、企业、事业单位、人民团体中从事公务的人员和国家机关、国有公司、企业、事业单位委派到非国有公司、企业、事业单位、社会团体从事公务的人员，以及其他依照法律从事公务的人员，以国家工作人员论。

第三百八十三条 对犯贪污罪的，根据情节轻重，分别依照下列规定处罚：

（一）贪污数额较大或者有其他较重情节的，处三年以下有期徒刑或者拘役，并处罚金。

（二）贪污数额巨大或者有其他严重情节的，处三年以上十年以下有期徒刑，并处罚金或者没收财产。

（三）贪污数额特别巨大或者有其他特别严重情节的，处十年以上有期徒刑或者无期徒刑，并处罚金或者没收财产；数额特别巨大，并使国家和人民利益遭受特别重大损失的，处无期徒刑或者死刑，并处没收财产。

对多次贪污未经处理的，按照累计贪污数额处罚。

犯第一款罪，在提起公诉前如实供述自己罪行、真诚悔罪、积极退赃，避免、减少损害结果的发生，有第一项规定情形的，可以从轻、减轻或者免除处罚；有第二项、第三项规定情形的，可以从轻处罚。

犯第一款罪，有第三项规定情形被判处死刑缓期执行的，人民法院根据犯罪情节等情况可以同时决定在其死刑缓期执行二年期满依法减为无期徒刑后，终身监禁，不得减刑、假释。

第三百八十六条 对犯受贿罪的，根据受贿所得数额及情节，依照本法第三百八十三条的规定处罚。索贿的从重处罚。

第三百八十八条 国家工作人员利用本人职权或者地位形成的便利条件，通过其他国家工作人员职务上的行为，为请托人谋取不正当利益，索取请托人财物或者收受请托人财物的，以受贿论处。

2.《最高人民法院、最高人民检察院关于办理贪污贿赂刑事案件适用法律若干问题的解释》（法释〔2016〕9号）

为依法惩治贪污贿赂犯罪活动，根据刑法有关规定，现就办理贪污贿赂刑事案件适用法律的若干问题解释如下：

第一条　贪污或者受贿数额在三万元以上不满二十万元的，应当认定为刑法第三百八十三条第一款规定的“数额较大”，依法判处三年以下有期徒刑或者拘役，并处罚金。

贪污数额在一万元以上不满三万元，具有下列情形之一的，应当认定为刑法第三百八十三条第一款规定的“其他较重情节”，依法判处三年以下有期徒刑或者拘役，并处罚金：

（一）贪污救灾、抢险、防汛、优抚、扶贫、移民、救济、防疫、社会捐助等特定款物的；

（二）曾因贪污、受贿、挪用公款受过党纪、行政处分的；

（三）曾因故意犯罪受过刑事追究的；

（四）赃款赃物用于非法活动的；

（五）拒不交待赃款赃物去向或者拒不配合追缴工作，致使无法追缴的；

（六）造成恶劣影响或者其他严重后果的。

受贿数额在一万元以上不满三万元，具有前款第二项至第六项规定的情形之一，或者具有下列情形之一的，应当认定为刑法第三百八十三条第一款规定的“其他较重情节”，依法判处三年以下有期徒刑或者拘役，并处罚金：

（一）多次索贿的；

（二）为他人谋取不正当利益，致使公共财产、国家和人民利益遭受损失的；

（三）为他人谋取职务提拔、调整的。

第二条　贪污或者受贿数额在二十万元以上不满三百万元的，应当认定为刑法第三百八十三条第一款规定的“数额巨大”，依法判处三年以上十年以下有期徒刑，并处罚金或者没收财产。

贪污数额在十万元以上不满二十万元，具有本解释第一条第二款规定的情形之一的，应当认定为刑法第三百八十三条第一款规定的“其他严重情节”，依法判处三年以上十年以下有期徒刑，并处罚金或者没收财产。

受贿数额在十万元以上不满二十万元，具有本解释第一条第三款规定的情形之一的，应当认定为刑法第三百八十三条第一款规定的“其他严重情节”，依法判处三年以上十年以下有期徒刑，并处罚金或者没收财产。

第三条 贪污或者受贿数额在三百万元以上的，应当认定为刑法第三百八十三条第一款规定的“数额特别巨大”，依法判处十年以上有期徒刑、无期徒刑或者死刑，并处罚金或者没收财产。

贪污数额在一百五十万元以上不满三百万元，具有本解释第一条第二款规定的情形之一的，应当认定为刑法第三百八十三条第一款规定的“其他特别严重情节”，依法判处十年以上有期徒刑、无期徒刑或者死刑，并处罚金或者没收财产。

受贿数额在一百五十万元以上不满三百万元，具有本解释第一条第三款规定的情形之一的，应当认定为刑法第三百八十三条第一款规定的“其他特别严重情节”，依法判处十年以上有期徒刑、无期徒刑或者死刑，并处罚金或者没收财产。

第四条 贪污、受贿数额特别巨大，犯罪情节特别严重、社会影响特别恶劣、给国家和人民利益造成特别重大损失的，可以判处死刑。

符合前款规定的情形，但具有自首，立功，如实供述自己罪行、真诚悔罪、积极退赃，或者避免、减少损害结果的发生等情节，不是必须立即执行的，可以判处死刑缓期二年执行。

符合第一款规定情形的，根据犯罪情节等情况可以判处死刑缓期二年执行，同时裁判决定在其死刑缓期执行二年期满依法减为无期徒刑后，终身监禁，不得减刑、假释。

第五条 挪用公款归个人使用，进行非法活动，数额在三万元以上的，应当依照刑法第三百八十四条的规定以挪用公款罪追究刑事责任；数额在三百万元以上的，应当认定为刑法第三百八十四条第一款规定的“数额巨大”。具有下列情形之一的，应当认定为刑法第三百八十四条第一款规定的“情节严重”：

（一）挪用公款数额在一百万元以上的；

（二）挪用救灾、抢险、防汛、优抚、扶贫、移民、救济特定款物，数额在五十万元以上不满一百万元的；

（三）挪用公款不退还，数额在五十万元以上不满一百万元的；

（四）其他严重的情节。

第六条 挪用公款归个人使用，进行营利活动或者超过三个月未还，数额在五万元以上的，应当认定为刑法第三百八十四条第一款规定的“数额较大”；数额在五百万元以上的，应当认定为刑法第三百八十四条第一款规定的“数额巨大”。具有下列情形之一的，应当认定为刑法第三百八十四条第一款规定的“情节严重”：

（一）挪用公款数额在二百万元以上的；

（二）挪用救灾、抢险、防汛、优抚、扶贫、移民、救济特定款物，数额在一百万元以上不满二百万元的；

（三）挪用公款不退还，数额在一百万元以上不满二百万元的；

（四）其他严重的情节。

第七条　为谋取不正当利益，向国家工作人员行贿，数额在三万元以上的，应当依照刑法第三百九十条的规定以行贿罪追究刑事责任。

行贿数额在一万元以上不满三万元，具有下列情形之一的，应当依照刑法第三百九十条的规定以行贿罪追究刑事责任：

（一）向三人以上行贿的；

（二）将违法所得用于行贿的；

（三）通过行贿谋取职务提拔、调整的；

（四）向负有食品、药品、安全生产、环境保护等监督管理职责的国家工作人员行贿，实施非法活动的；

（五）向司法工作人员行贿，影响司法公正的；

（六）造成经济损失数额在五十万元以上不满一百万元的。

第八条　犯行贿罪，具有下列情形之一的，应当认定为刑法第三百九十条第一款规定的“情节严重”：

（一）行贿数额在一百万元以上不满五百万元的；

（二）行贿数额在五十万元以上不满一百万元，并具有本解释第七条第二款第一项至第五项规定的情形之一的；

（三）其他严重的情节。

为谋取不正当利益，向国家工作人员行贿，造成经济损失数额在一百万元以上不满五百万元的，应当认定为刑法第三百九十条第一款规定的“使国家利益遭受重大损失”。

第九条　犯行贿罪，具有下列情形之一的，应当认定为刑法第三百九十条第一款规定的“情节特别严重”：

（一）行贿数额在五百万元以上的；

（二）行贿数额在二百五十万元以上不满五百万元，并具有本解释第七条第二款第一项至第五项规定的情形之一的；

（三）其他特别严重的情节。

为谋取不正当利益，向国家工作人员行贿，造成经济损失数额在五百万元以上的，应当认定为刑法第三百九十条第一款规定的“使国家利益遭受特别重大损失”。

第十条 刑法第三百八十八条之一规定的利用影响力受贿罪的定罪量刑适用标准，参照本解释关于受贿罪的规定执行。

刑法第三百九十条之一规定的对有影响力的人行贿罪的定罪量刑适用标准，参照本解释关于行贿罪的规定执行。

单位对有影响力的人行贿数额在二十万元以上的，应当依照刑法第三百九十条之一的规定以对有影响力的人行贿罪追究刑事责任。

第十一条 刑法第一百六十三条规定的非国家工作人员受贿罪、第二百七十一条规定的职务侵占罪中的“数额较大”“数额巨大”的数额起点，按照本解释关于受贿罪、贪污罪相对应的数额标准规定的二倍、五倍执行。

刑法第二百七十二条规定的挪用资金罪中的“数额较大”“数额巨大”以及“进行非法活动”情形的数额起点，按照本解释关于挪用公款罪“数额较大”“情节严重”以及“进行非法活动”的数额标准规定的二倍执行。

刑法第一百六十四条第一款规定的对非国家工作人员行贿罪中的“数额较大”“数额巨大”的数额起点，按照本解释第七条、第八条第一款关于行贿罪的数额标准规定的二倍执行。

第十二条 贿赂犯罪中的“财物”，包括货币、物品和财产性利益。财产性利益包括可以折算为货币的物质利益如房屋装修、债务免除等，以及需要支付货币的其他利益如会员服务、旅游等。后者的犯罪数额，以实际支付或者应当支付的数额计算。

第十三条 具有下列情形之一的，应当认定为“为他人谋取利益”，构成犯罪的，应当依照刑法关于受贿犯罪的规定定罪处罚：

（一）实际或者承诺为他人谋取利益的；

（二）明知他人有具体请托事项的；

（三）履职时未被请托，但事后基于该履职事由收受他人财物的。

国家工作人员索取、收受具有上下级关系的下属或者具有行政管理关系的被管理人员的财物价值三万元以上，可能影响职权行使的，视为承诺为他人谋取利益。

第十四条 根据行贿犯罪的事实、情节，可能被判处三年有期徒刑以下刑罚的，可以认定为刑法第三百九十条第二款规定的“犯罪较轻”。

根据犯罪的事实、情节，已经或者可能被判处十年有期徒刑以上刑罚的，或者案件在本省、自治区、直辖市或者全国范围内有较大影响的，可以认定为刑法第三百九十条第二款规定的“重大案件”。

具有下列情形之一的，可以认定为刑法第三百九十条第二款规定的“对侦破重大案件起关键作用”：

（一）主动交待办案机关未掌握的重大案件线索的；

（二）主动交待的犯罪线索不属于重大案件的线索，但该线索对于重大案件侦破有重要作用的；

（三）主动交待行贿事实，对于重大案件的证据收集有重要作用的；

（四）主动交待行贿事实，对于重大案件的追逃、追赃有重要作用的。

第十五条 对多次受贿未经处理的，累计计算受贿数额。

国家工作人员利用职务上的便利为请托人谋取利益前后多次收受请托人财物，受请托之前收受的财物数额在一万元以上的，应当一并计入受贿数额。

第十六条 国家工作人员出于贪污、受贿的故意，非法占有公共财物、收受他人财物之后，将赃款赃物用于单位公务支出或者社会捐赠的，不影响贪污罪、受贿罪的认定，但量刑时可以酌情考虑。

特定关系人索取、收受他人财物，国家工作人员知道后未退还或者上交的，应当认定国家工作人员具有受贿故意。

第十七条 国家工作人员利用职务上的便利，收受他人财物，为他人谋取利益，同时构成受贿罪和刑法分则第三章第三节、第九章规定的渎职犯罪的，除刑法另有规定外，以受贿罪和渎职犯罪数罪并罚。

第十八条 贪污贿赂犯罪分子违法所得的一切财物，应当依照刑法第六十四条的规定予以追缴或者责令退赔，对被害人的合法财产应当及时返还。对尚未追缴到案或者尚未足额退赔的违法所得，应当继续追缴或者责令退赔。

第十九条 对贪污罪、受贿罪判处三年以下有期徒刑或者拘役的，应当并处十万元以上五十万元以下的罚金；判处三年以上十年以下有期徒刑的，应当并处二十万元以上犯罪数额二倍以下的罚金或者没收财产；判处十年以上有期徒刑或者无期徒刑的，应当并处五十万元以上犯罪数额二倍以下的罚金或者没收财产。

对刑法规定并处罚金的其他贪污贿赂犯罪，应当在十万元以上犯罪数额二倍以下判处罚金。

第二十条 本解释自2016年4月18日起施行。最高人民法院、最高人民检察院此前发布的司法解释与本解释不一致的，以本解释为准。

典型案例

被告人魏某某于2008年至2013年，利用担任某信托股份有限公司信托业务总部总经理、信托业务一部经理、营销总监、总裁助理的职务便利，为陈某（另案处理）在推进无锡市某建设投资管理有限公司信托融资项目方面提供帮助，为北京某投资有限公司参与北京某股权投资中心矿业基金项目及项目运营过程提供帮助，先后收受陈某贿赂的300万元及某投资有限公司实际控制人杨某（另案处理）贿赂的200万元。魏某某还利用职权和地位形成的便利条件，通过时任某银行股份有限公司投资银行部融资业务处处长张某，为北京某投资顾问有限公司在介绍某信托有限责任公司承接某银行股份有限公司北京市分行信托业务方面提供帮助，先后2次收受某投资顾问有限公司法定代表人葛某（另案处理）贿赂的现金共计30万元。

法院认为，被告人魏某某身为国有公司中从事公务的人员，利用职务上的便利，非法收受他人财物，为他人谋取利益，其行为已构成受贿罪；其还利用本人职权形成的便利条件，通过其他国家工作人员职务上的行为，为他人谋取不正当利益，收受他人财物，其行为应当以受贿论处。

《刑法》第三百九十三条　【单位行贿罪】

第三百九十三条　单位为谋取不正当利益而行贿，或者违反国家规定，给予国家工作人员以回扣、手续费，情节严重的，对单位判处罚金，并对其直接负责的主管人员和其他直接责任人员，处三年以下有期徒刑或者拘役，并处罚金；情节特别严重的，处三年以上十年以下有期徒刑，并处罚金。因行贿取得的违法所得归个人所有的，依照本法第三百八十九条、第三百九十条的规定定罪处罚。

典型案例

被告人李某某，原某国际信托有限公司私募投资部总经理。南京某公司财务部总经理丁某某因业务需要，于2012年找到被告人李某某，初审相关材料后，李某某向原某银行股份有限公司金融市场部总经理任某某推荐了这笔业务，随后李某某安排某国际信托有限公司私募融资部总经理助理宰某某负责这笔业务的具体办理。因缺少业务主体，南京某公司找到长安某公司作为信托通道方主体。南京某公司、长安某公司、某银行成功签订相应合同后，李某某于2012年7月安排上海某公司与南京某公司签订财务顾问协议，收取此笔业务中介费用人民币150万元。这笔业务到期结束后，李某某于2013年4月7日为了感谢任某某在业务办理过程中给予的帮助，安排上海某公司财务负责人王某某，从上海某投资管理服务中心上海某银行账户中，向任某某哈尔滨的某银行账户转款人民币50万元。2015年10月29日，被告人李某某被侦查机关取保候审。另查明，任某某已于2016年10月11日因受贿等罪被追究刑事责任。上海某公司和上海某投资管理服务中心的实际控制人为李某某。上海某投资管理服务中心已于2015年4月10日注销登记。

法院认为，被告单位上海某资产管理有限公司在经济活动中，为谋取不正当利益而向国家工作人员行贿人民币50万元，属情节严重，其行为已构成单位行贿罪，应予追究刑事责任。被告人李某某作为上海某资产管理有限公司的实际控制人，是单位犯罪的主管人员，指使公司财务人员向任某某提供的账户中汇入好处费人民币50万元，属情节严重，其行为已构成单位行贿罪，应予追究刑事责任。

第二篇　行政处罚篇

《银行业监督管理法》第二十一条　【审慎经营规则】

第二十一条　银行业金融机构的审慎经营规则，由法律、行政法规规定，也可以由国务院银行业监督管理机构依照法律、行政法规的规定制定。

前款规定的审慎经营规则，包括风险管理、内部控制、资本充足率、资产质量、损失准备金、风险集中、关联交易、资产流动性等内容。

银行业金融机构应当严格遵守审慎经营规则。

典型案例①

1. 东莞信托有限公司资产质量管理严重违反审慎经营规则案

行政处罚决定书文号			东银监罚决字〔2017〕6号
被处罚当事人姓名或名称	个人姓名		—
	单位	名称	东莞信托有限公司
		主要负责人姓名	黄某某
案由			资产质量管理严重违反审慎经营规则
行政处罚依据			《中国银监会办公厅关于进一步加强信托公司风险监管工作的意见》第二点第（一）项相关规定，《中华人民共和国银行业监督管理法》第二十一条、第四十六条
行政处罚决定			罚款20万元
作出处罚决定的机关名称			中国银行业监督管理委员会东莞监管分局
作出处罚决定的日期			2017年8月23日

① 本部分以表格形式列明案例情况，更有针对性，一目了然。余同。——编者注

2. 大业信托有限责任公司信托业务严重违反审慎经营规则案

<table>
<tr><td colspan="3">行政处罚决定书文号</td><td>粤银保监罚决字〔2021〕65号</td></tr>
<tr><td rowspan="3">被处罚当事人姓名或名称</td><td colspan="2">个人姓名</td><td>王某、田某、赖某、应某某、何某、蓝某某</td></tr>
<tr><td rowspan="2">单位</td><td>名称</td><td>大业信托有限责任公司</td></tr>
<tr><td>法定代表人姓名</td><td>陈某某</td></tr>
<tr><td colspan="3">案由</td><td>大业信托有限责任公司信托业务严重违反审慎经营规则；王某、田某、赖某负管理责任；应某某、何某、蓝某某负经办责任</td></tr>
<tr><td colspan="3">行政处罚依据</td><td>《中华人民共和国银行业监督管理法》第二十一条第三款、第四十六条第五项、第四十八条第二项和相关审慎经营规则</td></tr>
<tr><td colspan="3">行政处罚决定</td><td>对大业信托有限责任公司罚款200万元；对何某给予警告并罚款10万元；对王某、田某、应某某、蓝某某分别给予警告并罚款5万元；对赖某给予警告</td></tr>
<tr><td colspan="3">作出处罚决定的机关名称</td><td>中国银保监会广东监管局</td></tr>
<tr><td colspan="3">作出处罚决定的日期</td><td>2021年11月15日</td></tr>
</table>

权威解读①

本条是关于审慎经营规则的制定以及银行业金融机构应当遵守审慎经营规则的规定。

一、审慎经营规则的内容

银行业金融机构的审慎经营规则包括，但不限于：

（一）风险管理

风险管理是指银行业金融机构识别、计量、监测和控制所承担的信用风险、市场风险、流动性风险、操作风险、法律风险和声誉风险等各类风险的全过程。银行业金融机构的风险管理体系应当包括以下四个基本要素：1. 董事会和高级管理层的有效监控；2. 完善的风险管理政策和程序；3. 有效的风险识别、计量、监测和控制程序；4. 完善的内部控制和独立的外部审计。

① 《法律问答与释义》，载中国人大网，http：//www. npc. gov. cn/zgrdw/npc/flsyywd/jingji/2004－10/26/content_ 337705. htm。本部分内容为节选，选取与法条最为紧密的内容且有改动。余同。——编者注

（二）内部控制

内部控制是银行业金融机构为实现经营目标，通过制定和实施一系列的制度、程序和方法，对风险进行事前防范、事中控制、事后监督和纠正的动态过程和机制。内部控制通常包含以下五个要素：1. 内部控制环境；2. 风险识别与评估；3. 内部控制措施；4. 信息交流与反馈；5. 监督评价与纠正。

（三）资本充足率

资本充足率是指银行业金融机构持有的、符合监管机构规定的资本与风险加权资产之间的比率，用以衡量其资本充足程度。资本作为一种风险缓冲剂，具有承担风险、吸收损失、保护银行业金融机构抵御意外冲击的作用，是保障银行业金融机构安全的“最后一道防线”。资本充足程度直接决定银行业金融机构最终清偿能力和抵御各类风险的能力。

（四）资产质量

银行业金融机构应当根据审慎经营和风险管理的要求，建立完善的资产分类政策和程序，对贷款和其他表内外资产定期进行查审，并进行分类，以揭示资产的实际价值和风险程度，真实、全面、动态地反映资产质量。银行业金融机构应当对有问题资产进行严密监控，加大回收力度，减少资产损失。

（五）损失准备金

银行业金融机构应当根据审慎会计原则，合理估计资产损失，对可能发生的各项资产损失及时计提足额的损失准备，以提高抵御风险的能力，真实核算经营损益，保持稳健经营和持续发展。

（六）风险集中

银行业金融机构若资产分散程度不足，可能会面临较大的潜在风险，甚至产生巨额损失。因此，银行业金融机构应当限制对单一交易对手或一组关联交易对手的风险暴露，并控制对某一行业或地域的风险暴露。银行监管机构则应当对银行业金融机构管理风险集中的情况进行监督管理，并制定审慎监管限额，特别是对单一交易对手或一组关联交易对手风险暴露的审慎限额，促使其在经营过程中适当地分散风险，防止因风险过度集中而遭受损失。

（七）关联交易

银行业金融机构的关联交易是指银行业金融机构与其关联方之间发生的转移资源或义务的事项，包括授信、租赁、资产转移、提供劳务、研究与开发项目技术和产品的转移等。其中，关联授信包括银行业金融机构向关联方提供的贷款、贷款承诺、承兑、贴现、贸易融资、信用证、保函、透支、同业拆借、担保等。银行业金融机构应当制定关联交易管理制度，对关联交易的进行内部授权管理，确保关联交易按照商业原则，以不优于对非关联方同类交易的条件进行，并将关联交易限制在监管机构和自身规定的审慎限额内。

（八）资产流动性

流动性是指银行业金融机构为资产的增长筹集资金和履行合同承诺、支付到期债务的能力。银行业金融机构应当持续、有效地管理资产、负债和表外业务，具备多样化的融资渠道和充足的流动性资产，以有效地监测和控制流动性风险，保持充足的流动性。流动性管理的关键因素是具备良好的管理信息系统、集中的流动性控制、对不同情况下净融资需求的分析、多样性的融资渠道和应急方案。

银行业金融机构的审慎经营规则，可以由法律、行政法规规定，也可以由银行监管机构根据法律、行政法规的有关规定制定。由于审慎经营规则具有很强的专业性和技术性，并可能随着银行业实践和金融创新的发展而随时需要进行修改和完善；而且，有些审慎经营规则并不具有强制性，只是为银行业金融机构的审慎经营提出指导性意见。因此，银行的审慎经营规则通常只是由法律、行政法规做出某些原则性规定，然后由监管机构颁布的规则来提出具体的要求、标准和指导，这已成为各国银行监管机构的普遍做法，在我国银行监管机构的监管实践中也已运用多年。

《银行业监督管理法》第三十八条　【银行业金融机构接管及重组】

第三十八条　银行业金融机构已经或者可能发生信用危机，严重影响存款人和其他客户合法权益的，国务院银行业监督管理机构可以依法对该银行业金融机构实行接管或者促成机构重组，接管和机构重组依照有关法律和国务院的规定执行。

典型案例

1. 中国银保监会依法对天安财产保险股份有限公司等六家机构实施接管①

鉴于天安财产保险股份有限公司、华夏人寿保险股份有限公司、天安人寿保险股份有限公司、易安财产保险股份有限公司触发了《中华人民共和国保险

① 《中国银保监会依法对天安财产保险股份有限公司等六家机构实施接管的公告》，载中国银保监会网，https://www.cbirc.gov.cn/cn/view/pages/ItemDetail.html?docId=917190&itemId=915。

法》第一百四十四条规定的接管条件，新时代信托股份有限公司、新华信托股份有限公司触发了《中华人民共和国银行业监督管理法》第三十八条和《信托公司管理办法》第五十五条规定的接管条件，为保护保险活动当事人、信托当事人合法权益，维护社会公共利益，中国银行保险监督管理委员会（以下简称银保监会）决定对上述六家机构实施接管。

一、接管期限。自2020年7月17日起至2021年7月16日止，可依法适当延长。

二、接管组织。银保监会派驻接管组。

三、接管内容。从接管之日起，被接管机构股东大会、董事会、监事会停止履行职责，相关职能全部由接管组承担。接管组行使被接管机构经营管理权，接管组组长行使被接管机构法定代表人职责。

接管组依据相关法律委托中国太平洋财产保险股份有限公司、国寿健康产业投资有限公司、新华人寿保险股份有限公司、中国人民财产保险股份有限公司、中信信托有限责任公司、交银国际信托有限公司组建六个托管组，按照托管协议分别托管天安财产保险股份有限公司、华夏人寿保险股份有限公司、天安人寿保险股份有限公司、易安财产保险股份有限公司、新时代信托股份有限公司、新华信托股份有限公司业务。

接管后，被接管机构继续照常经营，公司债权债务关系不因接管而变化。接管组将依法履职，保持公司稳定经营，依法保护保险活动当事人、信托当事人等各利益相关方的合法权益。

2. 重庆市第五中级人民法院民事裁定书①

申请人：新华信托股份有限公司管理人。

申请人：天津新华创富资产管理有限公司管理人。

2022年7月6日，本院裁定受理新华信托股份有限公司（以下简称新华信托）破产清算申请并指定新华信托清算组为管理人。2022年7月14日，本院裁定受理对天津新华创富资产管理有限公司（以下简称天津创富）的破产清算申请并指定新华信托清算组为管理人。2022年7月15日，本院裁定对新华信托及天津创富进行实质合并破产清算。2023年5月15日，管理人向本院申请宣告新华信托及天津创富破产。

本院查明：新华信托于1998年4月20日登记成立，公司类型为股份有限公司（中外合资），登记机关重庆市市场监督管理局（原重庆市工商行政管理

① 重庆市第五中级人民法院民事裁定书，（2022）渝05破237号、246号之二。

局），注册资本42亿元。公司经营范围：许可项目：资金信托，动产信托，不动产信托，有价证券信托，其他财产或财产权信托，作为投资基金或者基金管理公司的发起人从事投资基金业务；经营企业资产的重组、购并及项目融资、公司理财、财务顾问等业务；受托经营国务院有关部门批准的证券承销业务等。

天津创富于2013年11月19日登记成立，公司类型为有限责任公司，登记机关中新天津生态城市场监督管理局，注册资本5亿元。公司经营范围：资产管理（金融资产管理除外），财务咨询，经济信息咨询。

根据北京中企华资产评估有限责任公司于2022年8月30日作出的中企华评报字（2022）第1967号《新华信托股份有限公司、天津新华创富资产管理有限公司破产清算涉及的资产及信托产品收益权清算价值项目资产评估报告》显示，以2022年7月6日为基准点，新华信托及天津创富在破产清算条件下固有财产评估价值总计298,382.01万元，其中新华信托办公大楼评估值为43,460.69万元，持有的珠海融凯LP收益权评估值为36,247.63万元，持有的新华基金股权评估值为29,615.42万元，作为受益人持有的信托产品受益权评估值为122,359.74万元，应收账款评估值为49,736.25万元，其他资产评估值为16,962.28万元。经管理人审查，债权人会议核查，本院于2023年1月16日作出（2022）渝05破237号、246号之一民事裁定，裁定确认中国信托业保障基金有限责任公司等33户债权人的34笔涉案第一批无异议债权，确认债权金额为3,641,579,593.65元。

本院认为，《中华人民共和国企业破产法》第二条第一款规定："企业法人不能清偿到期债务，并且资产不足以清偿全部债务或者明显缺乏清偿能力的，依照本法规定清理债务。"新华信托及天津创富不能清偿到期债务，并且资产不足以清偿全部债务，符合宣告破产法定条件。管理人提请本院宣告新华信托及天津创富破产，本院予以准许。依照《中华人民共和国企业破产法》第二条第一款、第一百零七条规定，裁定如下：一、宣告新华信托股份有限公司破产；二、宣告天津新华创富资产管理有限公司破产。

本裁定自即日起生效。

权威解读①

本条是关于对有问题银行业金融机构进行接管和促成机构重组的规定。

---

① 《法律问答与释义》，载中国人大网，http：//www.npc.gov.cn/zgrdw/npc/flsyywd/jingji/2004－10/26/content_337704.htm。

接管和促成机构重组是国务院银行业监督管理机构依法保护银行业金融机构经营安全性、合法性的一项重要措施，可以说是一项预防性拯救措施。它虽然不是任何银行业金融机构市场退出都必须经过的程序，但对于挽救有可能免于关闭或破产的银行业金融机构和促进其合法经营，保障存款人的利益，具有十分重要的作用。因为接管和机构重组的实质就是为了充分利用一切机会和可能，对于已经或者可能由于经营不善等原因发生信用危机，严重影响存款人的利益，临近丧失清偿能力，但又有挽救可能的银行业金融机构，国务院银行业监督管理机构采用行政的、经济的和法律的手段进行必要可行的挽救，促使该银行业金融机构尽快恢复正常经营能力或融入其他健康的银行业金融机构。对于接管期限届满，该银行业金融机构仍不能恢复正常经营能力，或者合并重组失败的，国务院银行业监督管理机构可决定终止接管或机构重组，而由人民法院按照法律规定的程序依法宣告破产。

接管的目的是对被接管的银行业金融机构采取必要措施，以保护存款人的利益，恢复银行业金融机构的正常经营能力。被接管的银行业金融机构的债权债务关系不因接管而变化。

机构重组的目的是对被重组的银行业金融机构采取对银行业体系冲击较小的市场退出方式，以此维护市场信心与秩序，保护存款人等债权人的利益。

国务院银行业监督管理机构对银行业金融机构的接管和机构重组主要有两种情况：一是该银行业金融机构经营不好，已经发生信用危机，严重影响存款人的利益时，可由国务院银行业监督管理机构对其进行接管或促成机构重组；另一种情况是银行业金融机构可能发生信用危机，将严重影响存款人利益，被国务院银行业监督管理机构接管或促成机构重组。

具体地说，银行业金融机构已经或者可能发生的信用危机，主要是指银行业金融机构不能清偿债务。不能清偿债务又称为“支付不能”，即银行业金融机构在经营上陷入了困境，缺乏偿还债务的能力，陷入了不能偿还债务的窘境。

一、对于需要采取接管措施的情形，可以考虑银行业金融机构是否有以下情形：

（一）有严重违法经营行为或屡次违法经营，对存款人利益和债权人利益造成重大威胁的；

（二）有国务院银行业监督管理机构认定的不安全和不稳健的经营行为，且严重损害存款人利益和金融稳定的；

（三）由于公司治理结构不健全，经营管理不善，导致长期亏损的；

（四）不良资产与总资产的比例超过50%，且不良资产比例持续升高的；

（五）资本充足率长期低于2%，且无法按照国务院银行业监督管理机构的要求予以补足的；

（六）董事会成员或高级管理人员有洗钱等违法犯罪行为，严重损害企业利益的；

（七）涉及重大刑事诉讼或民事诉讼，致使决策或者管理机构无法正常运作，严重影响企业正常经营的。

接管在程序上应由国务院银行业监督管理机构作出书面决定并予以公告。

《银行业监督管理法》第四十五条 【银行业金融机构违法违规处罚】

第四十五条 银行业金融机构有下列情形之一，由国务院银行业监督管理机构责令改正，有违法所得的，没收违法所得，违法所得五十万元以上的，并处违法所得一倍以上五倍以下罚款；没有违法所得或者违法所得不足五十万元的，处五十万元以上二百万元以下罚款；情节特别严重或者逾期不改正的，可以责令停业整顿或者吊销其经营许可证；构成犯罪的，依法追究刑事责任：

（一）未经批准设立分支机构的；

（二）未经批准变更、终止的；

（三）违反规定从事未经批准或者未备案的业务活动的；

（四）违反规定提高或者降低存款利率、贷款利率的。

典型案例

1. 吉林泛亚信托投资有限责任公司严重违法被责令停业整顿案

行政处罚决定书文号			吉银监罚〔2006〕1号
被处罚当事人姓名或名称	个人姓名		—
	单位	名称	吉林泛亚信托投资有限责任公司
		法定代表人（主要负责人）姓名	尹某某
主要违法违规事实（案由）			（一）违法违规挪用客户交易结算资金和保证金，造成资金缺口；（二）违规挪用信托资金形成支付资金缺口；（三）无力偿付代理原股东发行的企业债券形成支付资金缺口；（四）内控机制混乱，“内部人控制”严重；（五）公司注册资本金被抽逃，暂时无法追回。

续表

行政处罚依据	《中华人民共和国银行业监督管理法》第四十五条
行政处罚决定	即日起责令停业整顿
作出处罚决定的机关名称	中国银行业监督管理委员会吉林监管局
作出处罚决定的日期	2006年10月17日

2. 紫金信托有限责任公司违法被监管处罚案

行政处罚决定书文号		苏银监罚决字〔2018〕5号
被处罚当事人	名称	紫金信托有限责任公司
	法定代表人姓名	陈某
主要违法违规事实（案由）		未经批准以固有财产从事股权投资业务
行政处罚依据		《中华人民共和国银行业监督管理法》第四十五条第（三）项
行政处罚决定		罚款人民币60万元
作出处罚决定的机关名称		中国银行业监督管理委员会江苏监管局
作出处罚决定的日期		2018年1月17日

3. 雪松国际信托股份有限公司违规设立非金融子公司并开展关联交易案

行政处罚决定书文号			赣银保监罚决字〔2022〕30号
被处罚当事人姓名或名称	个人姓名		—
	单位	名称	雪松国际信托股份有限公司
		法定代表人（主要负责人）姓名	韩某某
主要违法违规事实（案由）			违规投资设立非金融子公司并开展关联交易；未有效履行管理职责；违规发放自有资金贷款且关联交易未报告；违规向地方政府提供融资及接受地方政府担保
行政处罚依据			《中华人民共和国银行业监督管理法》第四十五条、第四十六条
行政处罚决定			罚款440万元
作出处罚决定的机关名称			中国银保监会江西监管局
作出处罚决定的日期			2022年7月15日

4. 昆仑信托有限责任公司员工行为管理不到位案

行政处罚决定书文号			甬银保监罚决字〔2021〕61号
被处罚当事人姓名或名称	个人名称		—
	单位	名称	昆仑信托有限责任公司
		法定代表人（主要负责人）姓名	王某某
主要违法违规事实（案由）			员工行为管理不到位
行政处罚依据			《中华人民共和国银行业监督管理法》第四十六条、第四十八条
行政处罚决定			罚款人民币30万元，并责令该公司对相关直接责任人给予纪律处分
作出处罚决定的机关名称			宁波银保监局
作出处罚决定的日期			2021年7月30日

权威解读①

本条是对银行业金融机构未经批准设立分支机构、变更、终止、从事未经批准或者未备案的业务活动，以及违反规定提高或者降低存、贷款利率行为法律责任的规定。

一、应予处罚的行为

本条规定应予处罚的行为包括：

（一）未经批准设立分支机构。依照本法第十六条的规定；申请设立银行业金融机构都必须经过国务院银行业监督管理机构的审批。这里的“银行业金融机构”既包括具备法人资格的机构，也包括不具备法人资格的分支机构。依照本法第十九条的规定，未经国务院银行业监督管理机构的批准，任何单位或者个人不得设立银行业金融机构，包括分支机构。我国商业银行法第十九条规定，商业银行根据业务需要可以在中华人民共和国境内外设立分支机构，设立分支机构必须经国务院银行业监督管理机构审查批准。因此，如果未经批准擅自设立分支机构，国务院银行业监督管理机构有权依照本条的规定对其给予行政处罚。

---

① 《法律问答与释义》，载中国人大网，http：//www. npc. gov. cn/zgrdw/npc/flsyywd/jingji/2004 - 10/26/content_ 337703. htm。（2004年《银行业监督管理法》第四十四条）

（二）未经批准变更、终止。依照本法第十六条的规定，银行业金融机构的变更、终止必须经过国务院银行业监督管理机构的审批。

我国《商业银行法》第二十四条规定，商业银行有下列变更事项之一的，应当经国务院银行业监督管理机构批准：一是变更名称；二是变更注册资本；三是变更总行或者分行所在地；四是调整业务范围；五中变更资本总额或者股份总额百分之五以上的股东；六是修改章程；七是国务院银行业监督管理机构规定的其他变更事项。另外，更换董事、高级管理人员时，应当报经国务院银行业监督管理机构审查其任职条件。银行业金融机构如果未经批准就进行变更，国务院银行业监督管理机构有权依照本条的规定对其给予行政处罚。

我国《民法典》第六十八条规定了企业法人终止的四种原因：一是依法被撤销；二是解散；三是破产；四是其他原因。我国《商业银行法》第七十二条规定："商业银行因解散、被撤销和被宣告破产而终止。"分述如下：

1. 银行业金融机构因依法被撤销而终止。本法第三十九条规定："银行业金融机构有违法经营、经营管理不善等情形，不予撤销将严重危害金融秩序、损害公众利益的，国务院银行业监督管理机构有权依法予以撤销。"因此，银行业金融机构因依法被撤销而终止的过程当中，已经经过了国务院银行业监督管理机构审查批准程序。

2. 银行业金融机构因解散而终止。我国《公司法》第二百二十九条规定了公司解散的五种原因：（1）公司章程规定的营业期限届满或者公司章程规定的其他解散事由出现；（2）股东会决议解散；（3）因公司合并或者分立需要解散；（4）依法被吊销营业执照、责令关闭或者被撤销；（5）人民法院依照本法第二百三十一条的规定予以解散。我国《商业银行法》第六十九条规定了商业银行解散的两种原因：一是因合并、分立的需要而解散；二是公司章程规定的解散事由出现时而解散。尽管商业银行法规定的解散事由比《公司法》规定解散事由少，但除了商业银行以外的其他银行业金融机构很可能会适用我国公司法的规定。因此，本条着重强调的是银行业金融机构无论基于哪一种原因而解散导致的终止时，必须经过国务院银行业监督管理机构的审查批准。否则，国务院银行业监督管理机构有权依照本条的规定对其给予行政处罚。

3. 银行业金融机构因破产而终止。依照我国《商业银行法》第七十一条的规定，商业银行不能支付到期债务，经国务院银行业监督管理机构同意的前提下，债权人或者债务人可以向人民法院申请宣告破产。人民法院宣告其破产的，该商业银行终止。按照此规定，商业银行因破产而终止必须经过国务院银行业监督管理机构的批准，否则无法提起人民法院的破产还债程序。其他银行业金融机构的破产程序的提起也应该大抵如此。因此，银行业金融机构在未经国务院银行业监督管理机构批准的前提下，认为自己资不抵债，擅自向法院申请自己破产，其行为破坏了金融稳定，国务院银行业监督管理机构有权依照本条的规定对其给予行政处罚。

（三）违反规定从事未经批准或者未备案的业务活动。本法第十八条规定："银行业金融机构业务范围内的业务品种，应当按照规定经国务院银行业监督管理机构审查批准或者备案。需要审查批准或者备案的业务品种，由国务院银行业监督管理机构依照有关法律、行政法规作出规定并公布。"我国《商业银行法》第三条规定了商业银行可以经营的十四项业务，但经营范围由章程规定后，必须报国务院银行业监督管理机构批准后方可经营。因此，银行业金融机构从事未经批准或者未备案的业务活动，国务院银行业监督管理机构有权依照本条的规定对其给予行政处罚。

二、处罚种类

对上述违法行为的处罚种类及相互关系有以下方面的内容：

（一）责令限期改正。所谓责令限期改正，是指要求违法行为人立即停止违法行为，并在一定期限内将其违法行为恢复到合法状态。例如，未经批准变更名称，在受到国务院银行业监督管理机构责令改正后，应改回原来的名称，并作出公告。

（二）没收违法所得。有违法所得的，都要没收。例如，未经批准设立分支机构而获得的违法所得要予以收缴，并上缴国库。

（三）罚款。罚款与责令改正、没收违法所得是并用的关系。违法所得五十万元以上的，没收违法所得，并处违法所得一倍以上五倍以下罚款；违法所得不足五十万元的，没收违法所得，并处五十万元以上二百万元以下罚款；没有违法所得的，处五十万元以上二百万元以下罚款。

（四）责令停业整顿。整顿分为不停业的整顿和停业整顿。不停业的整顿不属于行政处罚的种类之一，而是一种行政管理措施。例如我国保险法第一百四十一条至第一百四十四规定，保险监督管理机构决定对保险公司进行整顿后，在整顿过程中，保险公司的原有业务继续进行。而责令停业整顿则是行政处罚的种类之一，我国行政处罚法规定的行政处罚种类中叫"责令停产停业"，尽管名称不尽一致，但实质内容是一致的。

本条规定的责令停业整顿是在银行业金融机构的违法情节特别严重或者逾期不改正的前提下采取的。所谓情节特别严重所考虑的因素，一是主观恶意大，二是造成的后果严重。例如一个商业商业银行未经批准就开展代理买卖外汇的业务，由于对国际外汇交易市场缺少认识和经验，给客户造成极大损失。在这种情况下，不但可以对其罚款，而且可以责令其停业整顿。

（五）吊销经营许可证。吊销经营许可证就是剥夺权利能力，是在银行业金融机构严重违法的情况下，被监管者依法撤销，从而使其终止的行政处罚措施。我国《商业银行法》第七十条规定，商业银行因吊经营许可证而被撤销的，国务院银行业监督管理机构就要依法组织清算组对其进行清算。因此，吊销经营许可证是行政处罚中最为严厉的处罚措施之一。银行业金融机构违法行为的情节如果不是特别严重，或者拒不执行责令其改正的决定，都不会受到这样的处罚。

《银行业监督管理法》第四十六条　【银行业金融机构违法罚则】

第四十六条　银行业金融机构有下列情形之一，由国务院银行业监督管理机构责令改正，并处二十万元以上五十万元以下罚款；情节特别严重或者逾期不改正的，可以责令停业整顿或者吊销其经营许可证；构成犯罪的，依法追究刑事责任：

（一）未经任职资格审查任命董事、高级管理人员的；

（二）拒绝或者阻碍非现场监管或者现场检查的；

（三）提供虚假的或者隐瞒重要事实的报表、报告等文件、资料的；

（四）未按照规定进行信息披露的；

（五）严重违反审慎经营规则的；

（六）拒绝执行本法第三十七条规定的措施的。

典型案例

1. 安信信托股份有限公司信息披露不实案

<table>
<tr><td colspan="3">行政处罚决定书文号</td><td>沪银保监银罚决字〔2020〕4号</td></tr>
<tr><td rowspan="3">被处罚当事人姓名或名称</td><td colspan="2">个人姓名</td><td>—</td></tr>
<tr><td rowspan="2">单位</td><td>名称</td><td>安信信托股份有限公司</td></tr>
<tr><td>董事长姓名</td><td>邵某某（代为履职）</td></tr>
</table>

续表

主要违法违规事实	1. 2016 年 7 月至 2018 年 4 月，该公司部分信托项目违规承诺信托财产不受损失或保证最低收益。 2. 2016 年至 2019 年，该公司违规将部分信托项目的信托财产挪用于非信托目的的用途。 3. 2018 年至 2019 年，该公司推介部分信托计划未充分揭示风险。 4. 2016 年至 2019 年，该公司违规开展非标准化理财资金池等具有“影子银行”特征的业务。 5. 2016 年至 2019 年，该公司部分信托项目未真实、准确、完整披露信息
行政处罚依据	《中华人民共和国银行业监督管理法》第四十六条第（五）项
行政处罚决定	责令改正，并处罚款共计 1400 万元
作出处罚决定的机关名称	中国银行保险监督管理委员会上海监管局
作出处罚决定的日期	2020 年 3 月 31 日

2. 中航信托股份有限公司受托履职行为不当案

行政处罚决定书文号			赣银监罚决字〔2018〕25 号
被处罚当事人姓名或名称	个人姓名		—
	单位	名称	中航信托股份有限公司
		法定代表人（主要负责人）姓名	姚某某
主要违法违规事实（案由）			个别固有资金投资信托计划时受托人为唯一受益人；固有资金受让劣后信托受益权，成为信托计划劣后受益人；优先委托人与劣后委托人投资资金比例超过 2∶1 的结构化股票投资信托计划屡次延期且比例不断扩大
行政处罚依据			《中华人民共和国银行业监督管理法》第四十六条
行政处罚决定			罚款人民币 80 万元
作出处罚决定的机关名称			中国银监会江西监管局
作出处罚决定的日期			2018 年 11 月 13 日

3. 四川信托有限公司违规展业案

<table>
<tr><td colspan="3">行政处罚决定书文号</td><td>川银保监罚决字〔2021〕9号</td></tr>
<tr><td rowspan="3">被处罚当事人姓名或名称</td><td colspan="2">个人姓名</td><td>—</td></tr>
<tr><td rowspan="2">单位</td><td>名称</td><td>四川信托有限公司</td></tr>
<tr><td>法定代表人（主要负责人）姓名</td><td>牟某</td></tr>
<tr><td colspan="3">主要违法违规事实（案由）</td><td>四川信托有限公司存在以下违法违规事实：
一、公司治理不健全，违规开展固有贷款及信托业务，资金流向股东及其关联方。
二、违规开展固有贷款业务，贷款资金被挪用于偿还本公司其他固有贷款。
三、违规开展信托业务，将信托财产挪用于非信托目的用途。
四、违规开展非标资金池等具有影子银行特征的业务。
五、违规发放信托贷款用于购买金融机构股权。
六、变相为房地产企业缴纳土地出让金融资。
七、违规开展结构化证券信托业务。
八、违规开展通道类融资业务。
九、承诺信托财产不受损失或保证最低收益。
十、将本公司管理的不同信托计划投资于同一项目。
十一、穿透后单个信托计划单笔委托金额低于300万元的自然人人数超过50人。
十二、违规推介TOT集合资金信托计划。
十三、未真实、准确、完整披露信息</td></tr>
<tr><td colspan="3">行政处罚依据</td><td>《中华人民共和国银行业监督管理法》第四十六条第（五）项</td></tr>
<tr><td colspan="3">行政处罚决定</td><td>合计罚款人民币3490万元</td></tr>
<tr><td colspan="3">作出处罚决定的机关名称</td><td>中国银行保险监督管理委员会四川监管局</td></tr>
<tr><td colspan="3">作出处罚决定的日期</td><td>2021年2月7日</td></tr>
</table>

4. 中铁信托有限责任公司高管管理及经营管理不当案

<table>
<tr><td colspan="3">行政处罚决定书文号</td><td>川银保监罚决字〔2022〕57号</td></tr>
<tr><td rowspan="3">被处罚当事人姓名或名称</td><td colspan="2">个人姓名</td><td>—</td></tr>
<tr><td rowspan="2">单位</td><td>名称</td><td>中铁信托有限责任公司</td></tr>
<tr><td>法定代表人（主要负责人）姓名</td><td>马某某</td></tr>
<tr><td colspan="3">主要违法违规事实（案由）</td><td>（一）高管履职未经任职资格核准；
（二）未按要求对高管绩效薪酬实行延期支付；
（三）未全面真实反映风险状况；
（四）未谨慎管理运用信托财产；
（五）印章管理不规范、重要凭证及员工行为管理不到位；
（六）集合资金信托计划突破合格投资者自然人人数限制；
（七）将信托财产挪用于其他信托计划分配收益；
（八）信息披露不充分；
（九）通过股权投资方式变相为房地产开发项目提供债务性融资；
（十）贷后管理不到位导致信托资金被挪用；
（十一）为商业银行规避监管提供通道</td></tr>
<tr><td colspan="3">行政处罚依据</td><td>《中华人民共和国银行业监督管理法》第四十六条第（一）项、第（五）项</td></tr>
<tr><td colspan="3">行政处罚决定</td><td>罚款人民币860万元</td></tr>
<tr><td colspan="3">作出处罚决定的机关名称</td><td>中国银行保险监督管理委员会四川监管局</td></tr>
<tr><td colspan="3">作出处罚决定的日期</td><td>2022年7月14日</td></tr>
</table>

5. 新华信托股份有限公司关联交易管理不当案

<table>
<tr><td colspan="3">行政处罚决定书文号</td><td>渝银保监罚决字〔2022〕30号</td></tr>
<tr><td rowspan="3">被处罚当事人姓名或名称</td><td colspan="2">个人姓名</td><td>—</td></tr>
<tr><td rowspan="2">单位</td><td>名称</td><td>新华信托股份有限公司</td></tr>
<tr><td>法定代表人（主要负责人）姓名</td><td>李某某</td></tr>
</table>

续表

主要违法违规事实（案由）	1. 未事前报告关联交易； 2. 发放不当激励； 3. 通过关联方违规开展实业投资； 4. 全面风险管理失效； 5. 超权限审批与关联方的业务； 6. 违规审批代关联方投资造成巨额损失； 7. 违规通过关联方资产虚假出表； 8. 向禁止性或限制性领域提供融资； 9. “三查”严重不尽职； 10. 资产风险分类不准确、减值准备计提不足； 11. 未按规定进行信息披露； 12. 信托受益权违规转让； 13. 委托非金融机构推介
行政处罚依据	《中华人民共和国银行业监督管理法》第四十六条，《信托公司管理办法》（中国银监会令2007年第2号）第五十九条，《信托公司集合资金信托计划管理办法》（中国银监会令2009年第1号）第四十八条、第四十九条、第五十条
行政处罚决定	罚款共计1400万元
作出处罚决定的机关名称	中国银保监会重庆监管局
作出处罚决定的日期	2022年7月6日

6. 华澳国际信托有限公司投资者适当性管理不当案

行政处罚决定书文号			沪银监罚决字〔2016〕22号
被处罚当事人姓名或名称	个人姓名		—
	单位	名称	华澳国际信托有限公司
		主要负责人姓名	张某
主要违法违规事实			2014年3月、7月，该公司在与投资人签订信托合同时，未对投资人的适格性进行审查，投资人认购金额未达到投资信托计划的最低投资金额。2013年10月、2014年1月，该公司违规委托非金融机构推介信托计划。该公司2014年末集合信托资金用于发放贷款的余额占管理的集合信托计划实收余额的45.97%，突破了30%的监管指标上限

续表

行政处罚依据	《信托公司集合资金信托计划管理办法》（银监会令2009年第1号）第四十八条、第四十九条
行政处罚决定	责令改正，并处罚款人民币45万元
作出处罚决定的机关名称	中国银行业监督管理委员会上海监管局
作出处罚决定的日期	2016年11月4日

权威解读[①]

本条是对银行业金融机构未经任职资格审查任命董事和高级管理人员、拒绝或者阻碍非现场监管或者现场检查、提供虚假的或者隐瞒重要事实的财务会计报告或者未按照规定进行信息披露、严重违反审慎经营规则，以及拒绝执行本法第三十七条规定的措施的法律责任的规定。

一、应予处罚的行为

本条规定应予处罚的行为包括：

（一）未经任职资格审查就任命董事和高级管理人员。依照本法第二十条规定，国务院银行业监督管理机构对银行业金融机构的董事、高级管理人员实行任职资格管理。具体办法由国务院银行业监督管理机构制定。依照我国商业银行法的规定，设立商业银行的条件之一是应有具备任职专业知识和业务工作经验的董事、高级管理人员。在申请设立时，应向国务院银行业监督管理机构提交拟任职的董事、高级管理人员的资格证明。商业银行在设立后，如果更换董事、高级管理人员，应当报经国务院银行业监督管理机构审查其任职条件。而且明确规定下列人员不得担任商业银行的高级管理人员：一是因犯有贪污、贿赂、侵占财产、挪用财产罪或者破坏社会经济秩序罪，被判处刑罚，或者因犯罪被剥夺政治权利的；二是担任因经营不善破产清算的公司、企业的董事或者厂长、经理，并对该公司、企业的破产负有个人责任的；三是担任因违法被吊销营业执照的公司、企业的法定代表人，并负有个人责任的；四是个人所负数额较大的债务到期未清偿的。

（二）拒绝或者阻碍非现场监管或者现场检查。本法第三十三条、第三十四条、第三十五条规定了国务院银行业监督管理机构有权对银行业金融机构进行非现场监管和现场检查。如果银行业金融机构拒绝向国务院银行业监督管理机

① 《法律问答与释义》，载中国人大网，http：//www. npc. gov. cn/zgrdw/npc/flsyywd/jingji/2004－10/26/content_ 337703. htm。（2004年《银行业监督管理法》第四十五条）

构报送规定的报表，或者阻碍国务院银行业监督管理机构对其办公、经营场所进行检查，并且拒绝回答提问，国务院银行业监督管理机构有权依照本条的规定对其进行行政处罚。

（三）提供虚假的或者隐瞒重要事实的报表、报告等文件、资料。本项规定是指银行业金融机构为了逃避监管，欺骗国务院银行业监督管理机构，而向国务院银行业监督管理机构提供虚假的或者隐瞒重要事实的报表、报告等文件、资料。其行为的危害是逃避监管后可能引发自身的信用危机，从而引发系统性风险，给存款人和其他客户的利益造成损害。因此，国务院银行业监督管理机构有权依照本条的规定对其进行行政处罚。

需要说明的是，如果银行业金融机构向股东和社会公众披露虚假的或者隐瞒重要事实的财务会计报告，则按照本条第四项或者我国公司法的规定进行处罚。

（四）未按照规定进行信息披露。

本项首先指未按照规定的时间进行信息披露。我国商业银行法第五十六条规定，商业银行应当于每一会计年度终了 3 个月内，按照国务院银行业监督管理机构的规定，公布其上一年度的经营业绩和审计报告。国务院银行业监督管理机构可能对不同的银行业金融机构规定不同的信息披露时限。如果银行业金融机构不按照国务院银行业监督管理机构规定的时限进行信息披露，国务院银行业监督管理机构有权依照本条的规定对其进行行政处罚。

其次，指未按照规定的内容进行信息披露。商业银行法只规定了应披露经营业绩和审计报告。所谓审计报告是指会计师事务所对商业银行的财务会计报告进行审计后而出具的报告。上市的银行业金融机构应当按照我国证券法规定的内容，定期或者不定期向社会公开披露公司信息。对未上市的银行业金融机构，国务院银行业监督管理机构会对不同的银行业金融机构规定不同的信息披露内容的要求。如果银行业金融机构不按照国务院银行业监督管理机构规定的内容进行信息披露，国务院银行业监督管理机构有权依照本条的规定对其进行行政处罚。

（五）严重违反审慎经营规则的。本法第二十一条规定，审慎经营规则包括风险管理、内部控制、资本充足率、资产质量、损失准备金、风险集中、关联交易、资产流动性等内容。银行业金融机构应当严格遵守审慎经营规则。对于银行业金融机构违反审慎经营规则的，依照本法第三十七条规定，国务院银行业监督管理机构有权责令其限期改正，或者采取一定措施限期整改，但是情节严重的，还可以对其进行处罚。因此，对于银行业金融机构严重违反审慎经营规则的，国务院银行业监督管理机构有权依照本条的规定对其进行行政处罚。

（六）拒绝执行本法第三十七条规定的措施的。依照本法第三十七条规定，对于银行业金融机构违反审慎经营规则的，国务院银行业监督管理机构有权责令其限期改正；逾期不改正，其行为危及该银行业金融机构的稳健运行、损害存款人和其他客户利益的，国务院银行业监督管理机构可以采取法律规定的措施，督促其进行整改。如果银行业金融机构拒绝执行本法第三十七条规定的措施的，国务院银行业监督管理机构有权依照本条的规定对其进行行政处罚。

二、处罚种类

对上述违法行为的处罚种类及相互关系有以下方面的内容：

（一）责令限期改正。所谓责令限期改正，是指要求违法行为人立即停止违法行为，并在一定期限内将其违法行为恢复到合法状态。例如，银行业金融机构未经任职资格审查就任命董事、高级管理人员，在受到国务院银行业监督管理机构责令限期改正的决定后，应立即撤销自己的任命，将拟任职的董事、高级管理人员的人选连同资格证明报送国务院银行业监督管理机构进行资格审查。

（二）罚款。罚款与责令限期改正是并用的关系，即国务院银行业监督管理机构责令改正后，可以并处罚款。罚款的幅度为 20 万元以上 50 万元以下。罚款的幅度与所违法的情形、情节，以及对错误的认识和改正的时间都紧密联系的。

（三）责令停业整顿。整顿分为不停业的整顿和停业整顿。不停业的整顿不属于行政处罚的种类之一，是一种行政管理措施，而责令停业整顿则是行政处罚的种类之一，我国行政处罚法规定的行政处罚种类中叫“责令停产停业”，尽管名称不尽一致，但实质内容是一致的。

（四）吊销经营许可证。吊销经营许可证也是在银行业金融机构严重违法的情况下，被监管者依法撤销，从而使其终止的行政处罚措施。由于剥夺它的权利能力与行为能力，因此吊销经营许可证是行政处罚中最为严厉的处罚措施之一。

笔者认为，《银行业监督管理法》第四十六条是监管部门对信托公司实施行政处罚过程中最经常引用的法条依据之一，行政处罚涉及的主要违法违规事实（案由）也极为多样，具体包括：

一是房地产业务领域。主要包括信托资金违规用于房地产开发企业缴交土地出让价款、违规投向“四证”不全的房地产项目、违规向不具备二级资质的房地产开发企业提供融资等。

二是公司内控管理。主要包括违反内控制度开展业务并形成风险、个别业务风险资本计提存在差错、公司治理机制长期严重缺失，股东会、董事会、监事会运行不规范；员工行为管理严重违反审慎经营规则、绩效考评制度以及绩效薪酬发放不符合监管规定。

三是风险管理领域。主要包括信托资金运用与信托计划投资方向和投资策略不一致；违规为地方政府提供融资，自然人投资者数量违反监管规定严重违反审慎经营规则，未按“穿透”原则向上识别最终投资者、未按“穿透”原则向下识别底层资产；贷后管理不到位，项目尽职调查不到位，放款审核流于形式，项目投后管理不到位，严重违反审慎经营规则，投资者适当性审查不到位，违规接受地方政府担保；未对结构化信托的劣后受益人是否为利益相关人进行审核作出制度规定，尽职调查对劣后受益人资格审查不到位，严重违反审慎经营规则；结构化证券投资信托产品优先受益人与劣后受益人投资资金配置比例超过规定比例要求；单个结构化证券投资信托产品持有单家公司股票超过信托产品资产净值的20%等。

四是保信或银信类业务。主要包括违规接受保险资金投资事务管理类及单一信托，违规为银行规避监管提供通道服务、违规接受保险资金投资事务管理类及单一信托，违规接受银行理财资金投资于未上市企业股权，违规为银行提供通道服务。

五是信息披露方面。主要包括未按照规定进行信息披露、未及时向受益人披露信息，未按照相关监管规定真实反映固有资产质量，向监管部门报送的数据不真实，违规调节风险监管指标，监管统计数据重大错报漏报。

《银行业监督管理法》第四十七条　【银行业金融机构未按规定报送信息资料】

第四十七条　银行业金融机构不按照规定提供报表、报告等文件、资料的，由银行业监督管理机构责令改正，逾期不改正的，处十万元以上三十万元以下罚款。

典型案例

华澳国际信托有限公司监管数据漏报案

<table>
<tr><td colspan="3">行政处罚决定书文号</td><td>沪银监罚决字〔2016〕13 号</td></tr>
<tr><td rowspan="3">被处罚当事人姓名或名称</td><td colspan="2">个人姓名</td><td>—</td></tr>
<tr><td rowspan="2">单位</td><td>名称</td><td>华澳国际信托有限公司</td></tr>
<tr><td>主要负责人姓名</td><td>张某</td></tr>
<tr><td colspan="3">主要违法违规事实</td><td>2015 年第一季度，该公司在报送非现场监管报表时出现漏报、错报，我局对此发文责令改正。此后，该公司在报送统计报表时出现迟报，再次违反报表报送规定，影响了上海辖内银行业统计数据的及时性</td></tr>
<tr><td colspan="3">行政处罚依据</td><td>《中华人民共和国银行业监督管理法》第四十七条，《银行业监管统计管理暂行办法》第三十六条</td></tr>
<tr><td colspan="3">行政处罚决定</td><td>责令改正，并处罚款人民币 15 万元</td></tr>
<tr><td colspan="3">作出处罚决定的机关名称</td><td>中国银行业监督管理委员会上海监管局</td></tr>
<tr><td colspan="3">作出处罚决定的日期</td><td>2016 年 5 月 24 日</td></tr>
</table>

权威解读①

本条是对银行业金融机构未按照规定提供有关报表、报告等文件、资料的行为进行处罚的规定。

国务院银行业监督管理机构进行监管的主要手段之一就是要求银行业金融机构提供相关的报表。本法第三十三条规定："国务院或行业监督管理机构根据履行职责的需要，有权要求银行业金融机构按照规定报送资产负债表、利润表和其他财务会计、统计报表、经营管理资料以及注册会计师出具的审计报告。"

银行业金融机构未按照规定提供有以下两种情况：

（一）未按照规定的时间报送

国务院银行业监督管理机构根据履行职责的需要，在银行业金融机构提供定期财务报告之外，根据本法第三十三条的规定，还有权不定期要求银行业金融机构提供有关报表、报告等文件、资料。如果银行业金融机构未按照确定的时限提供，国务院银行业监督管理机构有权依照本条的规定对其给予行政处罚。

---

① 《法律问答与释义》，载中国人大网，http：//www. npc. gov. cn/zgrdw/npc/flsyywd/jingji/2004 - 10/26/content_ 337703. htm。（2004 年《银行业监督管理法》第四十六条）

（二）未按照规定的内容报送

依照本法第三十三条规定，银行业金融机构须向国务院银行业监督管理机构报送注册会计师出具的审计报告。统计报表是国务院银行业监督管理机构为统计调查的需要而制发的报表，要求被调查部位按照统计调查的项目填写。统计报表具有不定期性，银行业金融机构应当按照每一次统计调查的要求，按时向监管机构报送。如果银行业金融机构未按照规定的内容提供，国务院银行业监督管理机构有权依照本条的规定对其给予行政处罚。

（三）未进行并表报送

依照本法第二十五条规定，国务院银行业监督管理机构应当对银行业金融机构实行并表监督管理。并表监管的主要手段之一就是要求编制合并会计报表。《金融企业会计制度》第一百四十三条规定："金融企业对其他单位投资如占该单位资本总额50%以上（不含50%），或虽然占该单位注册资本总额不足50%但具有实质控制权的，应当编制合并会计报表。合并会计报表的编制原则和方法，按照国家统一的会计制度中有关合并会计报表的规定执行。金融企业在编制合并会计报表时，应当将合营金融企业合并在内，并按照比例合并方法对合营金融企业的资产、负债。收入、费用、利润等予以合并。"

如果银行业金融机构有自己的子公司。分支机构或者其他附属机构，应当编制合并的会计报表而不予编制，国务院银行业监督管理机构可以责令其改正；逾期不改正的，可以处以10万元以上30万元以下的罚款。

《银行业监督管理法》第四十八条　【金融机构高管违法违规罚则】

第四十八条　银行业金融机构违反法律、行政法规以及国家有关银行业监督管理规定的，银行业监督管理机构除依照本法第四十四条至第四十七条规定处罚外，还可以区别不同情形，采取下列措施：

（一）责令银行业金融机构对直接负责的董事、高级管理人员和其他直接责任人员给予纪律处分；

（二）银行业金融机构的行为尚不构成犯罪的，对直接负责的董事、高级管理人员和其他直接责任人员给予警告，处五万元以上五十万元以下罚款；

（三）取消直接负责的董事、高级管理人员一定期限直至终身的任职资格，禁止直接负责的董事、高级管理人员和其他直接责任人员一定期限直至终身从事银行业工作。

典型案例

1. 国通信托违规接受地方政府担保案

<table>
<tr><td colspan="3">行政处罚决定书文号</td><td>鄂银监罚决字〔2017〕46号</td></tr>
<tr><td rowspan="3">被处罚当事人姓名或名称</td><td colspan="2">个人姓名</td><td>邹某某、李某某</td></tr>
<tr><td rowspan="2">单位</td><td>名称</td><td>—</td></tr>
<tr><td>法定代表人（主要负责人）姓名</td><td>—</td></tr>
<tr><td colspan="3">主要违法违规事实（案由）</td><td>对国通信托“在信托业务经营中，违规接收了地方政府部门提供的承诺函”承担承办责任</td></tr>
<tr><td colspan="3">行政处罚依据</td><td>《中华人民共和国银行业监督管理法》第四十八条第（二）项</td></tr>
<tr><td colspan="3">行政处罚决定</td><td>警告</td></tr>
<tr><td colspan="3">作出处罚决定的机关名称</td><td>中国银行业监督管理委员会湖北监管局</td></tr>
<tr><td colspan="3">作出处罚决定的日期</td><td>2017年12月26日</td></tr>
</table>

2. 山东信托未依法依规披露信息案

<table>
<tr><td colspan="3">行政处罚决定书文号</td><td>鲁银保监罚决字〔2019〕20号</td></tr>
<tr><td rowspan="3">被处罚当事人姓名或名称</td><td colspan="2">个人姓名</td><td>张某</td></tr>
<tr><td rowspan="2">单位</td><td>名称</td><td>—</td></tr>
<tr><td>法定代表人（主要负责人）姓名</td><td>—</td></tr>
<tr><td colspan="3">主要违法违规事实（案由）</td><td>对所在机构未依法依规履行信息披露义务、个别房地产融资业务违规的行为负直接管理责任</td></tr>
<tr><td colspan="3">行政处罚依据</td><td>《中华人民共和国银行业监督管理法》第四十八条</td></tr>
<tr><td colspan="3">行政处罚决定</td><td>警告</td></tr>
<tr><td colspan="3">作出处罚决定的机关名称</td><td>山东银保监局</td></tr>
<tr><td colspan="3">作出处罚决定的日期</td><td>2019年12月30日</td></tr>
</table>

3. 厦门国际信托有限公司监管统计数据重大错误漏报案

行政处罚决定书文号			厦银监罚决字〔2017〕11号
被处罚当事人姓名或名称	个人姓名		—
	单位	名称	厦门国际信托有限公司
		法定代表人（主要负责人）姓名	洪某某
主要违法违规事实（案由）			监管统计数据重大错报漏报
行政处罚依据			《中华人民共和国银行业监督管理法》第四十六条、第四十八条
行政处罚决定			罚款二十五万元，同时责令该司对直接负责的董事、高级管理人员和其他直接责任人员给予纪律处分
作出处罚决定的机关名称			厦门银监局
作出处罚决定的日期			2017年7月17日

权威解读①

本条是关于对违法银行业金融机构的董事、高级管理人员和其他直接责任人员采取措施的规定。

董事会是公司决策经营机关。董事会由若干董事组成。根据《银行业金融机构董事（理事）和高级管理人员任职资格管理办法》第三条的规定，本办法所称高级管理人员，是指金融机构总部及分支机构管理层中对该机构经营管理、风险控制有决策权或重要影响力的各类人员。

其他直接责任人员，指除董事、高级管理人员外，以自己的行为造成银行业金融机构违法的责任人员。

一、对直接负责的董事、高级管理人员和其他直接责任人员采取措施的理由

根据本条规定，银行业金融机构的行为违反法律、行政法规以及国家有关银行业监督管理规定的，除了对银行业金融机构处罚外，还可以对直接负责的董事、高级管理人员和其他直接责任人员采取措施。金融机构违法，之所以要对直接负责的董事、高级管理人员和其他直接责任人员采取措施，主要因为：

（一）直接负责的董事、高级管理人员和其他直接责任人员对金融机构违反

① 《法律问答与释义》，载中国人大网，http：//www. npc. gov. cn/zgrdw/npc/flsyywd/jingji/2004 - 10/26/content_ 337703. htm。（2004年《银行业监督管理法》第四十七条）

法律、行政法规以及国家有关银行业监督管理规定的行为有着不可推卸的责任。

由此可见，董事、高级管理人员位高权重，是金融机构重大经营活动的决策者和执行者，金融机构的违法行为通常是执行他们决定的结果，或者本身就是由他们组织实施的。因此，金融机构违法应当追究他们的责任。同样，导致了金融机构违法的其他直接责任人员，也应当承担个人责任。需要指出的是，并非所有金融机构的董事、高级管理人员都要对金融机构的违法行为负责。因为按照公司法的规定，董事会的决议违反法律、行政法规或者公司章程，致使公司遭受严重损失的，参与决议的董事对公司负赔偿责任。但经证明，在表决时曾表示异议并记载于会议记录的，该董事可以免除责任。也就是说，对金融机构违法行为负责的，应是金融违法行为的决策者和执行者，即是造成金融违法行为的直接责任人，反对从事金融违法活动的董事，高级管理人员不对金融机构的违法行为承担责任，不能对其采取本条规定的措施。

（二）对直接负责的董事、高级管理人员和其他直接责任人员采取措施符合巴塞尔核心原则的要求。

（三）对直接负责的董事、高级管理人员和其他直接责任人员采取措施可以更有效地制止金融违法行为。

二、措施的适用

本条规定了三项措施：

（一）纪律处分

银行业金融机构违反法律、行政法规以及国家有关银行业监督管理规定的，银行业监督管理机构可以责令银行业金融机构对直接负责的董事、高级管理人员和其他直接责任人员给予纪律处分。纪律处分包括：警告、记过、记大过、降级、撤职、留用察看、开除。需要指出的是，该项规定的纪律处分，不是由银行业监督管理机构直接采取的，而是由其责令银行业金融机构采取的，被责令的银行业金融机构，应当按照要求给予直接负责的董事、高级管理人员和其他直接责任人员纪律处分。

（二）行政处罚

银行业金融机构违反法律、行政法规以及国家有关银行业监督管理规定。尚不构成犯罪的，银行业监督管理机构可以对直接负责的董事、高级管理人员和其他直接责任人员给予警告，处 5 万元以上 50 万元以下罚款。需要指出的是，该项规定的行政处罚，只能在金融机构的行为不构成犯罪的情况下采用，构成犯罪的，应当根据刑法的有关规定处罚。比如刑法对破坏金融管理秩序罪的行为，规定了罚金、拘役、有期徒刑、无期徒刑，构成破坏金融管理秩序罪的，应当依法适用这几种刑罚。

（三）取消任职资格、从业资格

银行业金融机构违反法律、行政法规以及国家有关银行业监督管理规定的，银行业监督管理机构可以取消直接负责的董事、高级管理人员一定期限直至终身的任职资格，禁止直接负责的董事、高级管理人员和其他直接责任人员一定期限直至终身从事银行业工作。取消任职资格，即不得再担任银行业金融机构的董事、行长、经理等高级管理职位；取消从业资格，即不得再从事银行业工作。这两项资格可以只取消其中之一，也可以全部取消。事实上只要禁止终身从事银行业工作，也就取消了作为银行业董事、高级管理人员的资格。

以上三项措施应当区别不同情况，可以采取其中一项，也可以合并采用。

《信托公司管理办法》第二十四条　【信托公司勤勉尽责管理义务】

第二十四条　信托公司管理运用或者处分信托财产，必须恪尽职守，履行诚实、信用、谨慎、有效管理的义务，维护受益人的最大利益。

典型案例

1. 中原信托有限公司未充分履职尽责案

<table>
<tr><td colspan="3">行政处罚决定书文号</td><td>豫银保监罚决字〔2021〕38 号</td></tr>
<tr><td rowspan="3">被处罚当事人姓名或名称</td><td colspan="2">个人姓名</td><td>—</td></tr>
<tr><td rowspan="2">单位</td><td>名称</td><td>中原信托有限公司</td></tr>
<tr><td>法定代表人或主要负责人姓名</td><td>赵某某</td></tr>
<tr><td colspan="3">主要违法违规事实（案由）</td><td>尽职调查不充分，未有效识别风险，形成重大案件风险；银信合作业务将尽职调查职责委托其他机构，尽职管理不到位</td></tr>
<tr><td colspan="3">行政处罚依据</td><td>《信托公司管理办法》第二十四条，《信托公司集合资金信托计划管理办法》第九条，《中国银监会办公厅关于信托公司风险监管的指导意见》第二部分第二条第一款，《中国银监会关于进一步规范银信合作有关事项的通知》第二条，《中华人民共和国银行业监督管理法》第四十六条第（五）项</td></tr>
</table>

续表

行政处罚决定	合计罚款130万元
作出行政处罚决定的机关名称	河南银保监局
作出行政处罚决定的日期	2021年8月16日

《信托公司管理办法》第三十四条　【信托公司开展信托业务的禁止性行为】

第三十四条　信托公司开展信托业务，不得有下列行为：

（一）利用受托人地位谋取不当利益；

（二）将信托财产挪用于非信托目的的用途；

（三）承诺信托财产不受损失或者保证最低收益；

（四）以信托财产提供担保；

（五）法律法规和中国银行业监督管理委员会禁止的其他行为。

典型案例

中建投信托有限责任公司违规牟利案

<table>
<tr><td colspan="3">行政处罚决定书文号</td><td>浙银监罚决字〔2017〕14号</td></tr>
<tr><td rowspan="3">被处罚当事人姓名或名称</td><td colspan="2">个人姓名</td><td>—</td></tr>
<tr><td rowspan="2">单位</td><td>名称</td><td>中建投信托有限责任公司</td></tr>
<tr><td>法定代表人（主要负责人）姓名</td><td>王某某</td></tr>
<tr><td colspan="3">主要违法违规事实（案由）</td><td>违规以信托财产为自己牟利；利用受托人地位赚取不当利益</td></tr>
<tr><td colspan="3">行政处罚依据</td><td>《信托公司集合资金信托计划管理办法》第五条、第四十七条，《中华人民共和国银行业监督管理法》第二十一条、第四十六条，《信托公司管理办法》第三十四条、第六十条</td></tr>
<tr><td colspan="3">行政处罚决定</td><td>罚款人民币70万元</td></tr>
<tr><td colspan="3">作出处罚决定的机关名称</td><td>中国银监会浙江监管局</td></tr>
<tr><td colspan="3">作出处罚决定的日期</td><td>2017年8月29日</td></tr>
</table>

《信托公司管理办法》第四十六条 【信托公司财务真实性要求】

第四十六条 信托公司应当按照国家有关规定建立、健全本公司的财务会计制度，真实记录并全面反映其业务活动和财务状况。公司年度财务会计报表应当经具有良好资质的中介机构审计。

典型案例

厦门国际信托有限公司业务分类错误案

行政处罚决定书文号			厦银监罚决字〔2016〕1号
被处罚当事人姓名或名称	个人姓名		—
	单位	名称	厦门国际信托有限公司
		法定代表人（主要负责人）姓名	洪某某
主要违法违规事实（案由）			业务分类错误，未能真实记录并全面反映公司业务活动
行政处罚依据			《信托公司管理办法》第四十六条、第六十条，《中华人民共和国银行业监督管理法》第四十六条、第四十八条
行政处罚决定			罚款30万元，同时责令该司对直接负责的高级管理人员和其他直接责任人员给予纪律处分
作出处罚决定的机关名称			厦门银监局
作出处罚决定的日期			2016年6月8日

《信托公司管理办法》第四十七条 【监管部门检查信托公司经营活动】

第四十七条 中国银行业监督管理委员会可以定期或者不定期对信托公司的经营活动进行检查；必要时，可以要求信托公司提供由具有良好资质的中介机构出具的相关审计报告。

信托公司应当按照中国银行业监督管理委员会的要求提供有关业务、财务等报表和资料，并如实介绍有关业务情况。

典型案例

兴业国际信托有限公司信托业务类别填报错误案

<table>
<tr><td colspan="3">行政处罚决定书文号</td><td>闽银监罚决字〔2016〕2号</td></tr>
<tr><td rowspan="3">被处罚当事人姓名或名称</td><td colspan="2">个人姓名</td><td>—</td></tr>
<tr><td rowspan="2">单位</td><td>名称</td><td>兴业国际信托有限公司</td></tr>
<tr><td>法定代表人（主要负责人）姓名</td><td>杨某某</td></tr>
<tr><td colspan="3">主要违法违规事实（案由）</td><td>证券投资信托业务分类填报错误；信托项目资金来源填报错误</td></tr>
<tr><td colspan="3">行政处罚依据</td><td>《信托公司管理办法》第四十七条第二款，《中华人民共和国银行业监督管理法》第四十六条第三项</td></tr>
<tr><td colspan="3">行政处罚决定</td><td>罚款50万元</td></tr>
<tr><td colspan="3">作出处罚决定的机关名称</td><td>中国银行业监督管理委员会福建监管局</td></tr>
<tr><td colspan="3">作出处罚决定的日期</td><td>2016年6月24日</td></tr>
</table>

《信托公司管理办法》第五十条　【信托公司高管任职资格审查】

第五十条　中国银行业监督管理委员会对信托公司的董事、高级管理人员实行任职资格审查制度。未经中国银行业监督管理委员会任职资格审查或者审查不合格的，不得任职。

信托公司对拟离任的董事、高级管理人员，应当进行离任审计，并将审计结果报中国银行业监督管理委员会备案。信托公司的法定代表人变更时，在新的法定代表人经中国银行业监督管理委员会核准任职资格前，原法定代表人不得离任。

典型案例

天津信托有限责任公司未经核准履职案

<table>
<tr><td colspan="3">行政处罚决定书文号</td><td>津银保监罚决字〔2020〕103号</td></tr>
<tr><td rowspan="3">被处罚当事人姓名或全称</td><td colspan="2">个人姓名</td><td>—</td></tr>
<tr><td rowspan="2">单位</td><td>名称</td><td>天津信托有限责任公司</td></tr>
<tr><td>法定代表人（主要负责人）姓名</td><td>赵某</td></tr>
</table>

续表

主要违法违规事实（案由）	未经核准提前履行高管职责，严重违反审慎经营规则
行政处罚依据	《信托公司管理办法》第五十条，《中华人民共和国银行业监督管理法》第二十一条、第四十六条
行政处罚决定	罚款人民币20万元
作出处罚决定的机关名称	天津银保监局
作出处罚决定的日期	2020年12月29日

《信托公司管理办法》第五十九条　【信托公司违规设立分支机构罚则】

第五十九条　未经中国银行业监督管理委员会批准，信托公司擅自设立分支机构或开展本办法第十九条、第二十条、第二十一条、第二十二条、第三十三条和第三十四条禁止的业务的，由中国银行业监督管理委员会责令改正，有违法所得的，没收违法所得，违法所得五十万元以上的，并处违法所得一倍以上五倍以下罚款；没有违法所得或者违法所得不足五十万元的，处五十万元以上二百万元以下罚款；情节特别严重或者逾期不改正的，责令停业整顿或者吊销其金融许可证；构成犯罪的，依法追究刑事责任。

典型案例

1. 外贸信托违反审慎经营规则案

行政处罚决定书文号			京银保监罚决字〔2021〕42号
被处罚当事人	个人姓名		赵某、王某某、周某、李某某
	单位	名称	外贸信托
		法定代表人姓名	李某

续表

主要违法违规事实（案由）	1. 监管批复增资前违规以负债形式接受“增资款”并使用； 2. 未能识别商业银行个人理财资金认购劣后级受益权； 3. 合格投资者人数突破“资管新规”要求； 4. 员工汇集他人资金购买信托计划，部分被汇集人员认购金额少于30万元； 5. 以应收账款收购附差额补足承诺形式，变相为房地产企业提供流动资金贷款； 6. 项目资本金审核不到位，为资本金不足的项目提供融资； 7. 贷款用途审查不到位，信托资金用于置换前期缴纳土地出让金的投资款； 8. 房地产信托计划贷款用途管理不到位； 9. 贷款用途管理不到位，部分贷款资金流入股市、房市； 10. 个人贷款合同及费率管理不到位； 11. 借道合作机构变相进行不同集合资金信托计划之间信托财产的相互交易
行政处罚依据	《信托公司管理办法》（银监会令〔2007〕2号）第五十九条，《中华人民共和国银行业监督管理法》第四十五条、第四十六条、第四十八条
行政处罚决定	责令外贸信托改正，并给予合计1080万元罚款的行政处罚；对赵某给予警告，并处罚款10万元； 对王某某给予警告，并处罚款10万元；对周某给予警告，并处罚款5万元；对李某某给予警告，并处罚款5万元
作出处罚决定的机关名称	北京银保监局
作出处罚决定的日期	2021年12月28日

2. 华信信托股份有限公司违规开展信托投资信托业务案

处罚决定书文号			大银保监罚决字〔2019〕113号
被处罚当事人姓名或名称	个人姓名		—
	单位	名称	华信信托股份有限公司
		法定代表人（主要负责人）姓名	董某某

续表

主要违法事实（案由）	通过发放信托贷款形式，将信托资金用于购买本公司前期发行的信托产品
行政处罚依据	《信托公司管理办法》第五十九条
行政处罚决定	罚款人民币50万元
作出行政处罚的机关名称	中国银行保险监督管理委员会大连监管局
作出处罚决定的日期	2019年7月17日

3. 四川信托有限公司违规开展债券正回购案

行政处罚决定书文号			川银监罚字〔2017〕28号
被处罚当事人姓名或名称	个人姓名		—
	单位	名称	四川信托有限公司
		法定代表人（主要负责人）姓名	牟某
主要违法违规事实（案由）			违规开展债券正回购
行政处罚依据			《信托公司管理办法》第五十九条
行政处罚决定			没收违法所得人民币24.48万元，罚款人民币25万元
作出处罚决定的机关名称			中国银行业监督管理委员会四川监管局
作出处罚决定的日期			2017年6月15日

《信托公司管理办法》第六十条　【监管处罚兜底条款】

第六十条　信托公司违反本办法其他规定的，中国银行业监督管理委员会根据《中华人民共和国银行业监督管理法》等法律法规的规定，采取相应的处罚措施。

典型案例

1. 中国金谷国际信托有限责任公司管理信托财产不审慎案

行政处罚决定书文号			京银监罚决字〔2017〕29号
被处罚当事人	个人姓名		—
	单位	名称	中国金谷国际信托有限责任公司
		法定代表人（主要负责人）姓名	彭某
主要违法违规事实（案由）			管理信托财产不审慎严重违反审慎经营规则
行政处罚依据			《信托公司管理办法》第六十条，《中华人民共和国银行业监督管理法》第四十六条、第四十八条
行政处罚决定			责令中国金谷国际信托有限责任公司改正，并给予50万元罚款的行政处罚。责令中国金谷国际信托有限责任公司对相关直接责任人员给予纪律处分
作出处罚决定的机关名称			北京银监局
作出处罚决定的日期			2017年12月13日

2. 国民信托有限公司管理信托财产不审慎案

行政处罚决定书文号			京银监罚决字〔2017〕30号
被处罚当事人	个人姓名		—
	单位	名称	国民信托有限公司
		法定代表人（主要负责人）姓名	杨某某
主要违法违规事实（案由）			管理信托财产不审慎严重违反审慎经营规则
行政处罚依据			《信托公司管理办法》第六十条，《中华人民共和国银行业监督管理法》第四十六条、第四十八条
行政处罚决定			责令国民信托有限公司改正，并给予20万元罚款的行政处罚。责令国民信托有限公司对相关直接责任人员给予纪律处分
作出处罚决定的机关名称			北京银监局
作出处罚决定的日期			2017年12月13日

3. 安信信托股份有限公司关联交易未向监管机构报告案

行政处罚决定书文号			沪银保监银罚决字〔2019〕55号
被处罚当事人姓名或名称	个人姓名		—
	单位	名称	安信信托股份有限公司
		法定代表人姓名	邵某某（代为履职）
主要违法违规事实			2018年7月，该公司开展部分关联交易未按要求逐笔向监管机构事前报告
行政处罚依据			《中华人民共和国银行业监督管理法》第四十六条第（五）项，《信托公司管理办法》第六十条
行政处罚决定			责令改正，并处罚款50万元
作出处罚决定的机关名称			中国银行保险监督管理委员会上海监管局
作出处罚决定的日期			2019年7月26日

《信托公司管理办法》第六十二条　【信托公司高管处罚条款】

第六十二条　对信托公司违规负有直接责任的董事、高级管理人员和其他直接责任人员，中国银行业监督管理委员会可以区别不同情形，根据《中华人民共和国银行业监督管理法》等法律法规的规定，采取罚款、取消任职资格或从业资格等处罚措施。

典型案例

建信信托有限责任公司未经批准设立非金融子公司案

行政处罚决定书文号			京银保监罚决字〔2021〕25号
被处罚当事人	个人姓名		程某某
	单位	名称	建信信托有限责任公司
		法定代表人姓名	王某某
主要违法违规事实（案由）			2011年，未经批准违规设立两家非金融子公司
行政处罚依据			《信托公司管理办法》第五十九条、六十二条，《中华人民共和国银行业监督管理法》第四十八条
行政处罚决定			责令建信信托有限责任公司改正，并给予400万元罚款的行政处罚；对程双起给予警告

续表

作出处罚决定的机关名称	北京银保监局
作出处罚决定的日期	2021年9月26日

《信托公司集合资金信托计划管理办法》第四条、第二十九条　【信托公司勤勉尽责及受益权拆分转让】

第四条　信托公司管理、运用信托计划财产，应当恪尽职守，履行诚实信用、谨慎勤勉的义务，为受益人的最大利益服务。

第二十九条　信托计划存续期间，受益人可以向合格投资者转让其持有的信托单位。信托公司应为受益人办理受益权转让的有关手续。

信托受益权进行拆分转让的，受让人不得为自然人。机构所持有的信托受益权，不得向自然人转让或拆分转让。

典型案例

兴业国际信托有限公司未有效落实禁止管理职责案

行政处罚决定书文号			闽银保监罚决字〔2021〕21号
被处罚当事人姓名或名称	个人姓名		司某、徐某、俞某、唐某某
	单位	名称	兴业国际信托有限公司
		法定代表人（主要负责人）姓名	沈某某
主要违法违规事实（案由）			1. 未有效落实尽职管理职责。 2. 未严格落实核保内控要求。 3. 将机构持有的信托受益权拆分转让给自然人
行政处罚依据			《信托公司集合资金信托计划管理办法》第四条、第二十九条，《信托公司管理办法》第二十四条，《中国银行业监督管理委员会办公厅关于信托公司风险监管的指导意见》（银监办发〔2014〕99号）第二条第（二）项，《商业银行内部控制指引》（银监发〔2014〕40号）第十五条，《中华人民共和国银行业监督管理法》第二十一条、第四十六条第（五）项、第四十八条第（二）项

续表

行政处罚决定	对兴业信托处以150万元罚款；对俞某予以警告，并罚款10万元；对唐某某予以警告，并罚款5万元；对徐某予以警告，并罚款5万元；对司某予以警告，并罚款5万元
作出处罚决定的机关名称	中国银保监会福建监管局
作出处罚决定的日期	2021年4月25日

《信托公司集合资金信托计划管理办法》第五条　【信托计划设立条件】

第五条　信托公司设立信托计划，应当符合以下要求：

（一）委托人为合格投资者；

（二）参与信托计划的委托人为惟一受益人；

（三）单个信托计划的自然人人数不得超过50人，但单笔委托金额在300万元以上的自然人投资者和合格的机构投资者数量不受限制；

（四）信托期限不少于1年；

（五）信托资金有明确的投资方向和投资策略，且符合国家产业政策以及其他有关规定；

（六）信托受益权划分为等额份额的信托单位；

（七）信托合同应约定受托人报酬，除合理报酬外，信托公司不得以任何名义直接或间接以信托财产为自己或他人牟利；

（八）中国银行业监督管理委员会规定的其他要求。

典型案例

中建投信托有限责任公司违规以信托财产为自身牟利案

行政处罚决定书文号			浙银监罚决字〔2017〕14号
被处罚当事人姓名或名称	个人姓名		—
	单位	名称	中建投信托有限责任公司
		法定代表人（主要负责人）姓名	王某某
主要违法违规事实（案由）			违规以信托财产为自己牟利；利用受托人地位赚取不当利益

续表

行政处罚依据	《信托公司集合资金信托计划管理办法》第五条、第四十七条,《中华人民共和国银行业监督管理法》第二十一条、第四十六条,《信托公司管理办法》第三十四条、第六十条
行政处罚决定	罚款人民币 70 万元
作出处罚决定的机关名称	中国银监会浙江监管局
作出处罚决定的日期	2017 年 8 月 29 日

《信托公司集合资金信托计划管理办法》第九条　【信托计划设立前尽职调查】

第九条　信托公司设立信托计划，事前应进行尽职调查，就可行性分析、合法性、风险评估、有无关联方交易等事项出具尽职调查报告。

典型案例

中原信托公司尽职调查不到位案

行政处罚决定书文号			豫银保监罚决字〔2021〕38 号
被处罚当事人姓名或名称	个人姓名		—
	单位	名称	中原信托有限公司
		法定代表人或主要负责人姓名	赵某某
主要违法违规事实（案由）			尽职调查不充分，未有效识别风险，形成重大案件风险；银信合作业务将尽职调查职责委托其他机构，尽职管理不到位
行政处罚依据			《信托公司管理办法》第二十四条,《信托公司集合资金信托计划管理办法》第九条,《中国银监会办公厅关于信托公司风险监管的指导意见》第二部分第二条第一款,《中国银监会关于进一步规范银信合作有关事项的通知》第二条,《中华人民共和国银行业监督管理法》第四十六条第（五）项
行政处罚决定			合计罚款 130 万元
作出行政处罚决定的机关名称			河南银保监局
作出行政处罚决定的日期			2021 年 8 月 16 日

《信托公司集合资金信托计划管理办法》第二十七条 【信托公司管理信托计划的行为禁止】

第二十七条 信托公司管理信托计划，应当遵守以下规定：

（一）不得向他人提供担保；

（二）向他人提供贷款不得超过其管理的所有信托计划实收余额的30%，但中国银行业监督管理委员会另有规定的除外；

（三）不得将信托资金直接或间接运用于信托公司的股东及其关联人，但信托资金全部来源于股东或其关联人的除外；

（四）不得以固有财产与信托财产进行交易；

（五）不得将不同信托财产进行相互交易；

（六）不得将同一公司管理的不同信托计划投资于同一项目。

典型案例

中原信托有限公司固信交易案

行政处罚决定书文号			豫银监罚决字〔2018〕27号
被处罚当事人姓名或名称	个人姓名		—
	单位	名称	中原信托有限公司
		法定代表人或主要负责人姓名	黄某某
主要违法违规事实（案由）			以固有财产与信托财产进行交易
行政处罚依据			《信托公司集合资金信托计划管理办法》（银监会令2009年第1号）第二十七条第（四）项、第四十九条
行政处罚决定			罚款30万元
作出行政处罚决定的机关名称			河南银监局
作出行政处罚决定的日期			2018年2月24日

《信托公司集合资金信托计划管理办法》第四十七条 【信托公司违规罚则】

第四十七条 信托公司设立信托计划不遵守本办法有关规定的，由中国银行业监督管理委员会责令改正；逾期不改正的，处10万元以上30万元以下罚款；情节特别严重的，可以责令停业整顿或者吊销其金融许可证。

典型案例

1. 东莞信托业务严重违反审慎经营规则案

行政处罚决定书文号			东银监罚决字〔2015〕1号
被处罚当事人姓名或名称	个人姓名		—
	单位	名称	东莞信托有限公司
		法定代表人姓名	廖某某
案由			信托业务严重违反审慎经营规则
行政处罚依据			《信托公司集合资金信托计划管理办法》第四十七条，《中华人民共和国银行业监督管理法》第四十六条
行政处罚决定			罚款人民币20万元
作出处罚决定的机关名称			中国银监会东莞监管分局
作出处罚决定的日期			2015年11月2日

2. 中江国际信托股份有限公司业务违规案

行政处罚决定书文号			赣银监罚字〔2015〕2号
被处罚当事人姓名或名称	个人姓名		—
	单位	名称	中江国际信托股份有限公司
		法定代表人（主要负责人）姓名	裘某
主要违法违规事实（案由）			违规将管理的多个不同信托计划投资于同一项目，且单个信托计划的实际投资人突破规定人数限制；违规向公司股东发放信托贷款且涉及资金挪用；违规委托非金融机构推介信托项目
行政处罚依据			《信托公司集合资金信托计划管理办法》第四十七条、四十八条、四十九条
行政处罚决定			罚款人民币60万元
作出处罚决定的机关名称			中国银监会江西监管局
作出处罚决定的日期			2015年9月18日

《信托公司集合资金信托计划管理办法》第四十八条 【信托公司推介违规罚则】

第四十八条 信托公司推介信托计划违反本办法有关规定的，由中国银行业监督管理委员会责令停止，返还所募资金并加计银行同期存款利息，并处二十万元以上五十万元以下罚款；构成犯罪的，依法追究刑事责任。

典型案例

1. 北京国际信托违规推介案

行政处罚决定书文号			京银监发〔2009〕161 号
被处罚当事人	个人姓名		—
	单位	名称	北京国际信托
		法定代表人（主要负责人）姓名	刘某某
主要违法违规事实（案由）			当事人信托计划推介材料存在严重的误导性陈述；信托资金组合运用未按规定明确投资比例
行政处罚依据			（一）信托计划推介材料存在严重的误导性陈述。《信托公司集合资金信托计划管理办法》第四十八条规定："信托公司推介信托计划违反本办法有关规定的，由中国银行业监督管理委员会责令停止，返还所募集资金并加计银行同期存款利息，并处二十万元以上五十万元以下罚款；构成犯罪的，依法追究刑事责任。"（二）信托资金组合运用未按规定明确投资比例。《信托公司集合资金信托计划管理办法》第四十九条规定："信托公司管理信托计划违反本办法有关规定的，由中国银行业监督管理委员会责令改正；有违法所得的，没收违法所得，并处违法所得一倍以上五倍以下罚款；没有违法所得的，处二十万元以上五十万元以下罚款；情节特别严重或者逾期不改正的，可以责令停业整顿或者吊销其金融许可证；构成犯罪的，依法追究刑事责任。"

续表

行政处罚决定	给予当事人罚款20万元的行政处罚
作出处罚决定的机关名称	北京银监局
作出处罚决定的日期	2009年12月18日

2. 平安信托有限责任公司违规账户管理案

<table>
<tr><td colspan="3">行政处罚决定书文号</td><td>深银监罚决字〔2016〕1号</td></tr>
<tr><td rowspan="3">被处罚当事人姓名或名称</td><td colspan="2">个人姓名</td><td>—</td></tr>
<tr><td rowspan="2">单位</td><td>名称</td><td>平安信托有限责任公司</td></tr>
<tr><td>法定代表人（主要负责人）姓名</td><td>张某某</td></tr>
<tr><td colspan="3">主要违法违规事实（案由）</td><td>将信托财产的部分收益确认为子公司收入、账户管理存在严重缺陷</td></tr>
<tr><td colspan="3">行政处罚依据</td><td>《信托公司集合资金信托计划管理办法》第四十九条，《信托公司管理办法》第六十条，《银行业监督管理法》第四十六条</td></tr>
<tr><td colspan="3">行政处罚决定</td><td>罚款人民币1650万元</td></tr>
<tr><td colspan="3">作出处罚决定的机关名称</td><td>深圳银监局</td></tr>
<tr><td colspan="3">作出处罚决定的日期</td><td>2016年1月22日</td></tr>
</table>

《信托公司集合资金信托计划管理办法》第四十九条　【信托公司违规设立信托计划的罚则】

第四十九条　信托公司管理信托计划违反本办法有关规定的，由中国银行业监督管理委员会责令改正；有违法所得的，没收违法所得，并处违法所得1倍以上5倍以下罚款；没有违法所得的，处20万元以上50万元以下罚款；情节特别严重或者逾期不改正的，可以责令停业整顿或者吊销其金融许可证；构成犯罪的，依法追究刑事责任。

典型案例

湖南省信托有限责任公司信托计划违规管理案

行政处罚决定书文号			湘银监罚决字〔2016〕4号
被处罚当事人姓名或名称	个人姓名		—
	单位	名称	湖南省信托有限责任公司
		法定代表人（主要负责人）姓名	朱某某
主要违法违规事实（案由）			不同集合资金信托计划投资同一项目；将机构所持有的信托受益权向自然人转让或拆分转让；单个集合资金信托计划超过规定投资者人数
行政处罚依据			《信托公司集合资金信托计划管理办法》第四十九条和第四十七条
行政处罚决定			合并罚款80万元
作出处罚决定的机关名称			中国银行业监督管理委员会湖南监管局
作出处罚决定的日期			2016年1月20日

《信托公司集合资金信托计划管理办法》第五十条　【信托公司违规信息披露罚则】

第五十条　信托公司不依本办法进行信息披露或者披露的信息有虚假记载、误导性陈述或者重大遗漏的，由中国银行业监督管理委员会责令改正，并处20万元以上50万元以下罚款；给受益人造成损害的，依法承担赔偿责任。

典型案例

1. 华鑫国际信托有限公司违规信息披露案

行政处罚决定书文号			京银监罚决字〔2017〕2号
被处罚当事人	个人姓名		—
	单位	名称	华鑫国际信托有限公司
		法定代表人（主要负责人）姓名	李某某

续表

主要违法违规事实（案由）	管理运用信托财产、信息披露违反监管规定
行政处罚依据	《信托公司集合资金信托计划管理办法》第四十九条规定："信托公司管理信托计划违反本办法有关规定的，由中国银行业监督管理委员会责令改正；有违法所得的，没收违法所得，并处违法所得一倍以上五倍以下罚款；没有违法所得的，处二十万元以上五十万元以下罚款；情节特别严重或者逾期不改正的，可以责令停业整顿或者吊销其金融许可证；构成犯罪的，依法追究刑事责任。" 《信托公司集合资金信托计划管理办法》第五十条规定："信托公司不依本办法进行信息披露或者披露的信息有虚假记载、误导性陈述或者重大遗漏的，由中国银行业监督管理委员会责令改正，并处二十万元以上五十万元以下罚款；给受益人造成损害的，依法承担赔偿责任。"
行政处罚决定	责令华鑫国际信托有限公司改正，对其管理运用信托财产不尽职行为给予罚款 30 万元的行政处罚；对其重大情况信息披露不及时行为给予 20 万元罚款的行政处罚；以上罚款金额合计 50 万元
作出处罚决定的机关名称	北京银监局
作出处罚决定的日期	2017 年 5 月 17 日

2. 山东省国际信托股份有限公司违规信息披露案

行政处罚决定书文号			鲁银监罚决字〔2016〕3 号
被处罚当事人姓名或名称	个人姓名		—
	单位	名称	山东省国际信托股份有限公司
		法定代表人（主要负责人）姓名	王某某
主要违法违规事实（案由）			一、未按规定及《信托合同》约定向受益人定期披露信息； 二、未按规定及《信托合同》约定方式向全体受益人披露临时信息
行政处罚依据			《信托公司集合资金信托计划管理办法》第五十条

续表

行政处罚决定	罚款20万元
作出处罚决定的机关名称	中国银监会山东监管局
作出处罚决定的日期	2016年12月23日

3. 华润深国投信托有限公司信息披露重大遗漏案

<table>
<tr><td colspan="3">行政处罚决定书文号</td><td>深银监罚决字〔2018〕8号</td></tr>
<tr><td rowspan="3">被处罚当事人姓名或名称</td><td colspan="2">个人姓名</td><td>—</td></tr>
<tr><td rowspan="2">单位</td><td>名称</td><td>华润深国投信托有限公司</td></tr>
<tr><td>法定代表人（主要负责人）姓名</td><td>刘某某</td></tr>
<tr><td colspan="3">主要违法违规事实（案由）</td><td>向委托人披露的信息有重大遗漏</td></tr>
<tr><td colspan="3">行政处罚依据</td><td>《信托公司集合资金信托计划管理办法》第五十条</td></tr>
<tr><td colspan="3">行政处罚决定</td><td>罚款50万元</td></tr>
<tr><td colspan="3">作出处罚决定的机关名称</td><td>深圳银监局</td></tr>
<tr><td colspan="3">作出处罚决定的日期</td><td>2018年1月30日</td></tr>
</table>

4. 中泰信托有限责任公司信息披露案

<table>
<tr><td colspan="3">行政处罚决定书文号</td><td>沪银保监罚决字〔2021〕66号</td></tr>
<tr><td rowspan="3">被处罚当事人姓名或名称</td><td colspan="2">个人姓名</td><td>—</td></tr>
<tr><td rowspan="2">单位</td><td>名称</td><td>中泰信托有限责任公司</td></tr>
<tr><td>主要负责人</td><td>吴某某</td></tr>
<tr><td colspan="3">主要违法违规事实</td><td>1. 2017年至2019年，该公司对委托推介机构监督管理严重不审慎。
2. 2018年至2019年，该公司未及时掌握某信托存续项目的风险变化状况。
3. 2017年至2019年，该公司对某信托计划未按规定进行信息披露</td></tr>
<tr><td colspan="3">行政处罚依据</td><td>《中华人民共和国银行业监督管理法》第四十六条第（五）项，《信托公司集合资金信托计划管理办法》第五十条</td></tr>
<tr><td colspan="3">行政处罚决定</td><td>责令改正，并处罚款150万元</td></tr>
<tr><td colspan="3">作出处罚决定的机关名称</td><td>中国银行保险监督管理委员会上海监管局</td></tr>
<tr><td colspan="3">作出处罚决定的日期</td><td>2021年6月10日</td></tr>
</table>

5. 中建投信托股份有限公司违规信息披露案

行政处罚决定书文号			浙银保监罚决字〔2020〕56号
被处罚当事人姓名或名称	个人姓名		—
	单位	名称	中建投信托股份有限公司
		主要负责人	刘某某
主要违法违规事实（案由）			未按监管规定及时进行信息披露；推介信托计划时存在对公司过去的经营业绩作夸大介绍的情况
行政处罚依据			《信托公司集合资金信托计划管理办法》（银监会令2009年第1号）第五十条，《信托公司集合资金信托计划管理办法》（银监会令2009年第1号）第四十八条
行政处罚决定			罚款人民币45万元
作出处罚决定的机关名称			中国银保监会浙江监管局
作出处罚决定的日期			2020年9月10日

《信托公司集合资金信托计划管理办法》第五十一条 【信托公司管理信托计划的兜底违规罚则】

第五十一条 信托公司设立、管理信托计划存在其他违法违规行为的，中国银行业监督管理委员会可以根据《中华人民共和国银行业监督管理法》等法律法规的规定，采取相应的处罚措施。

典型案例

中融国际信托有限公司信托计划资金违规投放案

行政处罚决定书文号			黑银保监罚决字〔2022〕4号
被处罚当事人姓名或名称	个人姓名		—
	单位	名称	中融国际信托有限公司
		法定代表人（主要负责人）姓名	刘某

续表

主要违法违规事实（案由）	集合资金信托计划募集资金投放到“四证不全”房地产项目
行政处罚依据	《信托公司集合资金信托计划管理办法》第五十一条，《中华人民共和国银行业监督管理法》第四十六条
行政处罚决定	罚款 20 万元
作出处罚决定的机关名称	黑龙江银保监局
作出处罚决定的日期	2022 年 2 月 23 日

《金融违法行为处罚办法》第十一条　【金融机构违规账外经营及罚则】

第十一条　金融机构不得以下列方式从事帐外经营行为：

（一）办理存款、贷款等业务不按照会计制度记帐、登记，或者不在会计报表中反映；

（二）将存款与贷款等不同业务在同一帐户内轧差处理；

（三）经营收入未列入会计帐册；

（四）其他方式的帐外经营行为。

金融机构违反前款规定的，给予警告，没收违法所得，并处违法所得 1 倍以上 5 倍以下的罚款，没有违法所得的，处 10 万元以上 50 万元以下的罚款；对该金融机构直接负责的高级管理人员、其他直接负责的主管人员和直接责任人员，给予开除的纪律处分；情节严重的，责令该金融机构停业整顿或者吊销经营金融业务许可证；构成用帐外客户资金非法拆借、发放贷款罪或者其他罪的，依法追究刑事责任。

典型案例

新时代信托股份有限公司内控及业务违规案

行政处罚决定书文号			内银保监罚决字〔2022〕23 号
被处罚当事人姓名或名称	个人姓名		—
	单位	名称	新时代信托股份有限公司
		法定代表人（主要负责人）姓名	赖某某

续表

主要违法违规事实（案由）	董事会履职尽责不到位，未开展关联交易审查；监事会履职尽责不到位，未有效发挥监督制约作用；经营层未按授权管理开展业务；通过固有业务和划拨财务费用向关联企业融资；用信托资金向关联企业融资；印章管理不规范，用印监督失控；违规开展账外经营；用固有资金进行实业投资；未对信托业务单独核算；将不同信托计划投资于同一项目；未按规定程序办理抵质押担保
行政处罚依据	《中华人民共和国银行业监督管理法》第四十六条第（五）项，《金融违法行为处罚办法》第十一条第（四）项
行政处罚决定	罚款700万元
作出处罚决定的机关名称	内蒙古银保监局
作出处罚决定的日期	2022年6月20日

《金融违法行为处罚办法》第十六条　【金融机构违规放贷及罚则】

第十六条　金融机构办理贷款业务，不得有下列行为：

（一）向关系人发放信用贷款；

（二）向关系人发放担保贷款的条件优于其他借款人同类贷款的条件；

（三）违反规定提高或者降低利率以及采用其他不正当手段发放贷款；

（四）违反中国人民银行规定的其他贷款行为。

金融机构有前款所列行为之一的，给予警告，没收违法所得，并处违法所得1倍以上5倍以下的罚款，没有违法所得的，处10万元以上50万元以下的罚款；对该金融机构直接负责的高级管理人员、其他直接负责的主管人员和直接责任人员，给予撤职直至开除的纪律处分；情节严重的，责令该金融机构停业整顿或者吊销经营金融业务许可证；构成违法向关系人发放贷款罪、违法发放贷款罪或者其他罪的，依法追究刑事责任。

典型案例

华澳国际信托有限公司违规运用信托资金案

行政处罚决定书文号			沪银保监罚决字〔2021〕109 号
被处罚当事人姓名或名称	个人姓名		—
	单位	名称	华澳国际信托有限公司
		主要负责人	吴某某
主要违法违规事实			1. 2017 年 7 月，该公司违规承诺信托本金和收益。 2. 2017 年 3 月至 2018 年 12 月，该公司开展部分关联交易未逐笔向监管机构事前报告。 3. 2018 年和 2019 年，该公司未足额计提减值准备。 4. 2020 年 1 月至 6 月，该公司部分信托计划风险管控和后续管理严重违反审慎经营规则。 5. 2020 年 3 月，该公司某房地产信托业务严重违反审慎经营规则。 6. 2018 年 7 月，该公司发行分级信托计划，对优先级份额认购者违规提供保本保收益安排。 7. 2019 年 7 月，该公司存在以贷收费。 8. 2019 年 8 月，该公司违规引入非金融机构推介某信托计划。 9. 2015 年 3 月以来，该公司未妥善保存管理某信托计划档案资料
行政处罚依据			《中华人民共和国银行业监督管理法》第四十六条第（五）项，《信托公司管理办法》第六十条，《金融违法行为处罚办法》第十六条，《信托公司集合资金信托计划管理办法》第五十一条
行政处罚决定			责令改正，并处罚没款共计 566 万元
作出处罚决定的机关名称			中国银行保险监督管理委员会上海监管局
作出处罚决定的日期			2021 年 7 月 19 日

《金融违法行为处罚办法》第二十八条 【信托公司违规经营及罚则】

第二十八条 信托投资公司不得以办理委托、信托业务名义吸收公众存款、发放贷款，不得违反国家规定办理委托、信托业务。

信托投资公司违反前款规定的，给予警告，没收违法所得，并处违法所得1倍以上5倍以下的罚款，没有违法所得的，处10万元以上50万元以下的罚款；对该信托投资公司直接负责的高级管理人员、其他直接负责的主管人员和直接责任人员，给予记大过直至开除的纪律处分；情节严重的，暂停或者停止该项业务，对直接负责的高级管理人员给予撤职直至开除的纪律处分；构成非法吸收公众存款罪、集资诈骗罪或者其他罪的，依法追究刑事责任。

典型案例

1. 中泰信托有限责任公司违规承诺刚兑案

<table>
<tr><td colspan="3">行政处罚决定书文号</td><td>沪银保监银罚决字〔2019〕10号</td></tr>
<tr><td rowspan="3">被处罚当事人姓名或名称</td><td colspan="2">个人姓名</td><td>—</td></tr>
<tr><td rowspan="2">单位</td><td>名称</td><td>中泰信托有限责任公司</td></tr>
<tr><td>法定代表人姓名</td><td>吴某某</td></tr>
<tr><td colspan="3">主要违法违规事实</td><td>2015年7月，该公司违规承诺某信托财产不受损失</td></tr>
<tr><td colspan="3">行政处罚依据</td><td>《金融违法行为处罚办法》第二十八条，《行政处罚法》第二十七条</td></tr>
<tr><td colspan="3">行政处罚决定</td><td>警告，并没收违法所得2,643,616.44元</td></tr>
<tr><td colspan="3">作出处罚决定的机关名称</td><td>中国银行保险监督管理委员会上海监管局</td></tr>
<tr><td colspan="3">作出处罚决定的日期</td><td>2019年5月6日</td></tr>
</table>

2. 华润深国投信托有限公司违规经营案

<table>
<tr><td colspan="3">行政处罚决定书文号</td><td>深银监罚决字〔2018〕36号</td></tr>
<tr><td rowspan="3">被处罚当事人姓名或名称</td><td colspan="2">个人姓名</td><td>—</td></tr>
<tr><td rowspan="2">单位</td><td>名称</td><td>华润深国投信托有限公司</td></tr>
<tr><td>法定代表人（主要负责人）姓名</td><td>刘某某</td></tr>
</table>

续表

主要违法违规事实（案由）	房地产开发二级资质审查不符合要求，未正确填报政府融资平台业务报表，合格投资者穿透审核不符合要求，个人理财资金投资信托劣后受益权，协助保险资金投资于通道类信托计划，违规代持保险资产管理公司股权
行政处罚依据	《中华人民共和国银行业监督管理法》第四十六条，《金融违法行为处罚办法》第二十八条
行政处罚决定	罚款人民币460万元，没收违法所得人民币150万元
作出处罚决定的机关名称	中国银保监会深圳监管局
作出处罚决定的日期	2018年12月20日

《流动资金贷款管理暂行办法》[①] 第六条　【流动资金贷款人强化贷权管理】

第六条　贷款人应合理测算借款人营运资金需求，审慎确定借款人的流动资金授信总额及具体贷款的额度，不得超过借款人的实际需求发放流动资金贷款。贷款人应根据借款人生产经营的规模和周期特点，合理设定流动资金贷款的业务品种和期限，以满足借款人生产经营的资金需求，实现对贷款资金回笼的有效控制。

相关规定

《流动资金贷款管理暂行办法》

第九条　贷款人应与借款人约定明确、合法的贷款用途。

① 为进一步促进银行业金融机构提升信贷管理能力和金融服务质效，金融监管总局对《固定资产贷款管理暂行办法》（中国银行业监督管理委员会令2009年第2号）、《流动资金贷款管理暂行办法》（中国银行业监督管理委员会令2010年第1号）、《个人贷款管理暂行办法》（中国银行业监督管理委员会令2010年第2号）和《项目融资业务指引》（银监发〔2009〕71号）等信贷管理制度进行了修订，形成《固定资产贷款管理办法》《流动资金贷款管理办法》《个人贷款管理办法》（以下简称"三个办法"），并于2024年2月2日正式发布，于2024年7月1日起施行。本部分中相关行政处罚案例和处罚依据为这"三个办法"修订之前办理，下不赘述。同时，近年来信托行业改革化险深入推进，尤其是随着资管新规及新的业务分类的实施，有关监管规定的更新更加频繁，相关处罚案例的处罚依据皆为处罚当时的法律法规。——编者注

流动资金贷款不得用于固定资产、股权等投资，不得用于国家禁止生产、经营的领域和用途。

流动资金贷款不得挪用，贷款人应按照合同约定检查、监督流动资金贷款的使用情况。

典型案例

北方国际信托股份有限公司信托贷款管理不尽职案

<table>
<tr><td colspan="3">行政处罚决定书文号</td><td>津银保监罚决字〔2019〕38 号</td></tr>
<tr><td rowspan="3">被处罚当事人姓名或全称</td><td colspan="2">个人姓名</td><td>—</td></tr>
<tr><td rowspan="2">单位</td><td>名称</td><td>北方国际信托股份有限公司</td></tr>
<tr><td>法定代表人（主要负责人）姓名</td><td>韩某某</td></tr>
<tr><td colspan="3">主要违法违规事实（案由）</td><td>信托贷款管理不尽职，严重违反审慎经营规则</td></tr>
<tr><td colspan="3">行政处罚依据</td><td>《流动资金贷款管理暂行办法》第六条、第九条，《中国银监会办公厅关于信托公司风险监管的指导意见》第二条第（二）项，《中华人民共和国银行业监督管理法》第二十一条、第四十六条。</td></tr>
<tr><td colspan="3">行政处罚决定</td><td>罚款人民币 50 万元</td></tr>
<tr><td colspan="3">作出处罚决定的机关名称</td><td>天津银保监局</td></tr>
<tr><td colspan="3">作出处罚决定的日期</td><td>2019 年 10 月 30 日</td></tr>
</table>

《流动资金贷款管理暂行办法》第三十九条　【流动资金贷款人违法违规行为罚则】

第三十九条　贷款人有下列情形之一的，中国银行业监督管理委员会除按本办法第三十八条采取监管措施外，还可根据《中华人民共和国银行业监督管理法》第四十六条、第四十八条对其进行处罚：

（一）以降低信贷条件或超过借款人实际资金需求发放贷款的；

（二）未按本办法规定签订借款合同的；

（三）与借款人串通违规发放贷款的；

（四）放任借款人将流动资金贷款用于固定资产投资、股权投资以及国家禁

止生产、经营的领域和用途的；

（五）超越或变相超越权限审批贷款的；

（六）未按本办法规定进行贷款资金支付管理与控制的；

（七）严重违反本办法规定的审慎经营规则的其他情形的。

典型案例

中泰信托有限责任公司违规贷款案

<table>
<tr><td colspan="3">行政处罚决定书文号</td><td>沪银监罚决字〔2017〕33号</td></tr>
<tr><td rowspan="3">被处罚当事人姓名或名称</td><td colspan="2">个人姓名</td><td>—</td></tr>
<tr><td rowspan="2">单位</td><td>名称</td><td>中泰信托有限责任公司</td></tr>
<tr><td>法定代表人姓名</td><td>吴某某</td></tr>
<tr><td colspan="3">主要违法违规事实</td><td>2015年，该公司通过自主支付的方式向借款人发放较大金额贷款。同时，该公司未采取有效措施，放任借款人将贷款资金用于股票交易</td></tr>
<tr><td colspan="3">行政处罚依据</td><td>《流动资金贷款管理暂行办法》第三十九条第（四）项、第（六）项，《中华人民共和国银行业监督管理法》第四十六条第（五）项</td></tr>
<tr><td colspan="3">行政处罚决定</td><td>责令改正，罚款合计人民币90万元</td></tr>
<tr><td colspan="3">作出处罚决定的机关名称</td><td>中国银行业监督管理委员会上海监管局</td></tr>
<tr><td colspan="3">作出处罚决定的日期</td><td>2017年11月8日</td></tr>
</table>

《个人贷款管理暂行办法》第十六条　【贷款人强化贷款自主管理】

第十六条　贷款人在不损害借款人合法权益和风险可控的前提下，可将贷款调查中的部分特定事项审慎委托第三方代为办理，但必须明确第三方的资质条件。

贷款人不得将贷款调查的全部事项委托第三方完成。

典型案例

大业信托有限责任公司结构化证券投资信托产品违规案

<table>
<tr><td colspan="3">行政处罚决定书文号</td><td>粤银保监罚决字〔2021〕9号</td></tr>
<tr><td rowspan="3">被处罚当事人姓名或名称</td><td colspan="2">个人姓名</td><td>田某、饶某某</td></tr>
<tr><td rowspan="2">单位</td><td>名称</td><td>大业信托有限责任公司</td></tr>
<tr><td>主要负责人姓名</td><td>陈某某</td></tr>
<tr><td colspan="3">案由</td><td>大业信托有限责任公司结构化证券投资信托产品杠杆比例违反监管要求、违规开展个人信托贷款业务、违规开展银信合作业务；田某、饶某某负管理责任</td></tr>
<tr><td colspan="3">行政处罚依据</td><td>《中国银监会办公厅关于进一步加强信托公司风险监管工作的意见》第二条第三项，《个人贷款管理暂行办法》第十六条，《中国银监会关于规范银信类业务的通知》第六条，《中华人民共和国银行业监督管理法》第二十一条第三款、第四十六条第五项、第四十八条第二项</td></tr>
<tr><td colspan="3">行政处罚决定</td><td>对大业信托有限责任公司罚款115万元；对田某警告并罚款5万元；对饶某某给予警告</td></tr>
<tr><td colspan="3">作出处罚决定的机关名称</td><td>中国银保监会广东监管局</td></tr>
<tr><td colspan="3">作出处罚决定的日期</td><td>2021年3月22日</td></tr>
</table>

《固定资产贷款管理暂行办法》第三十九条　【固定资产贷款违规相关罚则】

第三十九条　贷款人有下列情形之一的，银行业监督管理机构除按本办法第三十八条规定采取监管措施外，还可根据《中华人民共和国银行业监督管理法》第四十六条、第四十八条规定对其进行处罚：

（一）受理不符合条件的固定资产贷款申请并发放贷款的；

（二）与借款人串通，违法违规发放固定资产贷款的；

（三）超越、变相超越权限或不按规定流程审批贷款的；

（四）未按本办法规定签订贷款协议的；

（五）与贷款同比例的项目资本金到位前发放贷款的；

（六）未按本办法规定进行贷款资金支付管理与控制的；

（七）有其他严重违反本办法规定的行为的。

典型案例

上海爱建信托有限责任公司固有贷款违规案

<table>
<tr><td colspan="3">行政处罚决定书文号</td><td>沪银保监罚决字〔2022〕9号</td></tr>
<tr><td rowspan="3">被处罚当事人姓名或名称</td><td colspan="2">个人姓名</td><td>—</td></tr>
<tr><td rowspan="2">单位</td><td>名称</td><td>上海爱建信托有限责任公司</td></tr>
<tr><td>法定代表人姓名</td><td>徐某某</td></tr>
<tr><td colspan="3">主要违法违规事实</td><td>1. 2020年9月，该公司部分固有贷款风险分类不准确。
2. 2020年4月至9月，该公司开展部分关联交易未向监管机构事前报告。
3. 2018年2月至10月，该公司向部分房地产开发企业发放流动资金贷款。
4. 2020年3月，该公司对某信托计划风险管控和后续管理严重违反审慎经营规则。
5. 2019年10月至2020年5月，该公司违规向资本金不足的房地产项目发放信托贷款。
6. 2020年2月至10月，该公司向不具备二级房地产开发资质的房地产开发企业发放信托贷款。
7. 2020年3月，该公司某固有贷款未按规定进行受托支付。
8. 2020年7月，该公司某信托计划期限结构设计严重违反审慎经营规则</td></tr>
<tr><td colspan="3">行政处罚依据</td><td>《中华人民共和国银行业监督管理法》第四十六条第（五）项，《信托公司管理办法》第六十条，《固定资产贷款管理暂行办法》第三十九条第（六）项</td></tr>
<tr><td colspan="3">行政处罚决定</td><td>责令改正，并处罚款400万元</td></tr>
<tr><td colspan="3">作出处罚决定的机关名称</td><td>中国银行保险监督管理委员会上海监管局</td></tr>
<tr><td colspan="3">作出处罚决定的日期</td><td>2022年2月16日</td></tr>
</table>

《商业银行委托贷款管理办法》第七条　【商业银行委托贷款审慎管理规定】

第七条　商业银行受理委托贷款业务申请，应具备以下前提：

（一）委托人与借款人就委托贷款条件达成一致。

（二）委托人或借款人为非自然人的，应出具其有权机构同意办理委托贷款业务的决议、文件或具有同等法律效力的证明。

商业银行不得接受委托人为金融资产管理公司和经营贷款业务机构的委托贷款业务申请。

相关规定

《商业银行委托贷款管理办法》

第三十一条　银监会依法批准设立的具有贷款业务资格的其他金融机构办理委托贷款业务适用本办法。

《银团贷款业务指引》

第六条　参与银团贷款的银行均为银团成员。银团成员应按照“信息共享、独立审批、自主决策、风险自担”的原则自主确定各自授信行为，并按实际承担份额享有银团贷款项下相应的权利，履行相应的义务。

《关于加强信托公司房地产、证券业务监管有关问题的通知》

第一点　信托公司要严格按照《中国银行业监督管理委员会关于进一步加强房地产信贷管理的通知》（银监发〔2006〕54号）等有关法规从事房地产业务。（一）严禁向未取得国有土地使用证、建设用地规划许可证、建设工程规划许可证、建筑工程施工许可证（以下简称“四证”）的房地产项目发放贷款，严禁以投资附加回购承诺、商品房预售回购等方式间接发放房地产贷款。申请信托公司贷款（包括以投资附加回购承诺、商品房预售回购等方式的间接贷款）的房地产开发企业资质应不低于国家建设行政主管部门核发的二级房地产开发资质，开发项目资本金比例应不低于35%（经济适用房除外）。（二）严禁向房地产开发企业发放流动资金贷款，严禁以购买房地产开发企业资产附回购承诺等方式变相发放流动资金贷款，不得向房地产开发企业发放用于缴交土地出让价款的贷款。要严格防范对建筑施工企业、集团公司等的流动资金贷款用于房地产开发。（三）应充分认识土地储备贷款风险，审慎发放此类贷款。对政府土地储备机构的贷款应以抵押贷款方式发放，所购土地应具有合法的土地使用证，贷款额度不得超过所收购土地评估值的70%，贷款期限最长不得超过2年。（四）信托公司开展房地产贷款、房地产投资等房地产业务应高度重视风险控制。要建立健全房地产贷款审批标准、操作流程和风险管理政策，并加大执行力度；进行尽职调查，深入了解房地产企业的资质、财务状况、信用状况、以往开发经历，以及房地产项目的资本金、“四证”、开发前景等情况，确保房地产业务的合法性、合规性和可行性；严格落实房地产贷款担保，确保担保真实、合法、有效；密切监控贷款及投资情况，加强项目管理。

《关于规范金融机构同业业务的通知》

第十点 金融机构应当合理配置同业业务的资金来源及运用，将同业业务置于流动性管理框架之下，加强期限错配管理，控制好流动性风险。

典型案例

广东粤财信托有限公司信托证券投资类信托业务违规案

行政处罚决定书文号			粤银保监罚决字〔2019〕32号
被处罚当事人姓名或名称	个人姓名		镇某某、陈某某
	单位	名称	广东粤财信托有限公司
		主要负责人姓名	陈某某
案由			广东粤财信托有限公司证券投资类信托业务管理不到位、结构化证券投资信托产品杠杆比例违反监管要求、违规开展房地产信托业务、未对同业业务资金来源与运用加强期限错配管理、违规开展银信合作业务； 镇某某、陈某某负相关直接责任
行政处罚依据			《关于加强信托公司房地产、证券业务监管有关问题的通知》第一点，《信托公司集合资金信托计划管理办法》第九条，《关于加强信托公司结构化信托业务监管有关问题的通知》第六点，《银团贷款业务指引》第六条，《中国银监会办公厅关于信托公司风险监管的指导意见》第二点，《关于规范金融机构同业业务的通知》第十点，《中国银监会办公厅关于进一步加强信托公司风险监管工作的意见》第二点，《中国银监会关于规范银信类业务的通知》第六点，《商业银行委托贷款管理办法》第七条、第三十一条，《中华人民共和国银行业监督管理法》第二十一条、第四十六条第五项、第四十八条第二项
行政处罚决定			对广东粤财信托有限公司罚款220万元； 对镇某某给予警告，并处罚款5万元； 对陈某某给予警告
作出处罚决定的机关名称			中国银保监会广东监管局
作出处罚决定的日期			2019年3月7日

《商业银行内部控制指引》第二十二条　【商业银行财会信息真实性要求】

第二十二条　商业银行应当严格执行会计准则与制度，及时准确地反映各项业务交易，确保财务会计信息真实、可靠、完整。

相关规定

《金融企业准备金计提管理办法》（财金〔2012〕20号）

第五条　金融企业应当在资产负债表日对各项资产进行检查，分析判断资产是否发生减值，并根据谨慎性原则，计提资产减值准备。对发放贷款和垫款，至少应当按季进行分析，采取单项或组合的方式进行减值测试，计提贷款损失准备。

典型案例

中原信托有限公司未按监管要求计提拨备案

行政处罚决定书文号			豫银监罚决字〔2018〕26号
被处罚当事人姓名或名称	个人姓名		—
	单位	名称	中原信托有限公司
		法定代表人或主要负责人姓名	黄某某
主要违法违规事实（案由）			未按监管要求计提拨备
行政处罚依据			《商业银行内部控制指引》（银监发〔2014〕44号）第二十二条，《金融企业准备金计提管理办法》（财金〔2012〕20号）第五条，《中华人民共和国银行业监督管理法》第四十六条第（五）项
行政处罚决定			罚款30万元
作出行政处罚决定的机关名称			河南银监局
作出行政处罚决定的日期			2018年2月24日

《商业银行股权管理暂行办法》第五十二条　【商业银行违反股权管理规定的相关罚则】

第五十二条　商业银行存在本办法第四十七条规定的情形之一，情节较为严重的，由银监会或其派出机构按照《中华人民共和国银行业监督管理法》第四十六条、第四十七条、第四十八条规定，处二十万元以上五十万元以下罚款；情节特别严重或者逾期不改正的，可以责令停业整顿或者吊销其经营许可证。对负有责任的董事长、董事会秘书和其他相关责任人员给予警告，处五万元以上五十万元以下罚款，情节严重的，取消其董事和高管任职资格。

典型案例

华澳国际信托有限公司隐瞒实控人案

行政处罚决定书文号			沪银保监银罚决字〔2019〕43号
被处罚当事人姓名或名称	个人姓名		—
	单位	名称	华澳国际信托有限公司
		法定代表人姓名	张某
主要违法违规事实			2018年1月至3月，该公司向我局隐瞒了公司实际控制股东和实际控制人变更事项
行政处罚依据			《中华人民共和国银行业监督管理法》第四十六条第（三）项，《商业银行股权管理暂行办法》第五十二条
行政处罚决定			责令改正，并处罚款50万元
作出处罚决定的机关名称			中国银行保险监督管理委员会上海监管局
作出处罚决定的日期			2019年6月28日

《国务院关于加强地方政府融资平台公司管理有关问题的通知》（国发〔2010〕19号）

各省、自治区、直辖市人民政府，国务院各部委、各直属机构：

近年来，地方政府融资平台公司（指由地方政府及其部门和机构等通过财政拨款或注入土地、股权等资产设立，承担政府投资项目融资功能，并拥有独立法人资格的经济实体）通过举债融资，为地方经济和社会发展筹集资金，在加强基础设施建设以及应对国际金融危机冲击中发挥了积极作用。但与此同时，也出现了一些亟须高度关注的问题，主要是融资平台公司举债融资规模迅速膨胀，运作不够规范；地方政府违规或变相提供担保，偿债风险日益加大；部分银行业金融机构风险意识薄弱，对融资平台公司信贷管理缺失等。为有效防范财政金融风险，加强对地方政府融资平台公司管理，保持经济持续健康发展和社会稳定，现就有关问题通知如下：

一、抓紧清理核实并妥善处理融资平台公司债务

地方各级政府要对融资平台公司债务进行一次全面清理，并按照分类管理、区别对待的原则，妥善处理债务偿还和在建项目后续融资问题。

纳入此次清理范围的债务，包括融资平台公司直接借入、拖欠或因提供担保、回购等信用支持形成的债务。债务经清理核实后按以下原则分类：（1）融资平台公司因承担公益性项目建设举借、主要依靠财政性资金偿还的债务；（2）融资平台公司因承担公益性项目建设举借、项目本身有稳定经营性收入并主要依靠自身收益偿还的债务；（3）融资平台公司因承担非公益性项目建设举借的债务。

对原计划由融资平台公司承担融资的在建项目，对其后续资金应根据不同情况妥善处理。地方各级政府要严格审核项目投资预算和资金来源，各类资金要集中用于项目续建和收尾，严格控制新开工项目，防止出现“半拉子”工程。经地方政府审核后，对还款来源主要依靠财政性资金的公益性在建项目，除法律和国务院另有规定外，不得再继续通过融资平台公司融资，应通过财政预算等渠道，或采取市场化方式引导社会资金解决建设资金问题。对使用债务资金的其他在建项目，原贷款银行等要重新进行审核，凡符合国家产业政策、土地政策、环境保护政策、信贷审慎管理规定及宏观调控政策等要求的项目，要继续按协议提供贷款，推进项目建设；对不符合上述要求的项目，地方政府要尽快进行清理，妥善处置。

对融资平台公司贷款，银行业金融机构要坚持按照“逐包打开、逐笔核对、重新评估、整改保全”的原则进行全面清理，及时采取补救措施，确保信贷资产安全。

地方各级政府要采取有效措施，落实有关债务人偿债责任。对融资平台公司存量债务，要按照协议约定偿还，不得单方面改变原有债权债务关系，不得转嫁偿债责任和逃废债务。融资平台公司等要统筹安排资金，制订偿债计划，明确偿债时限，切实承担还本付息责任。

二、对融资平台公司进行清理规范

在本通知下发前已经设立的融资平台公司，要按以下要求进行清理规范：对只承担公益性项目融资任务且主要依靠财政性资金偿还债务的融资平台公司，今后不得再承担融资任务，相关地方政府要在明确还债责任，落实还款措施后，对公司做出妥善处理；对承担上述公益性项目融资任务，同时还承担公益性项目建设、运营任务的融资平台公司，要在落实偿债责任和措施后剥离融资业务，不再保留融资平台职能。对承担有稳定经营性收入的公益性项目融资任务并主要依靠自身收益偿还债务的融资平台公司，以及承担非公益性项目融资任务的融资平台公司，要按照《中华人民共和国公司法》等有关规定，充实公司资本金，完善治理结构，实现商业运作；要通过引进民间投资等市场化途径，促进投资主体多元化，改善融资平台公司的股权结构。对其他兼有不同类型融资功能的融资平台公司，也要按照上述原则进行清理规范。

今后地方政府确需设立融资平台公司的，必须严格依照有关法律法规办理，足额注入资本金，学校、医院、公园等公益性资产不得作为资本注入融资平台公司。

三、加强对融资平台公司的融资管理和银行业金融机构等的信贷管理

融资平台公司融资和担保要严格执行相关规定。经清理整合后保留的融资平台公司，其融资行为必须规范，向银行业金融机构申请贷款须落实到项目，以项目法人公司作为承贷主体，并符合有关贷款条件的规定。融资项目必须符合国家宏观调控政策、发展规划、行业规划、产业政策、行业准入标准和土地利用总体规划等要求，按照国家有关规定履行项目审批、核准或备案手续。要严格按照规定用途使用资金，讲求效益，稳健经营。

银行业金融机构等要严格规范信贷管理，切实加强风险识别和风险管理。要落实借款人准入条件，按商业化原则履行审批程序，审慎评估借款人财务能力和还款来源。凡没有稳定现金流作为还款来源的，不得发放贷款。向融资平台公司新发贷款要直接对应项目，并严格执行国家有关项目资本金的规定。严格执行贷款集中度要求，加强贷款风险控制，坚持授信审批的原则、程序与标准。要按照要求将符合抵质押条件的项目资产或项目预期收益等权利作为贷款担保。要认真审查贷款投向，确保贷款符合国家规划和产业发展政策要求。要加强贷后管理，加大监督和检查力度。适当提高融资平台公司贷款的风险权重，按照不同情况严格进行贷款质量分类。

四、坚决制止地方政府违规担保承诺行为

地方政府在出资范围内对融资平台公司承担有限责任，实现融资平台公司债务风险内部化。要严格执行《中华人民共和国担保法》等有关法律法规规定，除法律和国务院另有规定外，地方各级政府及其所属部门、机构和主要依靠财政拨款的经费补助事业单位，均不得以财政性收入、行政事业等单位的国有资产，或其他任何直接、间接形式为融资平台公司融资行为提供担保。

五、加强组织领导，确保工作落实

各地区、各部门要从大局出发，牢固树立科学发展观和正确政绩观，充分认识加强融资平台公司管理工作的重要性和紧迫性，统一思想，加强领导，精心组织，结合本地区、本部门实际认真抓好落实。财政部、发展改革委、人民银行、银监会等部门和机构，要抓紧制定具体实施方案，完善相关政策，加强对这项工作的指导监督。财政部要会同有关部门加快建立融资平台公司债务管理信息系统、会计核算和统计报告制度，以及融资平台公司债务信息定期通报制度，实现对融资平台公司债务的全口径管理和动态监控。审计部门要加强对融资平台公司的审计监督。要研究建立地方政府债务规模管理和风险预警机制，将地方政府债务收支纳入预算管理，逐步形成与社会主义市场经济体制相适应、管理规范、运行高效的地方政府举债融资机制。地方各级政府和有关部门、单位都要严格遵守法律制度规定，确保有法必依，违法必究。对清理规范中检查出来的问题要及时予以纠正，对清理规范后仍然违反《中华人民共和国预算法》《中华人民共和国担保法》《中华人民共和国商业银行法》等规定的要依法依规严肃处理，并追究相关责任人的责任。

各省（区、市）人民政府要切实履行职责，抓紧落实相关工作，并将工作落实情况于2010年12月31日前上报国务院，抄送财政部、发展改革委、人民银行和银监会。

典型案例

天津信托有限责任公司地方融资平台贷款业务管理不当案

<table>
<tr><td colspan="3">行政处罚决定书文号</td><td>津银监罚决字〔2018〕25号</td></tr>
<tr><td rowspan="3">被处罚当事人姓名或全称</td><td colspan="2">个人姓名</td><td>—</td></tr>
<tr><td rowspan="2">单位</td><td>名称</td><td>天津信托有限责任公司</td></tr>
<tr><td>法定代表人（主要负责人）姓名</td><td>赵某</td></tr>
</table>

续表

主要违法违规事实（案由）	地方融资平台贷款业务未直接对应项目、资金使用监控不到位
行政处罚依据	《国务院关于加强地方政府融资平台公司管理有关问题的通知》，《中国银监会办公厅关于信托公司风险监管的指导意见》，《中华人民共和国银行业监督管理法》第四十六条
行政处罚决定	罚款人民币30万元
作出处罚决定的机关名称	天津银监局
作出处罚决定的日期	2018年1月19日

《银行业金融机构董事（理事）和高级管理人员任职资格管理办法》第四十七条 【金融机构高管人员管理不当的情形】

第四十七条 金融机构违反本办法规定有下列情形之一的，监管机构可以根据《中华人民共和国银行业监督管理法》第四十六条、第四十七条及第四十八条对其进行处罚：

（一）未经任职资格审查任命董事（理事）和高级管理人员的；

（二）未及时对任职资格被终止人员的职务作调整的；

（三）以其他职务名称任命不具有相应任职资格的人员，授权其实际履行董事（理事）和高级管理人员职权的；

（四）报送虚假的任职资格申请材料或者故意隐瞒有关情况的；

（五）提交的离任审计报告与事实严重不符的；

（六）对于本办法规定的应当报告情形不予报告的。

典型案例

1. 浙商金汇信托股份有限公司高管人员监管核准前履职案

<table>
<tr><td colspan="3">行政处罚决定书文号</td><td>浙银保监罚决字〔2019〕7号</td></tr>
<tr><td rowspan="3">被处罚当事人姓名或名称</td><td colspan="2">个人姓名</td><td>—</td></tr>
<tr><td rowspan="2">单位</td><td>名称</td><td>浙商金汇信托股份有限公司</td></tr>
<tr><td>法定代表人姓名</td><td>余某某</td></tr>
</table>

续表

主要违法违规事实（案由）	高级管理人员在获得任职资格核准前履职；结构化股票投资信托产品超监管规定的杠杆比例；个别信托产品销售过程未录音录像
行政处罚依据	《中华人民共和国银行业监督管理法》第四十六条，《银行业金融机构董事（理事）和高级管理人员任职资格管理办法》第四十七条
行政处罚决定	罚款人民币80万元
作出处罚决定的机关名称	中国银保监会浙江监管局
作出处罚决定的日期	2019年5月30日

2. 湖南省信托有限责任公司高管不当履职案

行政处罚决定书文号			湘银监罚决字〔2016〕3号
被处罚当事人姓名或名称	个人姓名		—
	单位	名称	湖南省信托有限责任公司
		法定代表人（主要负责人）姓名	朱某某
主要违法违规事实（案由）			董事职权由非董事人员行使
行政处罚依据			《银行业金融机构董事（理事）和高级管理人员任职资格管理办法》第四十七条，《中华人民共和国银行业监督管理办法》第四十六条
行政处罚决定			罚款20万元
作出处罚决定的机关名称			中国银行业监督管理委员会湖南监管局
作出处罚决定的日期			2016年1月15日

《中国银监会办公厅关于加强信托公司房地产信托业务监管有关问题的通知》
第三条　【信托公司房地产贷款强化监管要求】

第三条　停止执行《中国银监会关于支持信托公司创新发展有关问题的通知》（银监发［2009］25号）第十条中对监管评级2C级（含）以上、经营稳健、风险管理水平良好的信托公司发放房地产开发项目贷款的例外规定，信托公司发放贷款的房地产开发项目必须满足“四证”齐全、开发商或其控股股东具备二级资质、项目资本金比例达到国家最低要求等条件。

典型案例

1. 北方国际信托股份有限公司违规发放房地产贷款案

<table>
<tr><td colspan="3">行政处罚决定书文号</td><td>津银保监罚决字〔2019〕20号</td></tr>
<tr><td rowspan="3">被处罚当事人姓名或全称</td><td colspan="2">个人姓名</td><td>—</td></tr>
<tr><td rowspan="2">单位</td><td>名称</td><td>北方国际信托股份有限公司</td></tr>
<tr><td>法定代表人（主要负责人）姓名</td><td>包某某</td></tr>
<tr><td colspan="3">主要违法违规事实（案由）</td><td>（一）违规发放房地产自营贷款；
（二）信托资金违规发放房地产贷款</td></tr>
<tr><td colspan="3">行政处罚依据</td><td>《中国银监会办公厅关于加强信托公司房地产信托业务监管有关问题的通知》第三条，《中华人民共和国银行业监督管理法》第二十一条、第四十六条</td></tr>
<tr><td colspan="3">行政处罚决定</td><td>罚款人民币合计80万元</td></tr>
<tr><td colspan="3">作出处罚决定的机关名称</td><td>天津银保监局</td></tr>
<tr><td colspan="3">作出处罚决定的日期</td><td>2019年3月22日</td></tr>
</table>

2. 北方国际信托股份有限公司违规发放房地产自营贷款案

<table>
<tr><td colspan="3">行政处罚决定书文号</td><td>津银保监罚决字〔2019〕21号</td></tr>
<tr><td rowspan="3">被处罚当事人姓名或全称</td><td colspan="2">个人姓名</td><td>张某</td></tr>
<tr><td rowspan="2">单位</td><td>名称</td><td>北方国际信托股份有限公司</td></tr>
<tr><td>法定代表人（主要负责人）姓名</td><td>—</td></tr>
<tr><td colspan="3">主要违法违规事实（案由）</td><td>对北方国际信托股份有限公司“违规发放房地产自营贷款”问题负有审核和直接管理责任</td></tr>
<tr><td colspan="3">行政处罚依据</td><td>《中国银监会办公厅关于加强信托公司房地产信托业务监管有关问题的通知》第三条，《中华人民共和国银行业监督管理法》第二十一条、第四十八条</td></tr>
<tr><td colspan="3">行政处罚决定</td><td>罚款人民币5万元</td></tr>
<tr><td colspan="3">作出处罚决定的机关名称</td><td>天津银保监局</td></tr>
<tr><td colspan="3">作出处罚决定的日期</td><td>2019年3月22日</td></tr>
</table>

《中国银监会关于规范信贷资产转让及信贷资产类理财业务有关事项的通知》
第三条　【信贷资产洁净转让要求】

第三条　银行业金融机构在进行信贷资产转让时，应严格遵守资产转让真实性原则。

转出方将信用风险、市场风险和流动性风险等完全转移给转入方后，方可将信贷资产移出资产负债表，转入方应同时将信贷资产作为自己的表内资产进行管理；转出方和转入方应做到衔接一致，相关风险承担在任何时点上均不得落空，转入方应按相应权重计算风险资产，计提必要的风险拨备。

相关规定

《中国银监会关于规范信贷资产转让及信贷资产类理财业务有关事项的通知》

第四条　禁止资产的非真实转移，在进行信贷资产转让时，转出方自身不得安排任何显性或隐性的回购条件；禁止资产转让双方采取签订回购协议、即期买断加远期回购协议等方式规避监管。

典型案例

兴业国际信托有限公司协助银行非真实转让信贷资产案

行政处罚决定书文号			闽银监罚决字〔2018〕7号
被处罚当事人姓名或名称	个人姓名		—
	单位	名称	兴业国际信托有限公司
		法定代表人（主要负责人）姓名	沈某某
主要违法违规事实（案由）			协助银行非真实转让信贷资产
行政处罚依据			《中国银监会关于规范信贷资产转让及信贷资产类理财业务有关事项的通知》（银监发〔2009〕113号）第三条、第四条，《信托公司管理办法》（银监会令2007年第2号）第三十四条，《中华人民共和国银行业监督管理法》第二十一条第三款、第四十六条

续表

行政处罚决定	处以30万元罚款
作出处罚决定的机关名称	中国银监会福建监管局
作出处罚决定的日期	2018年6月5日

《银行与信托公司业务合作指引》第三十三条　【监管依法处罚银信合作违法违规行为】

第三十三条　中国银监会依法对银行、信托公司开展业务合作中违法违规行为进行处罚。

典型案例

华宝信托有限责任公司违规发放信托贷款案

行政处罚决定书文号			沪银保监银罚决字〔2019〕14号
被处罚当事人姓名或名称	个人姓名		—
	单位	名称	华宝信托有限责任公司
		法定代表人姓名	张某
主要违法违规事实			2018年3月，该公司违规发放某信托贷款被用于证券交易；2017年8月，该公司开展某融资类银信理财合作业务时，对个人理财资金投资于非上市公司股权未尽合规审查义务；2016年11月、2018年2月，该公司部分投资类银信理财资金投资于非上市公司股权
行政处罚依据			《中华人民共和国银行业监督管理法》第四十六条第（五）项，《流动资金贷款管理暂行办法》第三十九条第（四）项，《银行与信托公司业务合作指引》第三十三条
行政处罚决定			责令改正，罚款共计210万元
作出处罚决定的机关名称			中国银行保险监督管理委员会上海监管局
作出处罚决定的日期			2019年5月6日

《中国银监会办公厅关于进一步加强信托公司风险监管工作的意见》【信托行业打破刚兑、消除“影子银行”业务特征的系统监管要求】

《中国银行业监督管理委员会办公厅关于信托公司风险监管的指导意见》

（银监办发〔2014〕99号）

为贯彻落实国务院关于加强影子银行监管有关文件精神和2014年全国银行业监督管理工作会议部署，有效防范化解信托公司风险，推动信托公司转型发展，现提出如下指导意见。

一、总体要求

坚持防范化解风险和推动转型发展并重的原则，全面掌握风险底数，积极研究应对预案，综合运用市场、法律等手段妥善化解风险，维护金融稳定大局。明确信托公司“受人之托、代人理财”的功能定位，培育“卖者尽责、买者自负”的信托文化，推动信托公司业务转型发展，回归本业，将信托公司打造成服务投资者、服务实体经济、服务民生的专业资产管理机构。

二、做好风险防控

（一）妥善处置风险项目

1. 落实风险责任。健全信托项目风险责任制，对所有信托项目、尤其是高风险项目，安排专人跟踪，责任明确到人。项目风险暴露后，信托公司应全力进行风险处置，在完成风险化解前暂停相关项目负责人开展新业务。相关责任主体应切实承担起推动地方政府履职、及时合理处置资产和沟通安抚投资人等风险化解责任。

2. 推进风险处置市场化。按照“一项目一对策”和市场化处置原则，探索抵押物处置、债务重组、外部接盘等审慎稳妥的市场化处置方式。同时，充分运用向担保人追偿、寻求司法解决等手段保护投资人合法权益。

3. 建立流动性支持和资本补充机制。信托公司股东应承诺或在信托公司章程中约定，当信托公司出现流动性风险时，给予必要的流动性支持。信托公司经营损失侵蚀资本的，应在净资本中全额扣减，并相应压缩业务规模，或由股东及时补充资本。信托公司违反审慎经营规则、严重危及公司稳健运行、损害投资人合法权益的，监管机构要区别情况，依法采取责令控股股东转让股权或限制有关股东权利等监管措施。

（二）切实加强潜在风险防控

1. 加强尽职管理。信托公司应切实履行受托人职责，从产品设计、尽职调查、风险管控、产品营销、后续管理、信息披露和风险处置等环节入手，全方位、全过程、动态化加强尽职管理，做到勤勉尽责，降低合规、法律及操作风险。提升对基础资产的动态估值能力和对资金使用的监控能力，严防资金挪用。

2. 加强风险评估。信托公司要做好存续项目风险排查工作，及时掌握风险变化，制定应对预案。同时，加强对宏观经济形势和特定行业趋势、区域金融环境的整体判断，关注政策调整变化可能引发的风险。对房地产等重点风险领域定期进行压力测试。

3. 规范产品营销。坚持合格投资人标准，应在产品说明书中明确，投资人不得违规汇集他人资金购买信托产品，违规者要承担相应责任及法律后果。坚持私募标准，不得向不特定客户发送产品信息。准确划分投资人群，坚持把合适的产品卖给适合的对象，切实承担售卖责任。信托公司应遵循诚实信用原则，切实履行“卖者尽责”义务，在产品营销时向投资人充分揭示风险，不得存在虚假披露、误导性销售等行为。加强投资者风险教育，增强投资者“买者自负”意识。在信托公司履职尽责的前提下，投资者应遵循“买者自负”原则自行承担风险损失。逐步实现信托公司以录音或录像方式保存营销记录。严格执行《信托公司集合资金信托计划管理办法》，防止第三方非金融机构销售风险向信托公司传递。发现违规推介的，监管部门要暂停其相关业务，对高管严格问责。

4. 做好资金池清理。信托公司不得开展非标准化理财资金池等具有影子银行特征的业务。对已开展的非标准化理财资金池业务，要查明情况，摸清底数，形成整改方案，于2014年6月30日前报送监管机构。各信托公司要结合自身实际，循序渐进、积极稳妥推进资金池业务清理工作。各银监局要加强监督指导，避免因“一刀切”引发流动性风险。

5. 优化业务管理。从今年起对信托公司业务范围实行严格的准入审批管理；对业务范围项下的具体产品实行报告制度。凡新入市的产品都必须按程序和统一要求在入市前10天逐笔向监管机构报告。监管机构不对具体产品做实质性审核，但可根据信托公司监管评级、净资本状况、风险事件、合规情况等采取监管措施。信托公司开展关联交易应按要求逐笔向监管机构事前报告，监管机构无异议后，信托公司方可开展有关业务。异地推介的产品在推介前向属地、推介地银监局报告。属地和推介地银监局要加强销售监管，发现问题的要及时叫停，以防风险扩大。

6. 严防道德风险和案件风险。强化依法合规经营，严防员工违法、违规事件发生。组织案件风险排查，严格实施违规问责和案件问责，保持对案件风险防控的高压态势。

（三）建立风险防控长效机制

1. 完善公司治理。信托公司股东（大）会、董事会、监事会、经营层要清晰界定职责权限，各司其职，形成运行有效、制衡有效、激励有效、约束有效的良性机制。信托公司实际控制人必须“阳光化”，明确风险责任，做到权责对等。各银监局要将信托公司的公司治理情况作为监管重点，对《信托公司治理指引》等相关规定执行不力的机构和责任人员严格问责。

2. 建立恢复与处置机制。信托公司应结合自身特点制订恢复与处置计划。该计划至少应包括：激励性薪酬延付制度（建立与风险责任和经营业绩挂钩的科学合理的薪酬延期支付制度）；限制分红或红利回拨制度（信托公司股东应承诺或在信托公司章程中约定，在信托公司出现严重风险时，减少分红或不分红，必要时应将以前年度分红用于资本补充或风险化解，增强信托公司风险抵御能力）；业务分割与恢复机制（通过对部分业务实施分割或托管以保全公司整体实力）；机构处置机制（事先做好机构出现重大风险的应对措施）。

各信托公司应将该计划经董事会、股东会批准通过后，于2014年6月30日前报送监管机构审核。各银监局应据此制定机构监管处置计划，并将其与信托公司的恢复与处置计划于7月20日前一并报送银监会。

3. 建立行业稳定机制。积极探索设立信托行业稳定基金，发挥行业合力，消化单体业务及单体机构风险，避免单体机构倒闭给信托行业乃至金融业带来较大负面冲击。

4. 建立社会责任机制。信托业协会要公布信托公司社会责任要求，按年度发布行业社会责任报告。信托公司要在产品说明书（或其他相关信托文件）中明示该产品是否符合社会责任，并在年报中披露本公司全年履行社会责任的情况。

三、明确转型方向

（一）规范现有业务模式

1. 明确事务管理类信托业务的参与主体责任。金融机构之间的交叉产品和合作业务，必须以合同形式明确项目的风险责任承担主体，提供通道的一方为项目事务风险的管理主体，厘清权利义务，并由风险承担主体的行业归口监管部门负责监督管理，切实落实风险防控责任。进一步加强业务现场检查，防止以抽屉协议的形式规避监管。

2. 强化信贷类资金信托业务监管力度。按照实质重于形式和风险水平与资本要求相匹配的原则，强化信贷类业务的风险资本约束，完善净资本管理。

（二）探索转型发展方向

1. 支持治理完善、内控有效、资产管理能力较强的信托公司探索创新。鼓励走差异化发展道路，将资产管理、投资银行、受托服务等多种业务有机结合，推动信托公司发展成为风险可控、守法合规、创新不断、具有核心竞争力的现代信托机构，真正做到“受人之托、代人理财”。

2. 推动业务转型。改造信贷类集合资金信托业务模式，研究推出债权型信托直接融资工具。大力发展真正的股权投资，支持符合条件的信托公司设立直接投资专业子公司。鼓励开展并购业务，积极参与企业并购重组，推动产业转型。积极发展资产管理等收费型业务，鼓励开展信贷资产证券化和企业资产证券化业务，提高资产证券化业务的附加值。探索家族财富管理，为客户量身定制资产管理方案。完善公益信托制度，大力发展公益信托，推动信托公司履行社会责任。

四、完善监管机制

（一）厘清监管责任边界

非银行金融机构监管部和各银监局既要各司其职，又要加强协同，形成监管合力。非银行金融机构监管部要着力研究完善制度设计和机制建设，加强指导、检查和后评价工作。各银监局要按照属地监管原则承担第一监管责任，明确各级监管人员的具体职责，切实做好辖内信托公司风险防范与改革发展工作。

（二）紧盯重点风险领域

各银监局要按照银监会统一监管要求，对融资平台、房地产、矿业、产能过剩行业、影子银行业务等风险隐患进行重点监控，并适时开展风险排查，及时做好风险防范和化解工作。

（三）严格监管问责

各银监局要严格落实《关于进一步明确信托公司风险监管责任的通知》（银监办发〔2013〕200号）相关要求，对2013年以来出现风险的信托项目，实事求是地做好问责工作。对存在违规行为、风险管理或风险化解不当的信托公司及其责任人员，及时实施监管问责并报送银监会。建立风险责任人及交易对手案底制度。

（四）强化持续监管

1. 做好非现场监管工作。监管机构要列席各公司董事会和议决重大事项的经营班子会议。紧盯数据信息系统及行业舆情，督促信托公司提升数据质量。

按季开展高管会谈，按年开展董事会、监事会会谈及外部审计会谈。各级监管部门要按月及时跟踪监测信托公司运行情况，编制上报季度风险报告和年度监管报告，同时可抄送股东单位、行政管理部门和党委管理部门，引入约束机制。

2. 做好现场检查工作。将尽职调查、合规管理和兑付风险等纳入现场检查重点，检查方式和频率由各银监局结合辖内机构实际情况合理确定。

3. 实行高管准入“三考”制度。凡新进信托公司的董事、高管都必须通过“三考”，再核准其任职资格。“三考”内容和要求，由非银行金融机构监管部负责制定，属地银监局按统一要求具体实施。包括：考核（对过往业绩做非现场检查）、考试（考察履职能力和业务能力是否相符）、考查（当面谈话，判断是否具备高管能力）。

4. 做好法人监管工作。要求信托公司总部的综合部门和业务后台部门所在地原则上与注册地一致；中台部门相对集中，不能过于分散；前台部门规范有序开展业务。

（五）建立风险处置和准入事项挂钩制度

信托公司多次在同一类业务发生风险，严重危及稳健运行的，监管机构应依法暂停其该类业务。信托公司连续在不同业务领域发生风险的，可区分原因采取暂停发行集合信托、责令调整高级管理人员和风控架构等监管措施。对发生风险的信托公司，在实现风险化解前，暂停核准其高管任职和创新业务资格。

（六）完善资本监管

2014 年上半年完成信托公司净资本计算标准修订工作，调整信托业务分类标准，区分事务管理类业务和自主管理类业务，强化信贷类信托业务的资本约束，建立合理明晰的分类资本计量方法，完善净资本监管制度。

（七）加强从业人员管理

尽快印发规范信托公司从业人员管理办法，指导信托业协会做好从业人员考试工作，提高信托从业人员素质，加强从业人员资质准入和持续管理，建立从业人员诚信履职评价机制。

（八）建立信托产品登记机制

抓紧建立信托产品登记信息系统，制定信托产品登记管理规则，扩展信托产品登记的监管功能和市场功能，研究设立专门登记机构负责该系统的运营与管理工作。

（九）建立分类经营机制

抓紧《信托公司监管评级与分类监管指引》（银监发〔2008〕69 号）修订工作，适当调整评级指标，综合考察公司治理、内控机制、风控水平、团队建设、资产管理能力和软硬件支撑等要素，按“减分制”开展评级。将评级结果与业务范围相挂钩，逐步推进实施“有限牌照”管理。

相关规定

根据年份梳理信托禁止投资资金池的规定①：

一、什么是资金池以及信托禁止投资资金池的规定

我们根据年份梳理了信托禁止投资资金池的规定，其中标黑的规定是监管部门对资金池业务的定义。

2013 年

《国务院办公厅关于加强影子银行监管有关问题的通知》（国办发〔2013〕107 号）规定：三、着力完善监管制度和办法，（三）加快推动信托公司业务转型。明确信托公司“受人之托，代人理财”的功能定位，推动信托公司业务模式转型，回归信托主业。运用净资本管理约束信托公司信贷类业务，信托公司不得开展非标准化理财资金池等具有影子银行特征的业务。建立完善信托产品登记信息系统，探索信托受益权流转。

2014 年

《中国银行业监督管理委员会办公厅关于信托公司风险监管的指导意见》（银监办发〔2014〕99 号）规定：（二）切实加强潜在风险防控，4. 做好资金池清理。信托公司不得开展非标准化理财资金池等具有影子银行特征的业务。对已开展的非标准化理财资金池业务，要查明情况，摸清底数，形成整改方案，于 2014 年 6 月 30 日前报送监管机构。各信托公司要结合自身实际，循序渐进、积极稳妥推进资金池业务清理工作。各银监局要加强监督指导，避免因“一刀切”引发流动性风险。

2016 年

中国银监会办公厅关于进一步加强信托公司风险监管工作的意见（银监办发〔2016〕58 号）规定：（二）高度重视流动性风险防控，2. 加强信托业务流动性风险监测。各银监局要加强对各信托产品资金来源与运用的期限结构分析，特别是资金来源为开放式、滚动发行、分期发行的信托产品期限错配情况，对复杂信托产品要按“穿透”原则监测底层资产流动性状况。要加大非标资金池信托排查清理力度，摸清底数，督促信托公司积极推进存量非标资金池清理，严禁

---

① 参见应越：《中融信托资金池的诉讼路径》，载 https：//mp. weixin. qq. com/s/ – wflsF2MIpAbT6wrlmxXNg。

新设非标资金池，按月报送非标资金池信托清理计划执行情况，直至达标为止。

2017 年

中国银监会关于银行业风险防控工作的指导意见（银监发〔2017〕6 号）规定：五、规范银行理财和代销业务，加强金融消费者保护，（十七）加强银行理财业务风险管控。银行业金融机构应当确保每只理财产品与所投资资产相对应，做到单独管理、单独建账、单独核算；不得开展滚动发售、混合运作、期限错配、分离定价的资金池理财业务；确保自营业务与代客业务相分离；不得在理财产品之间、理财产品客户之间或理财产品客户与其他主体之间进行利益输送。

中国银监会办公厅关于开展银行业“不当创新、不当交易、不当激励、不当收费”专项治理工作的通知（银监办发〔2017〕53 号）规定：（三）信托业务，1. 信托公司内部或信托公司之间的不当交易方面，（1）信托公司是否通过信托中信托（TOT）业务规避监管，如隐匿信托产品风险、变相开展“非标资金池”业务、规避结构化产品杠杆比例要求、突破合格投资者标准和信息披露要求等。

2018 年

关于规范金融机构资产管理业务的指导意见（银发〔2018〕106 号）规定：十五、金融机构应当做到每只资产管理产品的资金单独管理、单独建账、单独核算，不得开展或者参与具有滚动发行、集合运作、分离定价特征的资金池业务。

2019 年

中国银保监会关于开展“巩固治乱象成果　促进合规建设”工作的通知（银保监发〔2019〕23 号）规定：（四）非标资金池业务，新增非标资金池业务，或通过分期发行、开放式、多层嵌套等方式变相新增非标资金池业务；非标资金池业务期限错配严重、流动性风险突出；未对资金来源、底层资产、实际资金用途和实际风险承担情况开展有效穿透管理等。

2020 年

中国银保监会关于开展银行业保险业市场乱象整治“回头看”工作的通知（银保监发〔2020〕27 号）规定：（三）影子银行和交叉金融业务，信托公司非标资金池业务清理进展缓慢；存量非标资金池业务底层资产到期后继续滚动发行；直接或通过分期发行、开放式、多层嵌套等方式变相新增非标资金池业务；通过非标资金池承接不良资产，隐匿风险；对非标资金池业务资金来源、底层资产、实际资金用途和实际风险承担情况未进行有效穿透管理等。

2023 年

《中国银保监会关于规范信托公司信托业务分类的通知》（银保监规〔2023〕1 号）规定：（一）明确业务边界，信托公司应当严格把握信托业务边界，不得以管理契约型私募基金形式开展资产管理信托业务，不得以信托业务形式开展为融资方服务的私募投行业务，不得以任何形式开展通道业务和资金池业务，不得以任何形式承诺信托财产不受损失或承诺最低收益，坚决压降影子银行风险突出的融资类信托业务。

二、信托公司从事资金池业务应当承担的法律责任

信托公司违反监管规定从事资金池业务，违背了受托人的信义义务，应当向投资人承担赔偿责任。与中融信托类似，民生信托亦从事资金池业务。在（2021）京74民初590号案件中，北京金融法院认定，民生信托在《资管新规》过渡期结束的时间节点，即2020年12月底向盛宏公司推介大部分底层资产已经出现风险的涉资金池业务的汇天1号，并未向盛宏公司披露产品存在的风险，且在2021年1月与盛宏公司续期该产品，其上述行为已明显违反了合同约定的受托人诚实、信用义务，构成违约。民生信托的多重违约导致盛宏公司申购信托产品在封闭期届满后依约得到兑付的合同目的不能实现，构成根本违约，盛宏公司要求解除信托合同的诉讼请求，具有事实和法律依据，本院予以支持。

与民生信托的案件类似，在（2021）鲁71民初68号案件中，济南铁路运输中级法院认定，根据2019年2月3日中国证券监督管理委员会北京监管局出具的（2019）11号《关于对北京富国天启资本管理有限公司采取责令改正的行政监管措施的决定》行政监管措施决定书可以认定，富国天启在管理涉案基金过程中，违反了中国证券监督管理委员会的规定，有期限错配等资金池业务违规行为。《中华人民共和国证券投资基金法》第一百四十五条规定，违反本法规定，给基金财产、基金份额持有人或者投资人造成损害的，依法承担赔偿责任。据此，富国天启因未完全尽到基金管理人义务，应向徐金荣赔偿案涉基金投资本金270万元及相应利息损失。

根据《信托法》的规定，受托人违反信托目的处分信托财产或者因违背管理职责、处理信托事务不当致使信托财产受到损失的，委托人有权申请人民法院撤销该处分行为，并有权要求受托人恢复信托财产的原状或者予以赔偿；该信托财产的受让人明知是违反信托目的而接受该财产的，应当予以返还或者予以赔偿。根据《民法典》的规定，当事人一方迟延履行债务或者有其他违约行为致使不能实现合同目的，当事人可以解除合同。

结合上述规定和案例，中融信托资金池项目的投资人可以要求中融信托直接承担赔偿责任或要求解除/撤销信托合同，偿还信托财产。

三、投资人诉讼需要注意的点

本案可能类似安信信托和恒大集团，前期全部案件可能停止立案或立案后

无法实质性推进。但如果没有此等安排，优先拿到生效判决的投资人获得高比例清偿的可能性相对较大。

起诉前最好通过国家金融监督管理总局或其下属派出机构，拿到举报调查回复意见，通过举报固定中融信托资金池的违规行为，便于诉讼后申请法院依职权调取信托财产保管人处的资金流水，证明中融信托的根本违约行为。

即便没有到期的投资人亦可考虑提前起诉。如果投资人购买的产品确实是资金池项目且款项涉嫌自融或用于兑付其他先行到期的投资人，则无论投资人购买的产品是否到期，都可以提前诉讼，因为要求撤销或解除信托合同、偿还信托财产，不以信托合同期限届满为前提。

典型案例

天津信托有限责任公司违规开展资金池业务案

行政处罚决定书文号			津银监罚决字〔2018〕21号
被处罚当事人姓名或全称	个人姓名		——
	单位	名称	天津信托有限责任公司
		法定代表人（主要负责人）姓名	赵某
主要违法违规事实（案由）			资金池信托业务新增非标资产入池、未如实披露信用风险
行政处罚依据			《中国银监会办公厅关于信托公司风险监管的指导意见》，《中国银监会办公厅关于进一步加强信托公司风险监管工作的意见》，《中华人民共和国银行业监督管理法》第四十六条
行政处罚决定			罚款人民币50万元
作出处罚决定的机关名称			天津银监局
作出处罚决定的日期			2018年1月19日

《中国银保监会关于规范信托公司信托业务分类的通知》（银保监规〔2023〕1号）

为促进信托业务回归本源、规范发展，切实防范风险，更高效服务实体经济发展和满足人民美好生活需要，现就规范信托公司信托业务分类有关事项通知如下：

一、总体要求

进一步厘清信托业务边界和服务内涵，引导信托公司以规范方式发挥制度优势和行业竞争优势，推动信托业走高质量发展之路，助力全面建设社会主义现代化国家。

（一）回归信托本源

信托公司从事信托业务应当立足受托人定位，遵循法律法规和监管要求，确保信托目的合法合规，为受益人的最大利益处理信托事务，履行诚实守信、勤勉尽责的受托责任。

（二）明确分类标准

信托服务实质是根据委托人要求，为受益人利益而对信托财产进行各种方式的管理、处分。信托业务分类应当根据信托服务实质，明确各类业务职责边界，避免相互交叉。

（三）引导差异发展

按照服务内容的具体差异，对信托业务进行细分，突出能够发挥信托制度优势的业务品种，鼓励差异化发展，构建多元化信托服务体系。

（四）保持标准统一

明确资产服务、资产管理、公益慈善等各类信托业务功能，在各类业务服务内涵等方面与国际接轨。资产管理业务监管标准对标《关于规范金融机构资产管理业务的指导意见》（银发〔2018〕106 号，以下简称《指导意见》），与国内同业保持一致。

（五）严格合规管理

严防利用信托机制灵活性变相开展违规业务。信托公司要在穿透基础上，按“实质重于形式”原则对信托业务进行分类。

二、明确信托业务分类标准和要求

信托公司应当以信托目的、信托成立方式、信托财产管理内容为分类维度，将信托业务分为资产服务信托、资产管理信托、公益慈善信托三大类共 25 个业务品种（具体分类要求见附件）。

（一）资产服务信托

资产服务信托是指信托公司依据信托法律关系，接受委托人委托，并根据委托人需求为其量身定制财富规划以及代际传承、托管、破产隔离和风险处置等专业信托服务。按照服务内容和特点，分为财富管理服务信托、行政管理服务信托、资产证券化服务信托、风险处置服务信托及新型资产服务信托五类、共19个业务品种。

（二）资产管理信托

资产管理信托是信托公司依据信托法律关系，销售信托产品，并为信托产品投资者提供投资和管理金融服务的自益信托，属于私募资产管理业务，适用《指导意见》。信托公司应当通过非公开发行集合资金信托计划（以下简称信托计划）募集资金，并按照信托文件约定的投资方式和比例，对受托资金进行投资管理。信托计划投资者需符合合格投资者标准，在信托设立时既是委托人、也是受益人。资产管理信托依据《指导意见》规定，分为固定收益类信托计划、权益类信托计划、商品及金融衍生品类信托计划和混合类信托计划共4个业务品种。

（三）公益慈善信托

公益慈善信托是委托人基于公共利益目的，依法将其财产委托给信托公司，由信托公司按照委托人意愿以信托公司名义进行管理和处分，开展公益慈善活动的信托业务。公益慈善信托的信托财产及其收益，不得用于非公益目的。公益慈善信托按照信托目的，分为慈善信托和其他公益信托共2个业务品种。

三、落实信托公司主体责任

信托公司应当完善内部管理机制，做好业务分类工作，准确划分各类信托业务，并在此基础上明确发展战略和转型方向，增强受托服务意识和专业服务能力，以发挥信托独特功能、实现良好社会价值为导向，积极探索开展资产服务信托和公益慈善信托业务，规范开展符合信托本源特征、丰富直接融资方式的资产管理信托业务，提高竞争力和社会声誉，在有效防控风险的基础上实现高质量发展。

（一）明确业务边界

信托公司应当严格把握信托业务边界，不得以管理契约型私募基金形式开展资产管理信托业务，不得以信托业务形式开展为融资方服务的私募投行业务，不得以任何形式开展通道业务和资金池业务，不得以任何形式承诺信托财产不受损失或承诺最低收益，坚决压降影子银行风险突出的融资类信托业务。

（二）提高分类质量

信托公司应当按照本通知要求完善内部管理制度，结合监管要求和公司业务特点，细化分类标准，根据信托服务实质对信托业务进行全面、准确分类。信托公司不得擅自调节信托业务分类，同一信托业务不得同时归入多个类别。确有拟开展的新型信托业务无法归入现有类别的，应当与属地银保监会派出机构沟通，按照服务实质明确业务分类归属后开展。信托公司应当组织信托业务分类专题培训，确保相关人员熟知信托业务分类标准并准确分类，按照监管要求填报相关监管报表，确保报送数据准确性。

（三）完善内控机制

信托公司应当将信托业务分类纳入内部控制体系，明确归口管理部门以及业务部门、合规管理部门、内部审计部门等职责，完善信息系统，为做好信托业务分类提供必要的资源和保障。信托公司应当建立信托业务分类定期监测排查机制，加强合规管理和数据核验，确保信托业务持续符合分类标准和监管要求。信托公司应当建立追责问责机制，对重大差错予以严肃问责。

（四）有序实施整改

为有序实施存量业务整改，确保平稳过渡，本通知设置 3 年过渡期。过渡期结束后存在实际困难，仍难以完成整改的，可实施个案处理。对于契约型私募基金业务，按照严禁新增、存量自然到期方式有序清零。对于其他不符合本通知要求的信托业务，单设“待整改业务”一项，有序实施整改。信托公司应当在准确分类基础上充分识别待整改业务，制定整改计划，明确时间进度安排，待整改业务规模应当严格控制在 2022 年 12 月 31 日存量整体规模内并有序压缩递减，防止过渡期结束时出现断崖效应。已纳入资管新规过渡期结束后个案处理范围的信托业务，应当纳入待整改业务，按照资管新规有关要求及前期已报送的整改计划继续整改。

四、加强监管引领

（一）完善监管规则

银保监会根据信托业务发展情况，制定完善各类信托业务具体监管规则，研究完善信托公司分级分类监管制度，持续完善资本管理、信托保障基金筹集、信托产品登记等配套机制，修订非现场监管报表，保障信托业务分类工作有序落地。

（二）加强日常监管

各银保监局应当督促指导辖内信托公司按照本通知要求完善内部管理机制，对存量信托业务准确分类、有序整改。各银保监局应当通过非现场监管和现场检查等方式，对信托业务分类准确性及展业合规性实施持续监管，防止监管套利。各银保监局应当提高监管主动性和前瞻性，及时、准确发现违规问题并采取有针对性的纠正措施，责成信托公司限期整改，逾期未整改的，应当依法采取暂停业务等审慎监管措施，并要求信托公司严肃处理责任人员。

（三）加强宣传引导

各银保监局应当指导辖内信托公司加强金融消费者教育，引导金融消费者正确认识信托关系实质和信托业务风险特征，树立信托产品打破刚性兑付的风险意识。信托业协会应当加强宣传引导，组织信托公司自觉落实相关要求，普及信托相关知识，提高社会各界对各类信托业务的认知度。

本通知自2023年6月1日起实施。本通知实施前公布的规范性文件与本通知规定不一致的，以本通知为准。各信托公司应当于本通知实施后30日内将存续信托业务分类结果和整改计划报送属地银保监会派出机构。

相关解读

关于调整信托业务分类的七个讨论①

近日下发的《调整信托业务分类的通知（征求意见稿）》（以下简称征求意见稿）围绕“以规范方式发挥信托制度优势和行业传统竞争优势”为基础，解决信托业务边界模糊问题，重新设立以“信托目的、成立方式、财产管理内容”为维度的新分类，包括资产管理信托、资产服务信托、公益慈善信托等三大类。总体上，该文件要求“归本源、不交叉、财产独立优势、统一于资管新规”。

以下，我们针对征求意见稿可能涉及的七个讨论维度，进行简要分析。

新旧分类整体框架反应不同的发展意图

观察整体分类框架，相较而言呈现如下特点：首先，分类维度变少。原有的按照资金来源、功能投向等分类都被扬弃，主要防止业务边界模糊和交叉问题，实则是“规范”信托公司乱用制度优势开展通道和融资业务。其次，不涉及自营业务，说明维持原状，自营属于表内业务、有股东和资本约束，问题比较少，目前文件暂时未对这块业务进行“规范”；再次，仅覆盖信托公司部分业务，除固有以外，融资类（信托贷款）类影子银行业务如何归类未有明确说法。文件名叫调整信托业务分类，理论上与调整信托公司业务分类非同一含义，存在两种可能性：一是融资类（信托贷款）业务乃限制范围，属于存量梳理中需要归入特殊的一类且需限期整改；二是信托公司除了信托业务（包括资产管理、资产服务），应该还包括融资类业务（信托贷款）、固有业务，未来信托公司业务理应分为三类。第一种可能性较大，业内普遍观点认为，未来限额及限制在自营范围是趋势。从文件来看，“规范”、配套制度中的“资本管理、流动性管理、信保基金”等再次提及（均是针对融资类业务的监管思路），应该是规范发展之意。第二种可能性非常小，是符合各方利益诉求的较为完美的方案，不过

---

① 参见冯露君、王和俊：《关于调整信托业务分类的七个讨论》，载 https：//mp. weixin. qq. com/s/iKsIbz1Lv－iVMj_ rq6j0jw。

实现难度较大、需要协调的主体较多。考虑到，信托公司的问题不是放不放贷而是需要纳入监管实现资本约束下的放贷，同时，业内此前也有信托银行提法，且是域外经验。因此，该类业务，未来应该向两个方向同时转型：一方面依托中信登向标准化债权融资工具转型、业务彻底投行化；另一方面建立新的资本和流动性约束机制，限额规范发展。考虑到现实情况，整体推测，短期内融资类依然维持严格趋势甚至加大严监管趋势。

旧分类中不再提及业务的前景观察

旧分类中多项业务提法在文件中鲜有出现。首先是融资类信托，前文已经分析、不再赘述。其次，投资融资事务管理类、单一集合财产权等分类彻底消失。从文件来看，资金信托其实含义不清，不利于解决信托业务边界模糊的问题。核心是，信托公司到底是从投资人角度出发还是从融资人角度出发，立场是模糊的。由此可见，文件思路是希望把不同立场出发的两类业务区分出来，逐步解决两类性质（资管与投行）完全不同业务的具体监管规则问题。业内提出的未来以中信登为平台，将融资类信托标准化为一类债权融资工具，是彻底改造融资类业务将其进行投行化的根本出路。再次，非标与标的问题亦未提及，号称“调整信托业务分类”，那就应该包括所有信托业务，对于非标业务是不是信托业务、是否另案处理均不明确。或许该文件只是规范信托公司的资产管理业务和资产服务业务，对于其他业务的具体规定另有文件予以安排，比如一度征求过意见的资金信托新规。当然，另有看法认为，未明确提及的融资类或非标业务属于需要调整的一类资管业务，未来继续限制甚至消失。依据目前未有提及的业务类型，预计行业会受较大影响，如融资类、事务管理类、投资类等传统分类涉及的同业通道、类永续债、融资类业务等均会受到影响，从统计数量来看，这些业务占到信托收入的比例较大（30%、40%），它们暂时不能放入到资产管理、资产服务业务之中，预计会被放入“其他不符合本通知分类要求的信托业务”，在资产管理信托项下单设待整改信托业务一类，将相关业务归入此类别，按照业务特点实施整改。

回归本源内涵如何正确理解

业内对于此问题的回答莫衷一是，各自从域外经验中寻找证据支持自己的观点。考虑到各国法治、金融监管、对标发展阶段的差异，该问题具有根源性、旗帜性特征，采用何种标准进行解释有赖于各方共识的达成。目前看来，对此清晰的定义恰恰受制于各方意见仍未达成共识，目前内涵解释实质是服从宏观大环境阶段性特点。为应对防风险去杠杆大局，“非融资非信贷、非表内、资管或财富、服务仅涉及操作风险”的业务是信托本源业务。虽然《征求意见稿》

提到参考国外经验，但具体是日本的信托银行、美国的法定账户托管、英国的财税处理等都暂时没有提及到，毕竟外部经验需要符合我国的特殊国情。

从目前的分类来看，《征求意见稿》有几点明确的信息再次受到重复强调：

第一，无论是资产管理信托还是资产服务信托都强调打破刚性兑付。资产管理业务领域强调“落实净值化管理，为投资者创造真实的投资风险回报”，资管服务强调“定制托管、风险隔离、风险处置、财富规划和代际传承等专业信托服务，信托公司不得开展违法违规的通道业务”，“卖者尽责买者自负”落到纸面。

第二，监管明确强调“摆脱传统路径依赖，明确信托业务转型方向”，对于原有的传统业务路线进行否定，要求信托公司以信托业务方式规范开展资产管理业务，积极探索资产服务信托和公益/慈善信托各类新业务，进一步强调这三个方向才是未来信托发展的方向，但是鼓励信托公司充分进行探索和创新具体的产品形式，丰富信托本源业务细分种类，谋求差异化的发展路线和业务发展方向。

第三，对于以上明确指明了方向的业务需要进行过程管控。信托公司应当将信托业务分类工作纳入内控体系，明确归口管理部门以及业务部门、合规管理部门、内部审计部门等相关部门职责，要完善相关信息系统，建立信托业务分类数据质量监测机制，加强数据核验，建立追责问责机制，对重大数据差错予以严肃问责。

如何理解“规范发挥信托制度优势和行业传统竞争优势”

规范的对象是谁？一是信托制度太灵活衍生的非善意通道业务；二是具有传统竞争优势的融资类业务。对于已经被规范的业务其实讨论的空间不大，更多的关注点是落脚于“怎么发挥信托制度优势和行业传统竞争优势”，提供差异化信托服务。目前《征求意见稿》规定的信托能够发挥的优势核心是围绕信托财产独立性的制度优势，而行业传统竞争优势的融资类业务需要新的规则来激发（文件着墨不多）。

一方面，文件肯定了信托公司在长期的服务业务中所积累起来的服务能力。对于其他资产业务、社会资金的管理与运作，希望信托服务功能的发挥有利于促进金融运作效率的提高。《征求意见稿》规定的“行政管理受托服务信托”其实是肯定信托公司作为独立第三方提供会计估值、资金清算、风险管理、信息披露所发挥的作用，肯定了信托公司在涉众性社会资金、资管产品、债券担保品受托、企业/职业年金受托及其他管理资产服务领域的广阔用武之地。另一方面，针对信托本身具有的破产隔离功能，开创性地规定了信托公司可以开展企业市场化重组受托服务信托、企业破产受托服务信托、债券担保品等信托产品，这些业务领域属于其他金融机构或者主体所不具备的金融功能与属性，市场前景确实较大。

不过，需要考虑的是，服务类证券业务属于资产管理规模高度集中化的业务，服务型证券业务、资产证券化业务集中于少数信托公司，企业市场化重组受托服务信托、企业破产受托服务信托、债券担保品信托本身的市场发育仍在早期阶段，缺乏法律强制要求等配套制度。业务前景较大，但如何平衡短期产出和长期投入的关系，是关键课题。

对资产管理信托业务的理解

目前《征求意见稿》所概括的资产服务的特点包括：第一，资金来源上为私募定位；第二，产品管理上实行净值化管理；第三，风险管理方面，面向投资者强调真实的风险与投资收益；第四，产品类型仅限制于四种业务类型：固定收益类、权益类、商品及金融衍生品、混合类。

对于资产管理业务的理解，焦点在于：第一，投资管理金融服务的内涵不确定，依据文件资产服务信托部分的分类中，第二条提及资产管理活动（包括资金募集、投资建议、投资决策等），按内容推断，投资管理金融服务应该主要包括投资建议和投资决策。第二，目前行业资产管理能力参差不齐，过渡到资产管理尚需要 3 –5 年过渡期（机构投资者要认可资管管理的投资能力至少也需要看数年以上的净值曲线）；第三，投资“商品及金融衍生品类”，信托公司衍生品投资资格的问题如何解决；第四，混合类或者固收 + 或可成为信托转型资管抓手，如何与投行业务进行配合，这是一个课题。第五，针对资产管理业务的资本要求、流动性管理、信保基金缴纳要求，是否适宜，有待继续讨论。

对资产服务信托的理解

首先，资产服务特点是不募资、不负债、不放贷的三不主义（加上不通道，则为四不）；其次，主要提供托管、风险隔离和处置、财富规划和代际传承服务。再次，分成行政管理、资产证券化受托服务、风险处置受托服务、财富管理受托服务，其具体含义亦可继续讨论。

一是，资管产品受托服务是指阳光私募或者还有其他业务？理论上，一般托管都是其他机构的资产产品才对，而上述业务都是信托公司自己成立的产品。

二是，债券担保品受托服务是指什么？或许指交易所协会发布的受托管理人资格，解决债券持有人集体行动的问题，目前有少数信托公司获得了该资质。

三是，资产证券化受托服务是否仅指提供特殊目的载体服务、企业资产证券化试点会进一步扩大？

四是，风险处置受托必须让信托介入？如像涉众资金受托仅为可选性要求，难以激发服务对象的动力。

五是，财富管理受托服务中提出了其他财富管理信托业务（单一、500 万以上、提供财务规划、资产配置、投资管理等服务）具体拥有什么样的空间？

六是，禁止信托以私募形式开展资产管理信托业务，这一要求可能涉及当前防风险去杠杆的大局势，未来，随着分业监管或混业监管的趋势更趋明晰，预计此类业务将发生新的变化。是信托公司去证监会体系备案私募基金的加数比较多、引发了问题？看来混业经营、功能监管的趋势仍需要服从分业监管、垂直监管的要求，这想必也是服从当前防风险去杠杆的大局势。

后续行业发展趋势

文件提出“三个不得、三个应当、平稳过渡”的指导原则。“三个不得”包括：第一，严禁新增通道业务和非标资金池业务，坚持压降影子银行风险突出的融资类信托业务，信托公司的贷款业务面临调整。第二，严禁以私募基金形式开展资产管理信托业务。第三，严禁人为调节，同一信托业务不得同时归入多个类别。“三个应当”包括：第一，深入挖掘资产服务信托业务空间，丰富信托本源业务细分种类。第二，组织信托业务分类培训，确保相关人员理解信托业务分类口径并准确分类，按照监管要求填报相关监管报表。第三，信托业务分类工作纳入内部控制体系。“平稳过渡”则是指信托公司应当按照本通知要求对各项存续业务进行全面梳理，制定存量业务整改计划，也就意味着各方需要努力完成调整。

虽然文件提出以上要求，但是这里的分类突破了《信托公司净资本管理规定》《信托公司管理办法》等多部信托法规，具体信托业务也涉及监管规则、监管激励措施、配套制度（资本管理、流动性管理、监管评级、信保基金）、属地监控等。目前看来，制度层面的工作以原则规定居多，尚有待补充更多具体细节，继续完善。配套制度中资本管理、流动性管理应该是针对融资类业务设计的，如取法得当，或将变为长期性的根本制度安排，完成信托公司融资类业务的标准投行化或者资本规则约束化转型。未来，对于分类及存量整改需要各方发挥积极作用、耐心推进，在客观和务实的基础上，逐步实现调整目标。

《中国银保监会关于规范信托公司异地部门有关事项的通知》（银保监规〔2023〕3 号）

为优化信托公司跨区域经营模式，促进信托行业改革转型发展，更好服务

实体经济，现就规范信托公司异地部门有关事项通知如下：

一、本通知所称信托公司异地部门，是指信托公司在住所所在地以外设置的部门。

二、信托公司异地部门包括业务、营销等部门。

三、信托公司根据业务发展需要、中长期发展规划、内部控制水平和风险管理能力等，原则上可在全国6个城市设置异地部门。同一城市所设异地部门在同一地址集中办公，数量不超过5个。

银保监会将根据信托行业发展实际与改革转型需要，视情调整前款规定。

四、信托公司异地部门不对外挂牌。信托公司应在官方网站公开异地部门名称、地址等信息。

五、属地银保监局应指导辖内信托公司全面梳理报送异地部门情况。异地部门设置不符合本通知要求的，有关信托公司应于3个月内报送整改方案，明确整改方式与风险防范措施，经属地银保监局审查后，于2024年底前实施完成整改工作。确有困难的，属地银保监局可根据信托公司报告情况适当延期，延长期限不超过1年。

六、属地银保监局应切实承担监管主体责任和属地责任，持续提升信托公司异地部门监管质效。

（一）压实信托公司主体责任。督导信托公司有序合规设置异地部门，持续加强异地员工管理，优化完善异地项目尽职调查机制，严格规范异地推介行为，定期开展异地经营风险评估，稳妥做好风险应对与处置工作。

（二）强化信托公司异地部门设置监管。结合属地监管实际，建立完善“清单式”监管机制，持续监测信托公司异地部门设置情况。综合考虑展业管理水平、风险态势和违法违规记录等情况，对信托公司调整异地部门设置提出监管要求。

（三）加强信托公司异地经营行为监测。利用科技赋能，创新监管模式，丰富监管手段，及时发现信托公司异地经营违法违规行为，增强风险防控主动性与前瞻性。畅通监管沟通渠道，加强与信托公司异地部门所在地银保监局的信息共享与监管联动，形成工作合力。

（四）推动落实地方党政主要领导负责的重大财政金融风险处置机制。优化与地方党委和政府的监管信息通报机制，定期与不定期通报信托公司异地经营与风险状况。针对信托公司异地重大风险处置、突发风险事件应对等，构建联动工作机制，协助地方党委和政府制定风险处置方案，合力采取应对措施，筑牢金融风险防线。

七、信托公司异地部门所在地银保监局积极协助属地银保监局开展监管工作，配合了解信托公司在辖内所设异地部门情况，及时沟通违规推介行为、经营风险苗头、舆情等信息，必要时提请地方党委和政府协同处置风险。

八、信托公司不得在住所所在地以外设立异地管理总部。

属地银保监局应于 3 个月内完成信托公司现有异地管理总部监管评估。对确有必要保留的，指导信托公司主动向住所所在地或异地管理总部所在地地方党委和政府报告，明确承担属地风险处置责任、落实风险处置维稳任务意见后，原则上可保留一个异地管理总部。对不予保留的，督促信托公司制定管理总部回迁方案，于 2025 年底前实施完成。

信托公司异地管理总部所在城市与所设业务、营销等部门纳入本通知第三条相关统计，有关监督管理要求参照适用本通知第四条、第六条、第七条规定。

《中国银保监会办公厅关于清理规范信托公司非金融子公司业务的通知》（银保监办发〔2021〕85 号）

近年来，部分信托公司通过非金融子公司进行监管套利、隐匿风险；开展违规关联交易、进行不当利益输送，给信托业发展造成潜在风险。为治理市场乱象，助力打好防范化解金融风险攻坚战，促进信托业改革和转型发展，现就清理规范信托公司非金融子公司业务的有关事项通知如下：

一、本通知所指信托公司境内一级非金融子公司，是指信托公司在境内以固有资产直接投资设立或以投资资管产品等方式间接投资设立的，具有控制权且未持有金融业务许可证的公司。

二、自本通知印发之日起，信托公司不得新增境内一级非金融子公司，已设立的境内一级非金融子公司不得新增对境内外企业的投资。

三、信托公司可选择保留一家目前经营范围涵盖投资管理或资产管理类业务的境内一级非金融子公司。该公司仅可作为私募基金管理人受托管理私募股权投资基金，且不得控制、共同控制被投资方或对被投资方施加重大影响，不得参与被投资方的日常经营，投资年限不得超过 5 年。

前款中“控制、共同控制被投资方或对被投资方施加重大影响”，根据《企业会计准则》有关规定进行判断。

基金业务不符合本条要求的，到期后不得直接或变相新增和续作，其余业务在合同期满或项目结束后不得继续开展。

四、信托公司应当有计划地以转让股权等方式清理对以下企业的投资，清理期限不得超过 3 年：一是信托公司按照本通知第三条规定选择保留的境内一级非金融子公司在境内外投资的企业；二是信托公司其余境内一级非金融子公司及其在境内外投资的企业。上述企业有存续基金业务的，应当于相关项目清算后 1 年内完成清理。清理工作完成前，上述企业原则上不得新增业务。

清理确有困难的，信托公司应当在清理期限届满前 2 个月向属地银保监局提交延长清理期限报告。清理延期不得超过一次，延长期限不得超过 1 年。

五、信托公司应当全面梳理境内一级非金融子公司及其在境内外投资企业的基本情况，合理拟定清理规范工作方案，列明时间节点安排，明确存续子公司并表管理措施等，并于 4 个月内将方案报送至属地银保监局，经审查后实施。各信托公司应当加强存续非金融子公司并表管理，按季度向属地银保监局报送方案实施进展情况，并在依法合规完成清理规范工作后，及时上报经董事长签字确认的工作报告。

六、各银保监局应当切实承担属地监管责任，加强全程督导跟踪，认真审查方案内容，严防信息漏报瞒报；通过现场检查、督导等方式，适时查验阶段性工作进展与质量；加强辖内信托公司并表监管，发现非金融子公司与母公司之间违法违规交易行为的，依法依规对信托公司采取监管措施或进行行政处罚；清理规范工作完成后，组织专项验收，并向银保监会报送正式报告。

七、本通知中“企业”的组织形式适用《中华人民共和国公司法》《中华人民共和国合伙企业法》等法律的规定。

《信托公司股权管理暂行办法》（2020 年 1 月 20 日）

第一章　总　　则

第一条　为加强信托公司股权管理，规范信托公司股东行为，保护信托公司、信托当事人等合法权益，维护股东的合法利益，促进信托公司持续健康发展，根据《中华人民共和国公司法》《中华人民共和国银行业监督管理法》《中华人民共和国信托法》等法律法规，制定本办法。

第二条　本办法适用于中华人民共和国境内依法设立的信托公司。

第三条　信托公司股权管理应当遵循分类管理、优良稳定、结构清晰、权责明确、变更有序、透明诚信原则。

第四条　国务院银行业监督管理机构及其派出机构遵循审慎监管原则，依法对信托公司股权实施穿透监管。

股权监管贯穿于信托公司设立、变更股权或调整股权结构、合并、分立、解散、清算以及其他涉及信托公司股权管理事项等环节。

第五条　国务院银行业监督管理机构及其派出机构依法对信托公司股权进行监管，对信托公司及其股东等单位和个人的相关违法违规行为进行查处。

第六条　信托公司及其股东应当根据法律法规和监管要求，充分披露相关信息，接受社会监督。

第七条　信托公司、国务院银行业监督管理机构及其派出机构应当加强对信托公司主要股东的管理。

信托公司主要股东是指持有或控制信托公司百分之五以上股份或表决权，或持有资本总额或股份总额不足百分之五但对信托公司经营管理有重大影响的股东。

前款中的“重大影响”，包括但不限于向信托公司派驻董事、监事或高级管理人员，通过协议或其他方式影响信托公司的财务和经营管理决策，以及国务院银行业监督管理机构及其派出机构认定的其他情形。

第八条　信托公司股东应当核心主业突出，具有良好的社会声誉、公司治理机制、诚信记录、纳税记录、财务状况和清晰透明的股权结构，符合法律法规规定和监管要求。

第九条　信托公司股东的股权结构应逐层追溯至最终受益人，其控股股东、实际控制人、关联方、一致行动人、最终受益人等各方关系应当清晰透明。

股东与其关联方、一致行动人的持股比例合并计算。

第十条　投资人入股信托公司，应当事先报国务院银行业监督管理机构或其派出机构核准，投资人及其关联方、一致行动人单独或合计持有上市信托公司股份未达到该公司股份总额百分之五的除外。

对通过境内外证券市场拟持有信托公司股份总额百分之五以上的行政许可批复，有效期为六个月。

第二章　信托公司股东责任

第一节　股 东 资 质

第十一条　经国务院银行业监督管理机构或其派出机构审查批准，境内非金融机构、境内金融机构、境外金融机构和国务院银行业监督管理机构认可的其他投资人可以成为信托公司股东。

投资人及其关联方、一致行动人单独或合计持有同一上市信托公司股份未达到该信托公司股份总额百分之五的，不受本条前款规定限制。

第十二条 境内非金融机构作为信托公司股东，应当具备以下条件：

（一）依法设立，具有法人资格；

（二）具有良好的公司治理结构或有效的组织管理方式；

（三）具有良好的社会声誉、诚信记录和纳税记录；

（四）经营管理良好，最近 2 年内无重大违法违规经营记录；

（五）财务状况良好，且最近 2 个会计年度连续盈利；如取得控股权，应最近 3 个会计年度连续盈利；

（六）年终分配后净资产不低于全部资产的百分之三十（合并财务报表口径）；如取得控股权，年终分配后净资产应不低于全部资产的百分之四十（合并财务报表口径）；

（七）如取得控股权，权益性投资余额应不超过本企业净资产的百分之四十（含本次投资金额，合并财务报表口径），国务院银行业监督管理机构认可的投资公司和控股公司除外；

（八）国务院银行业监督管理机构规章规定的其他审慎性条件。

第十三条 境内金融机构作为信托公司股东，应当具有良好的内部控制机制和健全的风险管理体系，符合与该类金融机构有关的法律、法规、监管规定以及本办法第十二条（第五项“如取得控股权，应最近 3 个会计年度连续盈利”、第六项和第七项除外）规定的条件。

第十四条 境外金融机构作为信托公司股东，应当具备以下条件：

（一）具有国际相关金融业务经营管理经验；

（二）国务院银行业监督管理机构认可的国际评级机构最近 2 年对其作出的长期信用评级为良好及以上；

（三）财务状况良好，最近 2 个会计年度连续盈利；

（四）符合所在国家或地区法律法规及监管当局的审慎监管要求，最近 2 年内无重大违法违规经营记录；

（五）具有良好的公司治理结构、内部控制机制和健全的风险管理体系；

（六）所在国家或地区金融监管当局已经与国务院银行业监督管理机构建立良好的监督管理合作机制；

（七）具有有效的反洗钱措施；

（八）所在国家或地区经济状况良好；

（九）国务院银行业监督管理机构规章规定的其他审慎性条件。

境外金融机构投资入股信托公司应当遵循长期持股、优化治理、业务合作、竞争回避的原则，并遵守国家关于外国投资者在中国境内投资的有关规定。

第十五条 金融产品可以持有上市信托公司股份，但单一投资人、发行人或管理人及其实际控制人、关联方、一致行动人控制的金融产品持有同一上市信托公司股份合计不得超过该信托公司股份总额的百分之五。

信托公司主要股东不得以发行、管理或通过其他手段控制的金融产品持有该信托公司股份。

自然人可以持有上市信托公司股份，但不得为该信托公司主要股东。国务院银行业监督管理机构另有规定的除外。

第十六条 投资人及其控股股东、实际控制人存在以下情形的，不得作为信托公司主要股东：

（一）关联企业众多、股权关系复杂且不透明、关联交易频繁且异常；

（二）被列为相关部门失信联合惩戒对象；

（三）在公开市场上有不良投资行为记录；

（四）频繁变更股权或实际控制人；

（五）存在严重逃废到期债务行为；

（六）提供虚假材料或者作不实声明，或者曾经投资信托业，存在提供虚假材料或者作不实声明的情形；

（七）对曾经投资的信托公司经营失败或重大违法违规行为负有重大责任，或对曾经投资的其他金融机构经营失败或重大违法违规行为负有重大责任且未满5年；

（八）长期未实际开展业务、停业或破产清算或存在可能严重影响持续经营的担保、诉讼、仲裁或者其他重大事项；

（九）拒绝或阻碍金融管理部门依法实施监管；

（十）因违法违规行为被金融管理部门或政府有关部门查处，造成恶劣影响；

（十一）其他可能对履行股东责任或对信托公司产生重大不利影响的情形。

除本条前款规定外，投资人的控股股东、实际控制人为金融产品的，该投资人不得为信托公司主要股东。

第二节 股权取得

第十七条 投资人可以通过出资设立信托公司、认购信托公司新增资本、以协议或竞价等途径取得信托公司其他股东所持股权等方式入股信托公司。

第十八条 投资人入股信托公司应当履行法律法规和公司章程约定的程序。涉及国有资产管理、金融管理等部门职责的，应当符合相关规定。

第十九条 投资人入股信托公司前应当做好尽职调查工作，充分了解信托公司功能定位、信托业务本质和风险特征以及应当承担的股东责任和义务，充分知悉拟入股信托公司经营管理情况和真实风险底数等信息。

投资人入股信托公司应当入股目的端正，出资意愿真实。

第二十条 投资人入股信托公司时，应当书面承诺遵守法律法规、监管规定和公司章程，并就入股信托公司的目的作出说明。

第二十一条 投资人拟作为信托公司主要股东的，应当具备持续的资本补充能力，并根据监管规定书面承诺在必要时向信托公司补充资本。

第二十二条 投资人拟作为信托公司主要股东的，应当逐层说明其股权结构直至实际控制人、最终受益人，以及与其他股东的关联关系或者一致行动关系。

第二十三条 投资人应当使用来源合法的自有资金入股信托公司，不得以委托资金、债务资金等非自有资金入股，出资金额不得超过其个别财务报表口径的净资产规模。国务院银行业监督管理机构及其派出机构可以按照穿透原则对自有资金来源进行向上追溯认定。

第二十四条 投资人不得委托他人或接受他人委托持有信托公司股权。

第二十五条 同一投资人及其关联方、一致行动人参股信托公司的数量不得超过 2 家，或控股信托公司的数量不得超过 1 家。

投资人经国务院银行业监督管理机构批准并购重组高风险信托公司，不受本条前款规定限制。

第三节 股权持有

第二十六条 信托公司股东应当遵守法律法规、监管规定和公司章程，依法行使股东权利，履行法定义务。

第二十七条 信托公司主要股东不得滥用股东权利干预或利用其影响力干预董事会、高级管理层根据公司章程享有的决策权和管理权，不得越过董事会和高级管理层直接干预或利用影响力干预信托公司经营管理，进行利益输送，或以其他方式损害信托当事人、信托公司、其他股东等合法权益。

第二十八条 按照穿透原则，信托公司股东与信托公司之间不得直接或间接交叉持股。

第二十九条 信托公司主要股东根据公司章程约定提名信托公司董事、监事候选人的，应当遵循法律法规和公司章程规定的条件和程序。控股股东不得对股东（大）会人事选举结果和董事会人事聘任决议设置批准程序。

信托公司存在持有或控制信托公司百分之五以下股份或表决权的股东的，至少应有一名独立董事或外部监事由该类股东提名产生。

第三十条 信托公司主要股东应当对其与信托公司和其他关联机构之间董事、监事和高级管理人员的交叉任职进行有效管理，防范利益冲突。

信托公司主要股东及其关联方与信托公司之间的高级管理人员不得相互兼任。

第三十一条 信托公司主要股东应当建立有效的风险隔离机制，防止风险在股东、信托公司以及其他关联机构之间传染和转移。

第三十二条 信托公司股东应当遵守法律法规和信托公司关联交易相关规定，不得与信托公司进行不当关联交易，不得利用其对信托公司经营管理的影响力获取不正当利益，侵占信托公司、其他股东、信托当事人等合法权益。

第三十三条 信托公司股东应当在信托公司章程中承诺不将所持有的信托公司股权进行质押或以股权及其受（收）益权设立信托等金融产品，但国务院银行业监督管理机构或其派出机构采取风险处置或接管措施等特殊情形除外。

投资人及其关联方、一致行动人单独或合计持有同一上市信托公司股份未达到该信托公司股份总额百分之五的，不受本条前款规定限制。

第三十四条 信托公司股东应当自发生以下情况之日起十五日内，书面通知信托公司：

（一）所持信托公司股权被采取诉讼保全措施或者被强制执行；

（二）违反承诺质押信托公司股权或以股权及其受（收）益权设立信托等金融产品；

（三）其控股股东、实际控制人质押所持该股东公司股权或以所持该股东公司股权及其受（收）益权设立信托等金融产品；

（四）取得国务院银行业监督管理机构或其派出机构变更股权或调整股权结构行政许可后，在法定时限内完成股权变更手续存在困难；

（五）名称变更；

（六）合并、分立；

（七）其他可能影响股东资质条件变化或导致所持信托公司股权发生变化的情况。

第三十五条 信托公司主要股东及其控股股东、实际控制人发生本办法第十六条规定的情形的，主要股东应当于发生相关情况之日起十五日内，书面通知信托公司。

信托公司主要股东的控股股东、实际控制人发生变更的，主要股东应当于变更后十五日内准确、完整地向信托公司提供相关材料，包括变更背景、变更后的控股股东、实际控制人、关联方、一致行动人、最终受益人等情况，以及控股股东、实际控制人是否存在本办法第十六条规定情形的说明。

信托公司主要股东应当通过信托公司每年向国务院银行业监督管理机构或其派出机构报告资本补充能力。

第三十六条 信托公司主要股东应当根据本办法第五十三条规定，如实向信托公司提供与股东评估工作相关的材料，配合信托公司开展主要股东的定期评估工作。

第三十七条 信托公司出现资本不足或其他影响稳健运行情形时，信托公司主要股东应当履行入股时承诺，以增资方式向信托公司补充资本。不履行承诺或因股东资质问题无法履行承诺的主要股东，应当同意其他股东或者合格投资人采取合理方案增资。

第三十八条 信托公司发生重大风险事件或重大违法违规行为，被国务院银行业监督管理机构或其派出机构采取风险处置或接管等措施的，股东应当积极配合国务院银行业监督管理机构或其派出机构开展风险处置等工作。

第四节 股权退出

第三十九条 信托公司股东自取得股权之日起五年内不得转让所持有的股权。

经国务院银行业监督管理机构或其派出机构批准采取风险处置措施、国务院银行业监督管理机构或其派出机构责令转让、涉及司法强制执行、在同一投资人控制的不同主体之间转让股权、国务院银行业监督管理机构或其派出机构认定股东无力行使股东职责等特殊情形除外。

投资人及其关联方、一致行动人单独或合计持有同一上市信托公司股份未达到该信托公司股份总额百分之五的，不受本条规定限制。

第四十条 信托公司股东拟转让所持股权的，应当向意向参与方事先告知国务院银行业监督管理机构关于信托公司股东的资质条件规定、与变更股权等事项有关的行政许可程序，以及本办法关于信托公司股东责任和义务的相关规定。

有关主体签署的股权转让协议应当明确变更股权等事项是否需经国务院银行业监督管理机构或其派出机构行政许可，以及因监管部门不予批准等原因导致股权转让失败的后续安排。

第四十一条 股权转让期间，拟转让股权的信托公司股东应当继续承担股东责任和义务，支持并配合信托公司股东（大）会、董事会、监事会、高级管理层依法履职，对公司重大决议事项行使独立表决权，不得在股权转让工作完成前向信托公司推荐股权拟受让方相关人员担任公司董事、监事、高级管理人员或关键岗位人员。

第三章　信托公司职责

第一节　变更期间

第四十二条　信托公司应当如实向拟入股股东说明公司经营管理情况和真实风险底数。

第四十三条　在变更期间，信托公司应当保证股东（大）会、董事会、监事会及高级管理层正常运转，切实防范内部人控制问题。

前款中的“变更”，包括信托公司变更股权或调整股权结构、合并、分立以及其他涉及信托公司股权发生变化的情形。

信托公司不得以变更股权或调整股权结构等为由，致使董事会、监事会、高级管理层人员缺位6个月以上，影响公司治理机制有效运转。有代为履职情形的，应当符合国务院银行业监督管理机构关于代为履职的相关监管规定。

第四十四条　信托公司应当依法依规、真实、完整地向国务院银行业监督管理机构或其派出机构报送与变更股权或调整股权结构等事项相关的行政许可申请材料。

第二节　股权事务管理

第四十五条　信托公司董事会应当勤勉尽责，董事会成员应当对信托公司和全体股东负有忠诚义务。

信托公司董事会承担信托公司股权事务管理最终责任。信托公司董事长是处理信托公司股权事务的第一责任人。董事会秘书协助董事长工作，是处理股权事务的直接责任人。

董事长和董事会秘书应当忠实、诚信、勤勉地履行职责。履职未尽责的，依法承担法律责任。

第四十六条　信托公司应当建立和完善股权管理制度，做好股权信息登记、关联交易管理和信息披露等工作。

第四十七条　信托公司应当建立股权托管制度，原则上将股权在信托登记机构进行集中托管。信托登记机构履行股东名册初始登记和变更登记等托管职责。托管的具体要求由国务院银行业监督管理机构另行规定。

上市信托公司按照法律、行政法规规定股权需集中存管到法定证券登记结算机构的，股权托管工作按照相应的规定进行。

第四十八条 信托公司应当将以下关于股东管理的相关监管要求、股东的权利义务等写入公司章程，在公司章程中载明下列内容：

（一）股东应当遵守法律法规和监管规定；

（二）主要股东应当在必要时向信托公司补充资本；

（三）应经但未经监管部门批准或未向监管部门报告的股东，不得行使股东大会召开请求权、表决权、提名权、提案权、处分权等权利；

（四）对于存在虚假陈述、滥用股东权利或其他损害信托公司利益行为的股东，国务院银行业监督管理机构或其派出机构可以限制或禁止信托公司与其开展关联交易，限制其持有信托公司股权比例等，并可限制其股东大会召开请求权、表决权、提名权、提案权、处分权等权利。

第四十九条 信托公司应当通过半年报或年报在官方网站等渠道真实、准确、完整地披露信托公司股权信息，披露内容包括：

（一）股份有限公司报告期末股份总数、股东总数、报告期间股份变动情况以及前十大股东持股情况；

（二）有限责任公司报告期末股东出资额情况；

（三）报告期末主要股东及其控股股东、实际控制人、关联方、一致行动人、最终受益人情况；

（四）报告期内公司发生的关联交易情况；

（五）报告期内股东违反承诺质押信托公司股权或以股权及其受（收）益权设立信托等金融产品的情况；

（六）报告期内股东提名董事、监事情况；

（七）已向国务院银行业监督管理机构或其派出机构提交行政许可申请但尚未获得批准的事项；

（八）国务院银行业监督管理机构规定的其他信息。

第五十条 信托公司主要股东及其控股股东、实际控制人出现的可能影响股东资质条件或导致所持信托公司股权发生重大变化的事项，信托公司应及时进行信息披露。

第三节 股东行为管理

第五十一条 信托公司应当加强对股东资质的审查，对主要股东及其控股股东、实际控制人、关联方、一致行动人、最终受益人等相关信息进行核实，并掌握其变动情况，就主要股东对信托公司经营管理的影响进行判断。

第五十二条　信托公司股东发生本办法第三十四条、第三十五条前二款规定情形的，信托公司应当自知悉之日起十日内向国务院银行业监督管理机构或其派出机构书面报告。

第五十三条　信托公司董事会应当至少每年对其主要股东的资质情况、履行承诺事项情况、承担股东责任和义务的意愿与能力、落实公司章程或协议条款情况、经营管理情况、财务和风险状况，以及信托公司面临经营困难时，其在信托公司恢复阶段可能采取的救助措施进行评估，并及时将评估报告报送国务院银行业监督管理机构或其派出机构。

第五十四条　信托公司应当将所开展的关联交易分为固有业务关联交易和信托业务关联交易，并按照穿透原则和实质重于形式原则加强关联交易认定和关联交易资金来源与运用的双向核查。

第五十五条　信托公司应当准确识别关联方，及时更新关联方名单，并按季度将关联方名单报送至信托登记机构。

信托公司应当按照穿透原则将主要股东、主要股东的控股股东、实际控制人、关联方、一致行动人、最终受益人作为信托公司的关联方进行管理。

第五十六条　信托公司应当建立关联交易管理制度，严格执行国务院银行业监督管理机构关于关联交易报告等规定，落实信息披露要求，不得违背市场化原则和公平竞争原则开展关联交易，不得隐匿关联交易或通过关联交易隐匿资金真实去向、从事违法违规活动。

信托公司董事会应当设立关联交易控制委员会，负责关联交易的管理，及时审查和批准关联交易，控制关联交易风险。关联交易控制委员会成员不得少于三人，由独立董事担任负责人。

信托公司应当定期开展关联交易内外部审计工作，其内部审计部门应当至少每年对信托公司关联交易进行一次专项审计，并将审计结果报信托公司董事会和监事会；委托外部审计机构每年对信托公司关联交易情况进行年度审计，其中外部审计机构不得为信托公司关联方控制的会计师事务所。

第五十七条　信托公司应当加强公司治理机制建设，形成股东（大）会、董事会、监事会、高级管理层有效制衡的公司治理结构，建立完备的内部控制、风险管理、信息披露体系，以及科学合理的激励约束机制，保障信托当事人等合法权益，保护和促进股东行使权利，确保全体股东享有平等待遇。

信托公司董事会成员应当包含独立董事，独立董事人数不得少于董事会成员总数的四分之一；但单个股东及其关联方、一致行动人合计持有信托公司三分之二以上资本总额或股份总额的信托公司，其独立董事人数不得少于董事会成员总数的三分之一。

信托公司董事会和监事会应当根据法律法规和公司章程赋予的职责，每年向股东（大）会做年度工作报告，并及时将年度工作报告报送国务院银行业监督管理机构或其派出机构。

第四章 监督管理

第五十八条 国务院银行业监督管理机构鼓励信托公司持续优化股权结构，引入注重公司长远发展、管理经验成熟的战略投资者，促进信托公司转型发展，提升专业服务水平。

第五十九条 国务院银行业监督管理机构及其派出机构应当加强对信托公司股东的穿透监管，加强对主要股东及其控股股东、实际控制人、关联方、一致行动人及最终受益人的审查、识别和认定。信托公司主要股东及其控股股东、实际控制人、关联方、一致行动人及最终受益人，以国务院银行业监督管理机构或其派出机构认定为准。

第六十条 国务院银行业监督管理机构及其派出机构有权采取下列措施，了解信托公司股东（含拟入股股东）及其控股股东、实际控制人、关联方、一致行动人及最终受益人信息：

（一）要求股东逐层披露其股东、实际控制人、关联方、一致行动人及最终受益人；

（二）要求股东说明入股资金来源，并提供有关材料；

（三）要求股东报送资产负债表、利润表和其他财务会计报告和统计报表、公司发展战略和经营管理材料以及注册会计师出具的审计报告；

（四）要求股东及相关人员对有关事项作出解释说明；

（五）询问股东及相关人员；

（六）实地走访或调查股东经营情况；

（七）其他监管措施。

对与涉嫌违法事项有关的信托公司股东及其控股股东、实际控制人、关联方、一致行动人及最终受益人，国务院银行业监督管理机构及其派出机构有权依法查阅、复制有关财务会计、财产权登记等文件、资料；对可能被转移、隐匿、毁损或者伪造的文件、资料，予以先行登记保存。

第六十一条 国务院银行业监督管理机构及其派出机构有权采取下列措施，

加强信托公司股权穿透监管：

（一）依法对信托公司设立、变更股权或调整股权结构等事项实施行政许可；

（二）要求信托公司及其股东及时报告股权有关信息；

（三）定期评估信托公司主要股东及其控股股东、实际控制人、关联方、一致行动人、最终受益人的经营活动，以判断其对信托公司稳健运行的影响；

（四）要求信托公司通过年报或半年报披露相关股权信息；

（五）与信托公司董事、监事、高级管理人员以及其他相关当事人进行监管谈话，要求其就相关情况作出说明；

（六）对股东涉及信托公司股权的行为进行调查或者公开质询；

（七）要求股东报送审计报告、经营管理信息、股权信息等材料；

（八）查询、复制股东及相关单位和人员的财务会计报表等文件、资料；

（九）对信托公司进行检查，并依法对信托公司和有关责任人员实施行政处罚；

（十）依法可以采取的其他监管措施。

第六十二条　国务院银行业监督管理机构及其派出机构应当建立股东动态监测机制，至少每年对信托公司主要股东的资质情况、履行承诺事项情况、承担股东责任和义务的意愿与能力、落实公司章程或协议条款情况、经营管理情况、财务和风险状况，以及信托公司面临经营困难时主要股东在信托公司恢复阶段可能采取的救助措施进行评估。

国务院银行业监督管理机构及其派出机构应当将评估工作纳入日常监管，并对评估发现的问题视情形采取限期整改等监管措施。

第六十三条　国务院银行业监督管理机构及其派出机构根据审慎监管的需要，有权依法采取限制同一股东及其关联方、一致行动人入股信托公司的数量、持有信托公司股权比例、与信托公司开展的关联交易额度等审慎监管措施。

第六十四条　信托公司主要股东为金融机构的，国务院银行业监督管理机构及其派出机构应当与该金融机构的监管部门建立有效的信息交流和共享机制。

第六十五条　信托公司在股权管理过程中存在下列情形之一的，国务院银行业监督管理机构或其派出机构应当责令限期改正；逾期未改正，或者其行为严重危及该信托公司的稳健运行、损害信托当事人和其他客户合法权益的，经国务院银行业监督管理机构或其省一级派出机构负责人批准，可以区别情形，按照《中华人民共和国银行业监督管理法》第三十七条规定，采取相应的监管措施：

（一）未按要求履行行政许可程序或对有关事项进行报告的；

（二）未按规定开展股东定期评估工作的；

（三）提供虚假的或者隐瞒重要事实的报表、报告等文件、资料的；

（四）未按规定制定公司章程，明确股东权利义务的；

（五）未按规定进行股权托管的；

（六）未按规定进行信息披露的；

（七）未按规定开展关联交易的；

（八）拒绝或阻碍监管部门进行调查核实的；

（九）其他违反股权管理相关要求的。

第六十六条 信托公司股东或其控股股东、实际控制人、关联方、一致行动人、最终受益人等存在下列情形，造成信托公司违反审慎经营规则的，国务院银行业监督管理机构或其派出机构根据《中华人民共和国银行业监督管理法》第三十七条规定，可以限制信托公司股东参与经营管理的相关权利，包括股东大会召开请求权、表决权、提名权、提案权、处分权等；责令信托公司控股股东转让股权，股权转让完成前，限制其股东权利，限期未完成转让的，由符合国务院银行业监督管理机构相关要求的投资人按照评估价格受让股权：

（一）虚假出资、出资不实、抽逃出资或者变相抽逃出资的；

（二）使用委托资金、债务资金或其他非自有资金投资入股的；

（三）委托他人或接受他人委托持有信托公司股权的；

（四）未按规定进行报告的；

（五）拒绝向信托公司、国务院银行业监督管理机构或其派出机构提供文件材料或提供虚假文件材料、隐瞒重要信息以及迟延提供相关文件材料的；

（六）违反承诺、公司章程或协议条款的；

（七）主要股东或其控股股东、实际控制人不符合本办法规定的监管要求的；

（八）违规开展关联交易的；

（九）违反承诺进行股权质押或以股权及其受（收）益权设立信托等金融产品的；

（十）拒绝或阻碍国务院银行业监督管理机构或其派出机构进行调查核实的；

（十一）不配合国务院银行业监督管理机构或其派出机构开展风险处置的；

（十二）在信托公司出现资本不足或其他影响稳健运行情形时，主要股东拒不补充资本并拒不同意其他股东、投资人增资计划的；

（十三）其他滥用股东权利或不履行股东义务，损害信托公司、信托当事人、其他股东等利益的。

第六十七条　信托公司未遵守本办法规定进行股权管理的，国务院银行业监督管理机构或其派出机构可以调整该信托公司监管评级。

信托公司董事会成员在履职过程中未就股权管理方面的违法违规行为提出异议的，最近一次履职评价不得评为称职。

第六十八条　在行政许可过程中，投资人、股东或其控股股东、实际控制人、信托公司有下列情形之一的，国务院银行业监督管理机构或其派出机构可以中止审查：

（一）相关股权存在权属纠纷；

（二）被举报尚需调查；

（三）因涉嫌违法违规被有关部门调查，或者被司法机关侦查，尚未结案；

（四）被起诉尚未判决；

（五）国务院银行业监督管理机构认定的其他情形。

第六十九条　在实施行政许可或者履行其他监管职责时，国务院银行业监督管理机构或其派出机构可以要求信托公司或者股东就其提供的有关资质、关联关系或者入股资金等信息的真实性作出声明，并承诺承担因提供虚假信息或者不实声明造成的后果。

第七十条　国务院银行业监督管理机构及其派出机构建立信托公司股权管理和股东行为不良记录数据库，通过全国信用信息共享平台与相关部门或政府机构共享信息。

对于存在违法违规行为且拒不改正的股东，或以隐瞒、欺骗等不正当手段获得股权的股东，国务院银行业监督管理机构及其派出机构可以单独或会同相关部门联合予以惩戒，可通报、公开谴责、禁止其一定期限直至终身入股信托公司。

第七十一条　在实施行政许可或者履行监管职责时，国务院银行业监督管理机构及其派出机构应当将存在提供虚假材料、不实声明或者因不诚信行为受到金融管理部门行政处罚等情形的第三方中介机构纳入第三方中介机构诚信档案。自第三方中介机构不诚信行为或受到金融管理部门行政处罚等情形发生之日起五年内，国务院银行业监督管理机构及其派出机构对其出具的报告或作出的声明等不予认可，并可将其不诚信行为通报有关主管部门。

第五章　法律责任

第七十二条　信托公司未按要求对股东及其控股股东、实际控制人、关联方、一致行动人、最终受益人信息进行审查、审核或披露的，由国务院银行业监督管理机构或其派出机构按照《中华人民共和国银行业监督管理法》第四十六条、第四十八条的规定，责令改正，并对信托公司及相关责任人员实施行政处罚。

第七十三条 信托公司存在本办法第六十五条规定的情形之一，情节较为严重的，由国务院银行业监督管理机构或其派出机构按照《中华人民共和国银行业监督管理法》第四十六条、第四十七条、第四十八条规定对信托公司及相关责任人员实施行政处罚。

第七十四条 信托公司股东或其控股股东、实际控制人、关联方、一致行动人、最终受益人等以隐瞒、欺骗等不正当手段获得信托公司股权的，由国务院银行业监督管理机构或其派出机构按照《中华人民共和国行政许可法》的规定，对相关行政许可予以撤销。

依照本条前款撤销行政许可的，被许可人基于行政许可取得的利益不受保护。

第六章 附 则

第七十五条 本办法所称“以上”均含本数，“不足”不含本数，“日”为工作日。

第七十六条 以下用语含义：

（一）控股股东，是指根据《中华人民共和国公司法》第二百一十六条规定，其出资额占有限责任公司资本总额百分之五十以上或者其持有的股份占股份有限公司股本总额百分之五十以上的股东；出资额或者持有股份的比例虽然不足百分之五十，但依其出资额或者持有的股份所享有的表决权已足以对股东会、股东大会的决议产生重大影响的股东。

（二）实际控制人，是指根据《中华人民共和国公司法》第二百一十六条规定，虽不是公司的股东，但通过投资关系、协议或者其他安排，能够实际支配公司行为的人。

（三）关联方，是指根据《企业会计准则第36号关联方披露》规定，一方控制、共同控制另一方或对另一方施加重大影响，以及两方或两方以上同受一方控制、共同控制或重大影响的。但国家控制的企业之间不因为同受国家控股而具有关联关系。

（四）一致行动，是指投资者通过协议、其他安排，与其他投资者共同扩大其所能够支配的一个公司股份表决权数量的行为或者事实。达成一致行动的相关投资者，为一致行动人。

（五）最终受益人，是指实际享有信托公司股权收益的人。

（六）个别财务报表，是相对于合并财务报表而言，指由公司或子公司编制的，仅反映母公司或子公司自身财务状况、经营成果和现金流量的财务报表。

第七十七条 本办法由国务院银行业监督管理机构负责解释。

第七十八条 本办法自2020年3月1日起施行。本办法实施前发布的有关规章及规范性文件与本办法不一致的，按照本办法执行。

《中国银保监会办公厅关于保险资金投资集合资金信托有关事项的通知》（银保监办发〔2019〕144号）

为进一步加强保险集团（控股）公司、保险公司、保险资产管理公司（以下简称保险机构）投资集合资金信托业务管理，规范投资行为，切实防范资金运用风险，根据《保险资金运用管理办法》等规定，现就有关事项通知如下：

一、保险机构投资集合资金信托，应当按照监管规定和内控要求，完善决策程序和授权机制，确定董事会或董事会授权机构的决策权限及批准权限。各项投资由董事会或者董事会授权机构逐项决策，并形成书面决议。

二、保险机构投资集合资金信托，应当配备独立的信托投资专业责任人，完善可追溯的责任追究机制，并向中国银行保险监督管理委员会（以下简称银保监会）报告。信托投资专业责任人比照保险机构投资管理能力专业责任人，纳入风险责任人体系进行监管，对其资质条件、权利义务和风险责任等要求，执行保险机构投资风险责任人的相关规定。

三、保险机构应当明确信托公司选择标准，完善持续评价机制，并将执行情况纳入年度内控审计。担任受托人的信托公司应当具备以下条件：

（一）具有完善的公司治理、良好的市场信誉和稳定的投资业绩，上年末经审计的净资产不低于30亿元人民币；

（二）近一年公司及高级管理人员未发生重大刑事案件，未受监管机构重大行政处罚。

四、保险资金投资的集合资金信托，基础资产限于非标准化债权资产、非上市权益类资产以及银保监会认可的其他资产，投资方向应当符合国家宏观政策、产业政策和监管政策。保险资金不得投资基础资产属于国家及监管部门明令禁止的行业或产业的资金信托，融资主体须承诺资金不用于国家及监管部门明令禁止的行业或产业。

五、对于基础资产为非标准化债权资产的集合资金信托，应进行外部信用评级，且信用等级不得低于符合条件的国内信用评级机构评定的 AA 级或者相当于 AA 级的信用级别。

六、对于基础资产为非标准化债权资产的集合资金信托，应当确定有效的信用增级安排，并符合下列要求：

（一）信用增级方式与融资主体还款来源相互独立。

（二）信用增级采用以下方式或其组合：

1. 设置保证担保的，应当为本息全额无条件不可撤销连带责任保证担保，担保人信用等级不低于被担保人信用等级，担保行为履行全部合法程序，且同一担保人全部对外担保金额占其净资产的比例不超过 50%。由融资主体母公司或实际控制人提供担保的，担保人净资产不得低于融资主体净资产的 1.5 倍。

2. 设置抵押或质押担保的，担保财产应当权属清晰，质押担保办理出质登记，抵押担保办理抵押物登记，经评估的担保财产价值不低于待偿还本息。

3. 银保监会认可的其他合法有效的信用增级方式。

（三）不得由金融机构提供任何直接或间接、显性或隐性的担保、回购等代为承担风险的承诺。

（四）融资主体信用等级为 AAA 级，且符合下列条件之一的，可免于信用增级：1. 上年末净资产不低于 150 亿元；2. 最近三年连续盈利；3. 融资主体募投项目为经国务院或国务院投资主管部门核准的重大工程。

七、对于基础资产为非上市权益类资产的集合资金信托，相关基础资产应当符合保险资金投资股权或不动产的监管规定。

八、保险资金投资集合资金信托，应当在信托合同中明确约定权责义务，禁止将资金信托作为通道。资金信托应当由受托人自主管理，并承担产品设计、项目筛选、尽职调查、投资决策、实施及后续管理等主动管理责任。信托公司管理资金信托聘请第三方提供投资顾问服务的，应遵守银保监会的有关规定，不得将主动管理责任让渡给投资顾问等第三方机构，不得为保险资金提供通道服务。

九、保险资金不得投资单一资金信托，不得投资结构化集合资金信托的劣后级受益权。

十、除信用等级为 AAA 级的集合资金信托外，保险集团（控股）公司或保险公司投资同一集合资金信托的投资金额，不得高于该产品实收信托规模的

50%，保险集团（控股）公司、保险公司及其关联方投资同一集合资金信托的投资金额，合计不得高于该产品实收信托规模的80%。

十一、保险资金投资集合资金信托，不得发生涉及利益输送、利益转移等不当交易行为，不得通过关联交易或者其他方式侵害公司或者被保险人利益。涉及关联交易的，应当符合合规、诚信和公允的原则，不得偏离市场独立第三方的价格或者交易条件，应当建立健全内部审批机制和评估机制，并按照有关规定及时进行信息披露。

十二、保险机构投资集合资金信托，应当加强法律风险管理，由专业律师就投资行为、信托目的合法合规性以及投资者权益保护等内容出具相关意见。

保险机构应当加强投后管理，制定后续管理制度和风险处理预案；定期监测融资主体和项目的经营等情况；定期开展压力测试和情景分析；形成内部定期报告机制，全程跟踪信托投资风险。

保险机构投资集合资金信托出现违约风险的，要积极采取应对措施，维护保险资金安全，并查找风险发生的原因，制定整改方案，按规定及时向银保监会报告；对于履职尽责不力且违反银保监会相关规定的保险机构信托投资专业责任人，银保监会将依法追究其责任。

十三、保险资金投资的集合资金信托有个人投资者参与的，信托公司应加强投资者适当性管理，确保其符合合格投资者标准，坚持产品风险等级与投资者风险承受能力相匹配的原则，严禁误导投资者购买风险等级高于其风险承受能力等级的资金信托。

十四、保险机构投资集合资金信托，保险机构和信托公司应当按有关规定向银保监会指定的信息登记平台报送信息，对于未及时、准确、完整报送信息的，责令限期改正，逾期不改正的依法予以行政处罚。

十五、保险机构投资集合资金信托，存在以下情形之一的，应当于投资后15个工作日内向银保监会报告：

（一）未直接投向具体基础资产，存在一层嵌套的；

（二）基础资产涉及的不动产等项目不在直辖市、省会城市、计划单列市等具有明显区位优势的地域，且融资主体或者担保主体信用等级低于AAA级；

（三）基础资产所属融资主体为县级政府融资平台，且融资主体或者担保主体信用等级低于AAA级；

（四）信托公司或基础资产所属融资主体与保险机构存在关联关系；

（五）银保监会认定的其他情形。

银保监会审核有关报告，认为报告信息披露不完整、外部信用评级风险揭示不充分、不能客观反映投资资产风险的，可以要求保险机构作出相应调整。

十六、保险业、信托业相关行业组织应当加强行业自律管理，评估会员及其从业人员行为，同时对投资涉及的律师事务所、信用评级机构等定期开展评估，对未能尽职履责且情节严重的，列入行业警示名单。

十七、保险集团（控股）公司、保险公司委托保险资产管理公司投资集合资金信托的，由保险资产管理公司履行本通知规定的相关管理责任，保险集团（控股）公司、保险公司应当符合保险资金委托投资管理和投资金融产品的相关规定。

十八、为维护市场稳定，保险机构投资集合资金信托实行“新老划断”，确保平稳过渡。保险机构投资分期发行产品的，可以继续投资予以衔接，但新增投资的集合资金信托应按照本通知执行。

十九、上述事项自本通知发布之日起执行。《关于保险资金投资集合资金信托计划有关事项的通知》（保监发〔2014〕38号）同时废止。

《信托业保障基金管理办法》（2014年12月10日）

第一章 总 则

第一条 为规范中国信托业保障基金（以下简称保障基金）的筹集、管理和使用，建立市场化风险处置机制，保护信托当事人合法权益，有效防范信托业风险，促进信托业持续健康发展，依据《中华人民共和国信托法》、《中华人民共和国公司法》和《中华人民共和国银行业监督管理法》等法律法规，制定本办法。

第二条 保障基金是指按照本办法规定，主要由信托业市场参与者共同筹集，用于化解和处置信托业风险的非政府性行业互助资金。

第三条 设立中国信托业保障基金有限责任公司（以下简称保障基金公司）作为保障基金管理人，依法负责保障基金的筹集、管理和使用。

第四条 保障基金设立理事会（以下简称基金理事会），负责审议和决策保障基金的筹集、管理和使用的重大事项。

第五条 信托业风险处置应按照卖者尽责、买者自负的原则，发挥市场机制的决定性作用，防范道德风险。在信托公司履职尽责的前提下，信托产品发生的价值损失，由投资者自行负担。

第二章　保障基金公司和基金理事会

第六条　保障基金公司由中国信托业协会联合信托公司等机构出资设立。

保障基金公司依法成立董事会，董事长为法定代表人，由国务院银行业监督管理机构核准，并向国务院报备。

保障基金公司应依据《中华人民共和国公司法》、本办法等制订公司章程，由国务院银行业监督管理机构审核，并向国务院报备。

第七条　保障基金公司以管理保障基金为主要职责，以化解和处置信托业风险为主要任务和目标。

第八条　保障基金公司作为保障基金管理人，履行下列职责：

（一）负责保障基金的筹集，核算保障基金认购情况；

（二）负责保障基金的管理，对保障基金的本金和收益进行清算偿付；

（三）负责使用保障基金参与处置信托业风险，核算保障基金的使用和偿还情况；

（四）负责保障基金的日常运用。

第九条　保障基金公司应当完善公司治理结构，加强内控管理，确保公司平稳运行，切实履行保障基金筹集、管理、使用和日常运用的职责。因保障基金公司未履职尽责造成保障基金的损失，应由保障基金公司承担。

除以市场化方式参与信托业风险处置外，保障基金公司投资主要限于银行存款、同业拆借、购买政府债券、中央银行债券（票据）、金融债券、货币市场基金，以及经国务院银行业监督管理机构、财政部批准的其他投资渠道。

第十条　保障基金公司应当与国务院银行业监督管理机构建立信息共享机制。

保障基金公司对其获悉的各项非公开信息负有保密义务。

第十一条　基金理事会按照市场化原则由中国信托业协会负责组织产生，理事人选由中国信托业协会推荐，经行业半数以上信托公司同意后产生。

基金理事会应依据本办法制定议事规则。

第十二条　基金理事会履行下列职责：

（一）审议决策保障基金筹集规则和筹集标准；

（二）依据本办法审议决策保障基金的使用方案；

（三）审议决策保障基金的分配方案；

（四）对保障基金公司筹集、管理、使用保障基金进行监督，审议保障基金公司收取管理费标准。

基金理事会应当将其决策的重大事项及其履职情况向国务院银行业监督管理机构报告。

第三章　保障基金的筹集和管理

第十三条　保障基金来源：

（一）依据本办法第十四条筹集的资金；

（二）使用保障基金获得的净收益；

（三）国内外其他机构、组织和个人的捐赠；

（四）国务院银行业监督管理机构和财政部批准的其他来源。

第十四条　保障基金现行认购执行下列统一标准，条件成熟后再依据信托公司风险状况实行差别认购标准：

（一）信托公司按净资产余额的1%认购，每年4月底前以上年度末的净资产余额为基数动态调整；

（二）资金信托按新发行金额的1%认购，其中：属于购买标准化产品的投资性资金信托的，由信托公司认购；属于融资性资金信托的，由融资者认购。在每个资金信托产品发行结束时，缴入信托公司基金专户，由信托公司按季向保障基金公司集中划缴；

（三）新设立的财产信托按信托公司收取报酬的5%计算，由信托公司认购。

第十五条　信托公司基金余额不满足本办法第十四条要求时，应当按规定补足。

第十六条　保障基金公司应将保障基金资产与保障基金公司所有的资产分别列为受托资产和自有资产管理，实行分别管理、分账核算。

第十七条　保障基金应当按照安全性原则建立托管制度。

第十八条　除本办法第十九条规定的使用范围外，保障基金的日常运用主要限于银行存款、同业拆借、购买政府债券、中央银行债券（票据）、金融债券、货币市场基金，以及经国务院银行业监督管理机构、财政部批准的其他资金运用方式。

第四章　保障基金的使用

第十九条　具备下列情形之一的，保障基金公司可以使用保障基金：

（一）信托公司因资不抵债，在实施恢复与处置计划后，仍需重组的；

（二）信托公司依法进入破产程序，并进行重整的；

（三）信托公司因违法违规经营，被责令关闭、撤销的；

（四）信托公司因临时资金周转困难，需要提供短期流动性支持的；

（五）需要使用保障基金的其他情形。

第二十条　对本办法第十九条规定的第（一）、（二）、（三）项情形，保障基金公司应根据相关有权机关的认定和处置原则拟定处置方案并报基金理事会批准后实施。

第二十一条　对本办法第十九条规定的第（四）项情形，由信托公司向保障基金公司提出申请，并提交流动性困难解决方案及保障基金偿还计划，由保障基金公司审核决定是否使用保障基金。

信托公司凡使用保障基金，由信托公司向保障基金公司提出申请，双方应根据使用保障基金的金额和期限等协商资金使用的条件，并签署资金有偿使用合同，办理合法有效的担保手续，依法约定相关监督条款和双方履行的权利义务。

第二十二条　对本办法第十九条规定的第（五）项情形，由保障基金公司拟定方案并报基金理事会批准后实施。

第二十三条　保障基金因使用导致余额减少时，先扣减由历年留存净收益等来源产生的公共积累部分。公共积累部分扣减完毕后，再以各信托公司上年末净资产为权重扣减其基金余额。

第五章　保障基金的分配和清算

第二十四条　保障基金收入扣除日常支出后，净收益率高于国家一年期存款基准利率的，按照国家一年期存款基准利率向信托公司、融资者等认购人分配收益，剩余部分计入基金余额。净收益率低于国家一年期存款基准利率时，由保障基金公司提出收益分配方案并报基金理事会审议。

第二十五条　信托公司按净资产余额和新发财产信托认购的基金，其本金及收益由保障基金公司按年度与信托公司结算。

投资性资金信托和融资性资金信托认购的保障基金，其本金及收益由保障基金公司按季度与信托公司结算。信托公司在每个信托产品清算时向其认购者支付本金及收益。季中发生信托产品清算的，由信托公司先行垫付。

第二十六条　信托公司应当设立保障基金专项账户，用于核算保障基金认购者的资金及其应享收益，真实记录保障基金的归集及支付。信托公司应当按季度与保障基金公司核对认购保障基金的资金余额、变动和支付情况。

第六章　监 督 管 理

第二十七条　国务院银行业监督管理机构会同财政部对保障基金的筹集、

管理和使用进行监督。

国务院银行业监督管理机构应当结合保障基金公司特点和信托业监管要求，制定保障基金公司监督管理具体办法，加强对保障基金公司的监督管理。

第二十八条 保障基金公司应当建立报告制度，按年度编制保障基金筹集、管理和使用情况，并经外部审计机构审计后报送国务院银行业监督管理机构和财政部。

保障基金公司应当按年度向信托公司披露保障基金筹集、管理和使用等相关信息。

第二十九条 国务院银行业监督管理机构按年度向国务院报告保障基金的筹集、管理和使用情况。

第三十条 保障基金公司、信托公司及其托管清算机构应当妥善保管保障基金的收划款凭证、兑付清单及其他原始凭证，确保原始档案的完整性。

第三十一条 国务院银行业监督管理机构应当加强对保障基金认购和使用的监督管理，对拒绝或故意拖延认购保障基金，以及不按规定报送信息和资料的信托公司依法予以处理。

第三十二条 国务院银行业监督管理机构应当依据有关法律法规建立问责机制，对违法违规经营而接受保障基金救助的风险机构及其责任人依法问责。

第三十三条 国务院银行业监督管理机构依法严厉打击挪用、侵占或骗取保障基金的违法行为，对有关人员失职行为依法追究其责任。涉嫌犯罪的，移送司法机关依法追究其刑事责任。

第七章 附　　则

第三十四条 保障基金的清算和保障基金公司解散须经国务院批准。

第三十五条 本办法由国务院银行业监督管理机构会同财政部负责解释。

第三十六条 本办法自发布之日起施行。

《中国人民银行、中国银行保险监督管理委员会、中国证券监督管理委员会、国家外汇管理局关于规范金融机构资产管理业务的指导意见》（银发〔2018〕106号）

近年来，我国资产管理业务快速发展，在满足居民和企业投融资需求、改善社会融资结构等方面发挥了积极作用，但也存在部分业务发展不规范、多层嵌套、刚性兑付、规避金融监管和宏观调控等问题。按照党中央、国务院决策部署，为规范金融机构资产管理业务，统一同类资产管理产品监管标准，有效防控金融风险，引导社会资金流向实体经济，更好地支持经济结构调整和转型升级，经国务院同意，现提出以下意见：

一、规范金融机构资产管理业务主要遵循以下原则：

（一）坚持严控风险的底线思维。把防范和化解资产管理业务风险放到更加重要的位置，减少存量风险，严防增量风险。

（二）坚持服务实体经济的根本目标。既充分发挥资产管理业务功能，切实服务实体经济投融资需求，又严格规范引导，避免资金脱实向虚在金融体系内部自我循环，防止产品过于复杂，加剧风险跨行业、跨市场、跨区域传递。

（三）坚持宏观审慎管理与微观审慎监管相结合、机构监管与功能监管相结合的监管理念。实现对各类机构开展资产管理业务的全面、统一覆盖，采取有效监管措施，加强金融消费者权益保护。

（四）坚持有的放矢的问题导向。重点针对资产管理业务的多层嵌套、杠杆不清、套利严重、投机频繁等问题，设定统一的标准规制，同时对金融创新坚持趋利避害、一分为二，留出发展空间。

（五）坚持积极稳妥审慎推进。正确处理改革、发展、稳定关系，坚持防范风险与有序规范相结合，在下决心处置风险的同时，充分考虑市场承受能力，合理设置过渡期，把握好工作的次序、节奏、力度，加强市场沟通，有效引导市场预期。

二、资产管理业务是指银行、信托、证券、基金、期货、保险资产管理机构、金融资产投资公司等金融机构接受投资者委托，对受托的投资者财产进行投资和管理的金融服务。金融机构为委托人利益履行诚实信用、勤勉尽责义务并收取相应的管理费用，委托人自担投资风险并获得收益。金融机构可以与委托人在合同中事先约定收取合理的业绩报酬，业绩报酬计入管理费，须与产品一一对应并逐个结算，不同产品之间不得相互串用。

资产管理业务是金融机构的表外业务，金融机构开展资产管理业务时不得承诺保本保收益。出现兑付困难时，金融机构不得以任何形式垫资兑付。金融机构不得在表内开展资产管理业务。

私募投资基金适用私募投资基金专门法律、行政法规，私募投资基金专门法律、行政法规中没有明确规定的适用本意见，创业投资基金、政府出资产业投资基金的相关规定另行制定。

三、资产管理产品包括但不限于人民币或外币形式的银行非保本理财产品，资金信托，证券公司、证券公司子公司、基金管理公司、基金管理子公司、期货公司、期货公司子公司、保险资产管理机构、金融资产投资公司发行的资产管理产品等。依据金融管理部门颁布规则开展的资产证券化业务，依据人力资源社会保障部门颁布规则发行的养老金产品，不适用本意见。

四、资产管理产品按照募集方式的不同，分为公募产品和私募产品。公募产品面向不特定社会公众公开发行。公开发行的认定标准依照《中华人民共和国证券法》执行。私募产品面向合格投资者通过非公开方式发行。

资产管理产品按照投资性质的不同，分为固定收益类产品、权益类产品、商品及金融衍生品类产品和混合类产品。固定收益类产品投资于存款、债券等债权类资产的比例不低于80%，权益类产品投资于股票、未上市企业股权等权益类资产的比例不低于80%，商品及金融衍生品类产品投资于商品及金融衍生品的比例不低于80%，混合类产品投资于债权类资产、权益类资产、商品及金融衍生品类资产且任一资产的投资比例未达到前三类产品标准。非因金融机构主观因素导致突破前述比例限制的，金融机构应当在流动性受限资产可出售、可转让或者恢复交易的15个交易日内调整至符合要求。

金融机构在发行资产管理产品时，应当按照上述分类标准向投资者明示资产管理产品的类型，并按照确定的产品性质进行投资。在产品成立后至到期日前，不得擅自改变产品类型。混合类产品投资债权类资产、权益类资产和商品及金融衍生品类资产的比例范围应当在发行产品时予以确定并向投资者明示，在产品成立后至到期日前不得擅自改变。产品的实际投向不得违反合同约定，如有改变，除高风险类型的产品超出比例范围投资较低风险资产外，应当先行取得投资者书面同意，并履行登记备案等法律法规以及金融监督管理部门规定的程序。

五、资产管理产品的投资者分为不特定社会公众和合格投资者两大类。合格投资者是指具备相应风险识别能力和风险承担能力，投资于单只资产管理产品不低于一定金额且符合下列条件的自然人和法人或者其他组织。

（一）具有2年以上投资经历，且满足以下条件之一：家庭金融净资产不低于300万元，家庭金融资产不低于500万元，或者近3年本人年均收入不低于40万元。

（二）最近1年末净资产不低于1000万元的法人单位。

（三）金融管理部门视为合格投资者的其他情形。

合格投资者投资于单只固定收益类产品的金额不低于30万元，投资于单只混合类产品的金额不低于40万元，投资于单只权益类产品、单只商品及金融衍生品类产品的金额不低于100万元。

投资者不得使用贷款、发行债券等筹集的非自有资金投资资产管理产品。

六、金融机构发行和销售资产管理产品，应当坚持“了解产品”和“了解客户”的经营理念，加强投资者适当性管理，向投资者销售与其风险识别能力和风险承担能力相适应的资产管理产品。禁止欺诈或者误导投资者购买与其风险承担能力不匹配的资产管理产品。金融机构不得通过拆分资产管理产品的方式，向风险识别能力和风险承担能力低于产品风险等级的投资者销售资产管理产品。

金融机构应当加强投资者教育，不断提高投资者的金融知识水平和风险意识，向投资者传递“卖者尽责、买者自负”的理念，打破刚性兑付。

七、金融机构开展资产管理业务，应当具备与资产管理业务发展相适应的管理体系和管理制度，公司治理良好，风险管理、内部控制和问责机制健全。

金融机构应当建立健全资产管理业务人员的资格认定、培训、考核评价和问责制度，确保从事资产管理业务的人员具备必要的专业知识、行业经验和管理能力，充分了解相关法律法规、监管规定以及资产管理产品的法律关系、交易结构、主要风险和风险管控方式，遵守行为准则和职业道德标准。

对于违反相关法律法规以及本意见规定的金融机构资产管理业务从业人员，依法采取处罚措施直至取消从业资格，禁止其在其他类型金融机构从事资产管理业务。

八、金融机构运用受托资金进行投资，应当遵守审慎经营规则，制定科学合理的投资策略和风险管理制度，有效防范和控制风险。

金融机构应当履行以下管理人职责：

（一）依法募集资金，办理产品份额的发售和登记事宜。

（二）办理产品登记备案或者注册手续。

（三）对所管理的不同产品受托财产分别管理、分别记账，进行投资。

（四）按照产品合同的约定确定收益分配方案，及时向投资者分配收益。

（五）进行产品会计核算并编制产品财务会计报告。

（六）依法计算并披露产品净值或者投资收益情况，确定申购、赎回价格。

（七）办理与受托财产管理业务活动有关的信息披露事项。

（八）保存受托财产管理业务活动的记录、账册、报表和其他相关资料。

（九）以管理人名义，代表投资者利益行使诉讼权利或者实施其他法律行为。

（十）在兑付受托资金及收益时，金融机构应当保证受托资金及收益返回委托人的原账户、同名账户或者合同约定的受益人账户。

（十一）金融监督管理部门规定的其他职责。

金融机构未按照诚实信用、勤勉尽责原则切实履行受托管理职责，造成投资者损失的，应当依法向投资者承担赔偿责任。

九、金融机构代理销售其他金融机构发行的资产管理产品，应当符合金融监督管理部门规定的资质条件。未经金融监督管理部门许可，任何非金融机构和个人不得代理销售资产管理产品。

金融机构应当建立资产管理产品的销售授权管理体系，明确代理销售机构的准入标准和程序，明确界定双方的权利与义务，明确相关风险的承担责任和转移方式。

金融机构代理销售资产管理产品，应当建立相应的内部审批和风险控制程序，对发行或者管理机构的信用状况、经营管理能力、市场投资能力、风险处置能力等开展尽职调查，要求发行或者管理机构提供详细的产品介绍、相关市场分析和风险收益测算报告，进行充分的信息验证和风险审查，确保代理销售的产品符合本意见规定并承担相应责任。

十、公募产品主要投资标准化债权类资产以及上市交易的股票，除法律法规和金融管理部门另有规定外，不得投资未上市企业股权。公募产品可以投资商品及金融衍生品，但应当符合法律法规以及金融管理部门的相关规定。

私募产品的投资范围由合同约定，可以投资债权类资产、上市或挂牌交易的股票、未上市企业股权（含债转股）和受（收）益权以及符合法律法规规定的其他资产，并严格遵守投资者适当性管理要求。鼓励充分运用私募产品支持市场化、法治化债转股。

十一、资产管理产品进行投资应当符合以下规定：

（一）标准化债权类资产应当同时符合以下条件：

1. 等分化，可交易。

2. 信息披露充分。

3. 集中登记，独立托管。

4. 公允定价，流动性机制完善。

5. 在银行间市场、证券交易所市场等经国务院同意设立的交易市场交易。

标准化债权类资产的具体认定规则由中国人民银行会同金融监督管理部门另行制定。

标准化债权类资产之外的债权类资产均为非标准化债权类资产。金融机构发行资产管理产品投资于非标准化债权类资产的，应当遵守金融监督管理部门制定的有关限额管理、流动性管理等监管标准。金融监督管理部门未制定相关监管标准的，由中国人民银行督促根据本意见要求制定监管标准并予以执行。

金融机构不得将资产管理产品资金直接投资于商业银行信贷资产。商业银行信贷资产受（收）益权的投资限制由金融管理部门另行制定。

（二）资产管理产品不得直接或者间接投资法律法规和国家政策禁止进行债权或股权投资的行业和领域。

（三）鼓励金融机构在依法合规、商业可持续的前提下，通过发行资产管理产品募集资金投向符合国家战略和产业政策要求、符合国家供给侧结构性改革政策要求的领域。鼓励金融机构通过发行资产管理产品募集资金支持经济结构转型，支持市场化、法治化债转股，降低企业杠杆率。

（四）跨境资产管理产品及业务参照本意见执行，并应当符合跨境人民币和外汇管理有关规定。

十二、金融机构应当向投资者主动、真实、准确、完整、及时披露资产管理产品募集信息、资金投向、杠杆水平、收益分配、托管安排、投资账户信息和主要投资风险等内容。国家法律法规另有规定的，从其规定。

对于公募产品，金融机构应当建立严格的信息披露管理制度，明确定期报告、临时报告、重大事项公告、投资风险披露要求以及具体内容、格式。在本机构官方网站或者通过投资者便于获取的方式披露产品净值或者投资收益情况，并定期披露其他重要信息：开放式产品按照开放频率披露，封闭式产品至少每周披露一次。

对于私募产品，其信息披露方式、内容、频率由产品合同约定，但金融机构应当至少每季度向投资者披露产品净值和其他重要信息。

对于固定收益类产品，金融机构应当通过醒目方式向投资者充分披露和提示产品的投资风险，包括但不限于产品投资债券面临的利率、汇率变化等市场风险以及债券价格波动情况，产品投资每笔非标准化债权类资产的融资客户、项目名称、剩余融资期限、到期收益分配、交易结构、风险状况等。

对于权益类产品，金融机构应当通过醒目方式向投资者充分披露和提示产品的投资风险，包括产品投资股票面临的风险以及股票价格波动情况等。

对于商品及金融衍生品类产品，金融机构应当通过醒目方式向投资者充分披露产品的挂钩资产、持仓风险、控制措施以及衍生品公允价值变化等。

对于混合类产品，金融机构应当通过醒目方式向投资者清晰披露产品的投资资产组合情况，并根据固定收益类、权益类、商品及金融衍生品类资产投资比例充分披露和提示相应的投资风险。

十三、主营业务不包括资产管理业务的金融机构应当设立具有独立法人地位的资产管理子公司开展资产管理业务，强化法人风险隔离，暂不具备条件的可以设立专门的资产管理业务经营部门开展业务。

金融机构不得为资产管理产品投资的非标准化债权类资产或者股权类资产提供任何直接或间接、显性或隐性的担保、回购等代为承担风险的承诺。

金融机构开展资产管理业务，应当确保资产管理业务与其他业务相分离，资产管理产品与其代销的金融产品相分离，资产管理产品之间相分离，资产管理业务操作与其他业务操作相分离。

十四、本意见发布后，金融机构发行的资产管理产品资产应当由具有托管资质的第三方机构独立托管，法律、行政法规另有规定的除外。

过渡期内，具有证券投资基金托管业务资质的商业银行可以托管本行理财产品，但应当为每只产品单独开立托管账户，确保资产隔离。过渡期后，具有证券投资基金托管业务资质的商业银行应当设立具有独立法人地位的子公司开展资产管理业务，该商业银行可以托管子公司发行的资产管理产品，但应当实现实质性的独立托管。独立托管有名无实的，由金融监督管理部门进行纠正和处罚。

十五、金融机构应当做到每只资产管理产品的资金单独管理、单独建账、单独核算，不得开展或者参与具有滚动发行、集合运作、分离定价特征的资金池业务。

金融机构应当合理确定资产管理产品所投资资产的期限，加强对期限错配的流动性风险管理，金融监督管理部门应当制定流动性风险管理规定。

为降低期限错配风险，金融机构应当强化资产管理产品久期管理，封闭式资产管理产品期限不得低于90天。资产管理产品直接或者间接投资于非标准化债权类资产的，非标准化债权类资产的终止日不得晚于封闭式资产管理产品的到期日或者开放式资产管理产品的最近一次开放日。

资产管理产品直接或者间接投资于未上市企业股权及其受（收）益权的，应当为封闭式资产管理产品，并明确股权及其受（收）益权的退出安排。未上市企业股权及其受（收）益权的退出日不得晚于封闭式资产管理产品的到期日。

金融机构不得违反金融监督管理部门的规定，通过为单一融资项目设立多只资产管理产品的方式，变相突破投资人数限制或者其他监管要求。同一金融机构发行多只资产管理产品投资同一资产的，为防止同一资产发生风险波及多只资产管理产品，多只资产管理产品投资该资产的资金总规模合计不得超过300

亿元。如果超出该限额，需经相关金融监督管理部门批准。

十六、金融机构应当做到每只资产管理产品所投资资产的风险等级与投资者的风险承担能力相匹配，做到每只产品所投资资产构成清晰，风险可识别。

金融机构应当控制资产管理产品所投资资产的集中度：

（一）单只公募资产管理产品投资单只证券或者单只证券投资基金的市值不得超过该资产管理产品净资产的10%。

（二）同一金融机构发行的全部公募资产管理产品投资单只证券或者单只证券投资基金的市值不得超过该证券市值或者证券投资基金市值的30%。其中，同一金融机构全部开放式公募资产管理产品投资单一上市公司发行的股票不得超过该上市公司可流通股票的15%。

（三）同一金融机构全部资产管理产品投资单一上市公司发行的股票不得超过该上市公司可流通股票的30%。

金融监督管理部门另有规定的除外。

非因金融机构主观因素导致突破前述比例限制的，金融机构应当在流动性受限资产可出售、可转让或者恢复交易的10个交易日内调整至符合相关要求。

十七、金融机构应当按照资产管理产品管理费收入的10%计提风险准备金，或者按照规定计量操作风险资本或相应风险资本准备。风险准备金余额达到产品余额的1%时可以不再提取。风险准备金主要用于弥补因金融机构违法违规、违反资产管理产品协议、操作错误或者技术故障等给资产管理产品财产或者投资者造成的损失。金融机构应当定期将风险准备金的使用情况报告金融管理部门。

十八、金融机构对资产管理产品应当实行净值化管理，净值生成应当符合企业会计准则规定，及时反映基础金融资产的收益和风险，由托管机构进行核算并定期提供报告，由外部审计机构进行审计确认，被审计金融机构应当披露审计结果并同时报送金融管理部门。

金融资产坚持公允价值计量原则，鼓励使用市值计量。符合以下条件之一的，可按照企业会计准则以摊余成本进行计量：

（一）资产管理产品为封闭式产品，且所投金融资产以收取合同现金流量为目的并持有到期。

（二）资产管理产品为封闭式产品，且所投金融资产暂不具备活跃交易市场，或者在活跃市场中没有报价、也不能采用估值技术可靠计量公允价值。

金融机构以摊余成本计量金融资产净值，应当采用适当的风险控制手段，对金融资产净值的公允性进行评估。当以摊余成本计量已不能真实公允反映金融资产净值时，托管机构应当督促金融机构调整会计核算和估值方法。金融机构前期以摊余成本计量的金融资产的加权平均价格与资产管理产品实际兑付时金融资产的价值的偏离度不得达到5%或以上，如果偏离5%或以上的产品数超过所发行产品总数的5%，金融机构不得再发行以摊余成本计量金融资产的资产管理产品。

十九、经金融管理部门认定，存在以下行为的视为刚性兑付：

（一）资产管理产品的发行人或者管理人违反真实公允确定净值原则，对产品进行保本保收益。

（二）采取滚动发行等方式，使得资产管理产品的本金、收益、风险在不同投资者之间发生转移，实现产品保本保收益。

（三）资产管理产品不能如期兑付或者兑付困难时，发行或者管理该产品的金融机构自行筹集资金偿付或者委托其他机构代为偿付。

（四）金融管理部门认定的其他情形。

经认定存在刚性兑付行为的，区分以下两类机构进行惩处：

（一）存款类金融机构发生刚性兑付的，认定为利用具有存款本质特征的资产管理产品进行监管套利，由国务院银行保险监督管理机构和中国人民银行按照存款业务予以规范，足额补缴存款准备金和存款保险保费，并予以行政处罚。

（二）非存款类持牌金融机构发生刚性兑付的，认定为违规经营，由金融监督管理部门和中国人民银行依法纠正并予以处罚。

任何单位和个人发现金融机构存在刚性兑付行为的，可以向金融管理部门举报，查证属实且举报内容未被相关部门掌握的，给予适当奖励。

外部审计机构在对金融机构进行审计时，如果发现金融机构存在刚性兑付行为的，应当及时报告金融管理部门。外部审计机构在审计过程中未能勤勉尽责，依法追究相应责任或依法依规给予行政处罚，并将相关信息纳入全国信用信息共享平台，建立联合惩戒机制。

二十、资产管理产品应当设定负债比例（总资产/净资产）上限，同类产品适用统一的负债比例上限。每只开放式公募产品的总资产不得超过该产品净资产的140%，每只封闭式公募产品、每只私募产品的总资产不得超过该产品净资产的200%。计算单只产品的总资产时应当按照穿透原则合并计算所投资资产管理产品的总资产。

金融机构不得以受托管理的资产管理产品份额进行质押融资，放大杠杆。

二十一、公募产品和开放式私募产品不得进行份额分级。

分级私募产品的总资产不得超过该产品净资产的140%。分级私募产品应当根据所投资资产的风险程度设定分级比例（优先级份额/劣后级份额，中间级份额计入优先级份额）。固定收益类产品的分级比例不得超过3∶1，权益类产品的分级比例不得超过1∶1，商品及金融衍生品类产品、混合类产品的分级比例不得超过2∶1。发行分级资产管理产品的金融机构应当对该资产管理产品进行自主管理，不得转委托给劣后级投资者。

分级资产管理产品不得直接或者间接对优先级份额认购者提供保本保收益安排。

本条所称分级资产管理产品是指存在一级份额以上的份额为其他级份额提供一定的风险补偿，收益分配不按份额比例计算，由资产管理合同另行约定的产品。

二十二、金融机构不得为其他金融机构的资产管理产品提供规避投资范围、杠杆约束等监管要求的通道服务。

资产管理产品可以再投资一层资产管理产品，但所投资的资产管理产品不得再投资公募证券投资基金以外的资产管理产品。

金融机构将资产管理产品投资于其他机构发行的资产管理产品，从而将本机构的资产管理产品资金委托给其他机构进行投资的，该受托机构应当为具有专业投资能力和资质的受金融监督管理部门监管的机构。公募资产管理产品的受托机构应当为金融机构，私募资产管理产品的受托机构可以为私募基金管理人。受托机构应当切实履行主动管理职责，不得进行转委托，不得再投资公募证券投资基金以外的资产管理产品。委托机构应当对受托机构开展尽职调查，实行名单制管理，明确规定受托机构的准入标准和程序、责任和义务、存续期管理、利益冲突防范机制、信息披露义务以及退出机制。委托机构不得因委托其他机构投资而免除自身应当承担的责任。

金融机构可以聘请具有专业资质的受金融监督管理部门监管的机构作为投资顾问。投资顾问提供投资建议指导委托机构操作。

金融监督管理部门和国家有关部门应当对各类金融机构开展资产管理业务实行平等准入、给予公平待遇。资产管理产品应当在账户开立、产权登记、法律诉讼等方面享有平等的地位。金融监督管理部门基于风险防控考虑，确实需要对其他行业金融机构发行的资产管理产品采取限制措施的，应当充分征求相关部门意见并达成一致。

二十三、运用人工智能技术开展投资顾问业务应当取得投资顾问资质，非金融机构不得借助智能投资顾问超范围经营或者变相开展资产管理业务。

金融机构运用人工智能技术开展资产管理业务应当严格遵守本意见有关投

资者适当性、投资范围、信息披露、风险隔离等一般性规定，不得借助人工智能业务夸大宣传资产管理产品或者误导投资者。金融机构应当向金融监督管理部门报备人工智能模型的主要参数以及资产配置的主要逻辑，为投资者单独设立智能管理账户，充分提示人工智能算法的固有缺陷和使用风险，明晰交易流程，强化留痕管理，严格监控智能管理账户的交易头寸、风险限额、交易种类、价格权限等。金融机构因违法违规或者管理不当造成投资者损失的，应当依法承担损害赔偿责任。

金融机构应当根据不同产品投资策略研发对应的人工智能算法或者程序化交易，避免算法同质化加剧投资行为的顺周期性，并针对由此可能引发的市场波动风险制定应对预案。因算法同质化、编程设计错误、对数据利用深度不够等人工智能算法模型缺陷或者系统异常，导致羊群效应、影响金融市场稳定运行的，金融机构应当及时采取人工干预措施，强制调整或者终止人工智能业务。

二十四、金融机构不得以资产管理产品的资金与关联方进行不正当交易、利益输送、内幕交易和操纵市场，包括但不限于投资于关联方虚假项目、与关联方共同收购上市公司、向本机构注资等。

金融机构的资产管理产品投资本机构、托管机构及其控股股东、实际控制人或者与其有其他重大利害关系的公司发行或者承销的证券，或者从事其他重大关联交易的，应当建立健全内部审批机制和评估机制，并向投资者充分披露信息。

二十五、建立资产管理产品统一报告制度。中国人民银行负责统筹资产管理产品的数据编码和综合统计工作，会同金融监督管理部门拟定资产管理产品统计制度，建立资产管理产品信息系统，规范和统一产品标准、信息分类、代码、数据格式，逐只产品统计基本信息、募集信息、资产负债信息和终止信息。中国人民银行和金融监督管理部门加强资产管理产品的统计信息共享。金融机构应当将含债权投资的资产管理产品信息报送至金融信用信息基础数据库。

金融机构于每只资产管理产品成立后 5 个工作日内，向中国人民银行和金融监督管理部门同时报送产品基本信息和起始募集信息；于每月 10 日前报送存续期募集信息、资产负债信息，于产品终止后 5 个工作日内报送终止信息。

中央国债登记结算有限责任公司、中国证券登记结算有限公司、银行间市场清算所股份有限公司、上海票据交易所股份有限公司、上海黄金交易所、上海保险交易所股份有限公司、中保保险资产登记交易系统有限公司于每月 10 日前向中国人民银行和金融监督管理部门同时报送资产管理产品持有其登记托管的金融工具的信息。

在资产管理产品信息系统正式运行前，中国人民银行会同金融监督管理部门依据统计制度拟定统一的过渡期数据报送模板；各金融监督管理部门对本行业金融机构发行的资产管理产品，于每月 10 日前按照数据报送模板向中国人民银行提供数据，及时沟通跨行业、跨市场的重大风险信息和事项。

中国人民银行对金融机构资产管理产品统计工作进行监督检查。资产管理产品统计的具体制度由中国人民银行会同相关部门另行制定。

二十六、中国人民银行负责对资产管理业务实施宏观审慎管理，会同金融监督管理部门制定资产管理业务的标准规制。金融监督管理部门实施资产管理业务的市场准入和日常监管，加强投资者保护，依照本意见会同中国人民银行制定出台各自监管领域的实施细则。

本意见正式实施后，中国人民银行会同金融监督管理部门建立工作机制，持续监测资产管理业务的发展和风险状况，定期评估标准规制的有效性和市场影响，及时修订完善，推动资产管理行业持续健康发展。

二十七、对资产管理业务实施监管遵循以下原则：

（一）机构监管与功能监管相结合，按照产品类型而不是机构类型实施功能监管，同一类型的资产管理产品适用同一监管标准，减少监管真空和套利。

（二）实行穿透式监管，对于多层嵌套资产管理产品，向上识别产品的最终投资者，向下识别产品的底层资产（公募证券投资基金除外）。

（三）强化宏观审慎管理，建立资产管理业务的宏观审慎政策框架，完善政策工具，从宏观、逆周期、跨市场的角度加强监测、评估和调节。

（四）实现实时监管，对资产管理产品的发行销售、投资、兑付等各环节进行全面动态监管，建立综合统计制度。

二十八、金融监督管理部门应当根据本意见规定，对违规行为制定和完善处罚规则，依法实施处罚，并确保处罚标准一致。资产管理业务违反宏观审慎管理要求的，由中国人民银行按照法律法规实施处罚。

二十九、本意见实施后，金融监督管理部门在本意见框架内研究制定配套细则，配套细则之间应当相互衔接，避免产生新的监管套利和不公平竞争。按照“新老划断”原则设置过渡期，确保平稳过渡。过渡期为本意见发布之日起至 2020 年底，对提前完成整改的机构，给予适当监管激励。过渡期内，金融机构发行新产品应当符合本意见的规定；为接续存量产品所投资的未到期资产，维持必要的流动性和市场稳定，金融机构可以发行老产品对接，但应当严格控制在存量产品整体规模内，并有序压缩递减，防止过渡期结束时出现断崖效应。金融机构应当制定过渡期内的资产管理业务整改计划，明确时间进度安排，并报送相关金融监督管理部门，由其认可并监督实施，同时报备中国人民银行。过渡期结束后，金融机构的资产管理产品按照本意见进行全面规范（因子公司尚未成立而达不到第三方独立托管要求的情形除外），金融机构不得再发行或存续违反本意见规定的资产管理产品。

三十、资产管理业务作为金融业务，属于特许经营行业，必须纳入金融监管。非金融机构不得发行、销售资产管理产品，国家另有规定的除外。

非金融机构违反上述规定，为扩大投资者范围、降低投资门槛，利用互联网平台等公开宣传、分拆销售具有投资门槛的投资标的、过度强调增信措施掩盖产品风险、设立产品二级交易市场等行为，按照国家规定进行规范清理，构成非法集资、非法吸收公众存款、非法发行证券的，依法追究法律责任。非金融机构违法违规开展资产管理业务的，依法予以处罚；同时承诺或进行刚性兑付的，依法从重处罚。

三十一、本意见自发布之日起施行。

本意见所称“金融管理部门”是指中国人民银行、国务院银行保险监督管理机构、国务院证券监督管理机构和国家外汇管理局。“发行”是指通过公开或者非公开方式向资产管理产品的投资者发出认购邀约，进行资金募集的活动。“销售”是指向投资者宣传推介资产管理产品，办理产品申购、赎回的活动。“代理销售”是指接受合作机构的委托，在本机构渠道向投资者宣传推介、销售合作机构依法发行的资产管理产品的活动。

《信托公司集合资金信托计划管理办法》（2009 年 2 月 4 日）

第一章　总　　则

第一条　为规范信托公司集合资金信托业务的经营行为，保障集合资金信托计划各方当事人的合法权益，根据《中华人民共和国信托法》、《中华人民共和国银行业监督管理法》等法律法规，制定本办法。

第二条　在中华人民共和国境内设立集合资金信托计划（以下简称信托计划），由信托公司担任受托人，按照委托人意愿，为受益人的利益，将两个以上（含两个）委托人交付的资金进行集中管理、运用或处分的资金信托业务活动，适用本办法。

第三条 信托计划财产独立于信托公司的固有财产，信托公司不得将信托计划财产归入其固有财产；信托公司因信托计划财产的管理、运用或者其他情形而取得的财产和收益，归入信托计划财产；信托公司因依法解散、被依法撤销或者被依法宣告破产等原因进行清算的，信托计划财产不属于其清算财产。

第四条 信托公司管理、运用信托计划财产，应当恪尽职守，履行诚实信用、谨慎勤勉的义务，为受益人的最大利益服务。

第二章 信托计划的设立

第五条 信托公司设立信托计划，应当符合以下要求：

（一）委托人为合格投资者；

（二）参与信托计划的委托人为惟一受益人；

（三）单个信托计划的自然人人数不得超过 50 人，但单笔委托金额在 300 万元以上的自然人投资者和合格的机构投资者数量不受限制；

（四）信托期限不少于 1 年；

（五）信托资金有明确的投资方向和投资策略，且符合国家产业政策以及其他有关规定；

（六）信托受益权划分为等额份额的信托单位；

（七）信托合同应约定受托人报酬，除合理报酬外，信托公司不得以任何名义直接或间接以信托财产为自己或他人牟利；

（八）中国银行业监督管理委员会规定的其他要求。

第六条 前条所称合格投资者，是指符合下列条件之一，能够识别、判断和承担信托计划相应风险的人：

（一）投资一个信托计划的最低金额不少于 100 万元人民币的自然人、法人或者依法成立的其他组织；

（二）个人或家庭金融资产总计在其认购时超过 100 万元人民币，且能提供相关财产证明的自然人；

（三）个人收入在最近 3 年内每年收入超过 20 万元人民币或者夫妻双方合计收入在最近 3 年内每年收入超过 30 万元人民币，且能提供相关收入证明的自然人。

第七条 信托公司推介信托计划，应有规范和详尽的信息披露材料，明示信托计划的风险收益特征，充分揭示参与信托计划的风险及风险承担原则，如实披露专业团队的履历、专业培训及从业经历，不得使用任何可能影响投资者进行独立风险判断的误导性陈述。

信托公司异地推介信托计划的，应当在推介前向注册地、推介地的中国银行业监督管理委员会省级派出机构报告。

第八条 信托公司推介信托计划时，不得有以下行为：

（一）以任何方式承诺信托资金不受损失，或者以任何方式承诺信托资金的最低收益；

（二）进行公开营销宣传；

（三）委托非金融机构进行推介；

（四）推介材料含有与信托文件不符的内容，或者存在虚假记载、误导性陈述或重大遗漏等情况；

（五）对公司过去的经营业绩作夸大介绍，或者恶意贬低同行；

（六）中国银行业监督管理委员会禁止的其他行为。

第九条 信托公司设立信托计划，事前应进行尽职调查，就可行性分析、合法性、风险评估、有无关联方交易等事项出具尽职调查报告。

第十条 信托计划文件应当包含以下内容：

（一）认购风险申明书；

（二）信托计划说明书；

（三）信托合同；

（四）中国银行业监督管理委员会规定的其他内容。

第十一条 认购风险申明书至少应当包含以下内容：

（一）信托计划不承诺保本和最低收益，具有一定的投资风险，适合风险识别、评估、承受能力较强的合格投资者。

（二）委托人应当以自己合法所有的资金认购信托单位，不得非法汇集他人资金参与信托计划。

（三）信托公司依据信托计划文件管理信托财产所产生的风险，由信托财产承担。信托公司因违背信托计划文件、处理信托事务不当而造成信托财产损失的，由信托公司以固有财产赔偿；不足赔偿时，由投资者自担。

（四）委托人在认购风险申明书上签字，即表明已认真阅读并理解所有的信托计划文件，并愿意依法承担相应的信托投资风险。

认购风险申明书一式二份，注明委托人认购信托单位的数量，分别由信托公司和受益人持有。

第十二条 信托计划说明书至少应当包括以下内容：

（一）信托公司的基本情况；

（二）信托计划的名称及主要内容；

（三）信托合同的内容摘要；

（四）信托计划的推介日期、期限和信托单位价格；

（五）信托计划的推介机构名称；

（六）信托经理人员名单、履历；

（七）律师事务所出具的法律意见书；

（八）风险警示内容；

（九）中国银行业监督管理委员会规定的其他内容。

第十三条　信托合同应当载明以下事项：

（一）信托目的；

（二）受托人、保管人的姓名（或者名称）、住所；

（三）信托资金的币种和金额；

（四）信托计划的规模与期限；

（五）信托资金管理、运用和处分的具体方法或安排；

（六）信托利益的计算、向受益人交付信托利益的时间和方法；

（七）信托财产税费的承担、其他费用的核算及支付方法；

（八）受托人报酬计算方法、支付期间及方法；

（九）信托终止时信托财产的归属及分配方式；

（十）信托当事人的权利、义务；

（十一）受益人大会召集、议事及表决的程序和规则；

（十二）新受托人的选任方式；

（十三）风险揭示；

（十四）信托当事人的违约责任及纠纷解决方式；

（十五）信托当事人约定的其他事项。

第十四条　信托合同应当在首页右上方用醒目字体载明下列文字：信托公司管理信托财产应恪尽职守，履行诚实、信用、谨慎、有效管理的义务。信托公司依据本信托合同约定管理信托财产所产生的风险，由信托财产承担。信托公司因违背本信托合同、处理信托事务不当而造成信托财产损失的，由信托公司以固有财产赔偿；不足赔偿时，由投资者自担。

第十五条　委托人认购信托单位前，应当仔细阅读信托计划文件的全部内容，并在认购风险申明书中签字，申明愿意承担信托计划的投资风险。

信托公司应当提供便利，保证委托人能够查阅或者复制所有的信托计划文件，并向委托人提供信托合同文本原件。

第十六条　信托公司推介信托计划时，可与商业银行签订信托资金代理收付协议。委托人以现金方式认购信托单位，可由商业银行代理收付。信托公司委托商业银行办理信托计划收付业务时，应明确界定双方的权利义务关系，商业银行只承担代理资金收付责任，不承担信托计划的投资风险。

信托公司可委托商业银行代为向合格投资者推介信托计划。

第十七条 信托计划推介期限届满，未能满足信托文件约定的成立条件的，信托公司应当在推介期限届满后30日内返还委托人已缴付的款项，并加计银行同期存款利息。由此产生的相关债务和费用，由信托公司以固有财产承担。

第十八条 信托计划成立后，信托公司应当将信托计划财产存入信托财产专户，并在5个工作日内向委托人披露信托计划的推介、设立情况。

第三章 信托计划财产的保管

第十九条 信托计划的资金实行保管制。对非现金类的信托财产，信托当事人可约定实行第三方保管，但中国银行业监督管理委员会另有规定的，从其规定。

信托计划存续期间，信托公司应当选择经营稳健的商业银行担任保管人。信托财产的保管账户和信托财产专户应当为同一账户。

信托公司依信托计划文件约定需要运用信托资金时，应当向保管人书面提供信托合同复印件及资金用途说明。

第二十条 保管协议至少应包括以下内容：

（一）受托人、保管人的名称、住所；

（二）受托人、保管人的权利义务；

（三）信托计划财产保管的场所、内容、方法、标准；

（四）保管报告内容与格式；

（五）保管费用；

（六）保管人对信托公司的业务监督与核查；

（七）当事人约定的其他内容。

第二十一条 保管人应当履行以下职责：

（一）安全保管信托财产；

（二）对所保管的不同信托计划分别设置账户，确保信托财产的独立性；

（三）确认与执行信托公司管理运用信托财产的指令，核对信托财产交易记录、资金和财产账目；

（四）记录信托资金划拨情况，保存信托公司的资金用途说明；

（五）定期向信托公司出具保管报告；

（六）当事人约定的其他职责。

第二十二条　遇有信托公司违反法律法规和信托合同、保管协议操作时，保管人应当立即以书面形式通知信托公司纠正；当出现重大违法违规或者发生严重影响信托财产安全的事件时，保管人应及时报告中国银行业监督管理委员会。

第四章　信托计划的运营与风险管理

第二十三条　信托公司管理信托计划，应设立为信托计划服务的信托资金运用、信息处理等部门，并指定信托经理及其相关的工作人员。

每个信托计划至少配备一名信托经理。担任信托经理的人员，应当符合中国银行业监督管理委员会规定的条件。

第二十四条　信托公司对不同的信托计划，应当建立单独的会计账户分别核算、分别管理。

第二十五条　信托资金可以进行组合运用，组合运用应有明确的运用范围和投资比例。

信托公司运用信托资金进行证券投资，应当采用资产组合的方式，事先制定投资比例和投资策略，采取有效措施防范风险。

第二十六条　信托公司可以运用债权、股权、物权及其他可行方式运用信托资金。

信托公司运用信托资金，应当与信托计划文件约定的投资方向和投资策略相一致。

第二十七条　信托公司管理信托计划，应当遵守以下规定：

（一）不得向他人提供担保；

（二）向他人提供贷款不得超过其管理的所有信托计划实收余额的 30%，但中国银行业监督管理委员会另有规定的除外；

（三）不得将信托资金直接或间接运用于信托公司的股东及其关联人，但信托资金全部来源于股东或其关联人的除外；

（四）不得以固有财产与信托财产进行交易；

（五）不得将不同信托财产进行相互交易；

（六）不得将同一公司管理的不同信托计划投资于同一项目。

第二十八条　信托公司管理信托计划而取得的信托收益，如果信托计划文件没有约定其他运用方式的，应当将该信托收益交由保管人保管，任何人不得挪用。

第五章　信托计划的变更、终止与清算

第二十九条　信托计划存续期间，受益人可以向合格投资者转让其持有的信托单位。信托公司应为受益人办理受益权转让的有关手续。

信托受益权进行拆分转让的，受让人不得为自然人。机构所持有的信托受益权，不得向自然人转让或拆分转让。

第三十条　有下列情形之一的，信托计划终止：

（一）信托合同期限届满；

（二）受益人大会决定终止；

（三）受托人职责终止，未能按照有关规定产生新受托人；

（四）信托计划文件约定的其他情形。

第三十一条　信托计划终止，信托公司应当于终止后10个工作日内做出处理信托事务的清算报告，经审计后向受益人披露。信托文件约定清算报告不需要审计的，信托公司可以提交未经审计的清算报告。

第三十二条　清算后的剩余信托财产，应当依照信托合同约定按受益人所持信托单位比例进行分配。分配方式可采取现金方式、维持信托终止时财产原状方式或者两者的混合方式。

采取现金方式的，信托公司应当于信托计划文件约定的分配日前或者信托期满日前变现信托财产，并将现金存入受益人账户。

采取维持信托终止时财产原状方式的，信托公司应于信托期满后的约定时间内，完成与受益人的财产转移手续。信托财产转移前，由信托公司负责保管。保管期间，信托公司不得运用该财产。保管期间的收益归属于信托财产，发生的保管费用由被保管的信托财产承担。因受益人原因导致信托财产无法转移的，信托公司可以按照有关法律法规进行处理。

第三十三条　信托公司应当用管理信托计划所产生的实际信托收益进行分配，严禁信托公司将信托收益归入其固有财产，或者挪用其他信托财产垫付信托计划的损失或收益。

第六章　信息披露与监督管理

第三十四条　信托公司应当依照法律法规的规定和信托计划文件的约定按时披露信息，并保证所披露信息的真实性、准确性和完整性。

第三十五条　受益人有权向信托公司查询与其信托财产相关的信息，信托公司应在不损害其他受益人合法权益的前提下，准确、及时、完整地提供相关

信息，不得拒绝、推诿。

第三十六条　信托计划设立后，信托公司应当依信托计划的不同，按季制作信托资金管理报告、信托资金运用及收益情况表。

第三十七条　信托资金管理报告至少应包含以下内容：

（一）信托财产专户的开立情况；

（二）信托资金管理、运用、处分和收益情况；

（三）信托经理变更情况；

（四）信托资金运用重大变动说明；

（五）涉及诉讼或者损害信托计划财产、受益人利益的情形；

（六）信托计划文件约定的其他内容。

第三十八条　信托计划发生下列情形之一的，信托公司应当在获知有关情况后3个工作日内向受益人披露，并自披露之日起7个工作日内向受益人书面提出信托公司采取的应对措施：

（一）信托财产可能遭受重大损失；

（二）信托资金使用方的财务状况严重恶化；

（三）信托计划的担保方不能继续提供有效的担保。

第三十九条　信托公司应当妥善保存管理信托计划的全部资料，保存期自信托计划结束之日起不得少于15年。

第四十条　中国银行业监督管理委员会依法对信托公司管理信托计划的情况实施现场检查和非现场监管，并要求信托公司提供管理信托计划的相关资料。

中国银行业监督管理委员会在现场检查或非现场监管中发现信托公司存在违法违规行为的，应当根据《中华人民共和国银行业监督管理法》等法律法规的规定，采取暂停业务、限制股东权利等监管措施。

第七章　受益人大会

第四十一条　受益人大会由信托计划的全体受益人组成，依照本办法规定行使职权。

第四十二条　出现以下事项而信托计划文件未有事先约定的，应当召开受益人大会审议决定：

（一）提前终止信托合同或者延长信托期限；

（二）改变信托财产运用方式；

（三）更换受托人；

（四）提高受托人的报酬标准；

（五）信托计划文件约定需要召开受益人大会的其他事项。

第四十三条 受益人大会由受托人负责召集，受托人未按规定召集或不能召集时，代表信托单位10%以上的受益人有权自行召集。

第四十四条 召集受益人大会，召集人应当至少提前10个工作日公告受益人大会的召开时间、会议形式、审议事项、议事程序和表决方式等事项。

受益人大会不得就未经公告的事项进行表决。

第四十五条 受益人大会可以采取现场方式召开，也可以采取通讯等方式召开。

每一信托单位具有一票表决权，受益人可以委托代理人出席受益人大会并行使表决权。

第四十六条 受益人大会应当有代表50%以上信托单位的受益人参加，方可召开；大会就审议事项作出决定，应当经参加大会的受益人所持表决权的2/3以上通过；但更换受托人、改变信托财产运用方式、提前终止信托合同，应当经参加大会的受益人全体通过。

受益人大会决定的事项，应当及时通知相关当事人，并向中国银行业监督管理委员会报告。

第八章 罚　　则

第四十七条 信托公司设立信托计划不遵守本办法有关规定的，由中国银行业监督管理委员会责令改正；逾期不改正的，处10万元以上30万元以下罚款；情节特别严重的，可以责令停业整顿或者吊销其金融许可证。

第四十八条 信托公司推介信托计划违反本办法有关规定的，由中国银行业监督管理委员会责令停止，返还所募资金并加计银行同期存款利息，并处20万元以上50万元以下罚款；构成犯罪的，依法追究刑事责任。

第四十九条 信托公司管理信托计划违反本办法有关规定的，由中国银行业监督管理委员会责令改正；有违法所得的，没收违法所得，并处违法所得1倍以上5倍以下罚款；没有违法所得的，处20万元以上50万元以下罚款；情节特别严重或者逾期不改正的，可以责令停业整顿或者吊销其金融许可证；构成犯罪的，依法追究刑事责任。

第五十条 信托公司不依本办法进行信息披露或者披露的信息有虚假记载、误导性陈述或者重大遗漏的，由中国银行业监督管理委员会责令改正，并处20万元以上50万元以下罚款；给受益人造成损害的，依法承担赔偿责任。

第五十一条　信托公司设立、管理信托计划存在其他违法违规行为的，中国银行业监督管理委员会可以根据《中华人民共和国银行业监督管理法》等法律法规的规定，采取相应的处罚措施。

第九章　附　　则

第五十二条　两个以上（含两个）单一资金信托用于同一项目的，委托人应当为符合本办法规定的合格投资者，并适用本办法规定。

第五十三条　动产信托、不动产信托以及其他财产和财产权信托进行受益权拆分转让的，应当遵守本办法的相关规定。

第五十四条　本办法由中国银行业监督管理委员会负责解释。

第五十五条　本办法自2007年3月1日起施行，原《信托投资公司资金信托管理暂行办法》（中国人民银行令〔2002〕第7号）不再适用。

《全国法院民商事审判工作会议纪要》（法〔2019〕254号）

五、关于金融消费者权益保护纠纷案件的审理

会议认为，在审理金融产品发行人、销售者以及金融服务提供者（以下简称卖方机构）与金融消费者之间因销售各类高风险等级金融产品和为金融消费者参与高风险等级投资活动提供服务而引发的民商事案件中，必须坚持"卖者尽责、买者自负"原则，将金融消费者是否充分了解相关金融产品、投资活动的性质及风险并在此基础上作出自主决定作为应当查明的案件基本事实，依法保护金融消费者的合法权益，规范卖方机构的经营行为，推动形成公开、公平、公正的市场环境和市场秩序。

72. 【适当性义务】适当性义务是指卖方机构在向金融消费者推介、销售银行理财产品、保险投资产品、信托理财产品、券商集合理财计划、杠杆基金份额、期权及其他场外衍生品等高风险等级金融产品，以及为金融消费者参与融资融券、新三板、创业板、科创板、期货等高风险等级投资活动提供服务的过程中，必须履行的了解客户、了解产品、将适当的产品（或者服务）销售（或者提供）给适合的金融消费者等义务。卖方机构承担适当性义务的目的是确保金融消费者能够在充分了解相关金融产品、投资活动的性质及风险的基础上作出自主决定，并承受由此产生的收益和风险。在推介、销售高风险等级金融产品和提供高风险等级金融服务领域，适当性义务的履行是“卖者尽责”的主要内容，也是“买者自负”的前提和基础。

73.【法律适用规则】在确定卖方机构适当性义务的内容时，应当以合同法、证券法、证券投资基金法、信托法等法律规定的基本原则和国务院发布的规范性文件作为主要依据。相关部门在部门规章、规范性文件中对高风险等级金融产品的推介、销售，以及为金融消费者参与高风险等级投资活动提供服务作出的监管规定，与法律和国务院发布的规范性文件的规定不相抵触的，可以参照适用。

74.【责任主体】金融产品发行人、销售者未尽适当性义务，导致金融消费者在购买金融产品过程中遭受损失的，金融消费者既可以请求金融产品的发行人承担赔偿责任，也可以请求金融产品的销售者承担赔偿责任，还可以根据《民法总则》第167条的规定，请求金融产品的发行人、销售者共同承担连带赔偿责任。发行人、销售者请求人民法院明确各自的责任份额的，人民法院可以在判决发行人、销售者对金融消费者承担连带赔偿责任的同时，明确发行人、销售者在实际承担了赔偿责任后，有权向责任方追偿其应当承担的赔偿份额。

金融服务提供者未尽适当性义务，导致金融消费者在接受金融服务后参与高风险等级投资活动遭受损失的，金融消费者可以请求金融服务提供者承担赔偿责任。

75.【举证责任分配】在案件审理过程中，金融消费者应当对购买产品（或者接受服务）、遭受的损失等事实承担举证责任。卖方机构对其是否履行了适当性义务承担举证责任。卖方机构不能提供其已经建立了金融产品（或者服务）的风险评估及相应管理制度、对金融消费者的风险认知、风险偏好和风险承受能力进行了测试、向金融消费者告知产品（或者服务）的收益和主要风险因素等相关证据的，应当承担举证不能的法律后果。

76.【告知说明义务】告知说明义务的履行是金融消费者能够真正了解各类高风险等级金融产品或者高风险等级投资活动的投资风险和收益的关键，人民法院应当根据产品、投资活动的风险和金融消费者的实际情况，综合理性人能够理解的客观标准和金融消费者能够理解的主观标准来确定卖方机构是否已经履行了告知说明义务。卖方机构简单地以金融消费者手写了诸如“本人明确知悉可能存在本金损失风险”等内容主张其已经履行了告知说明义务，不能提供其他相关证据的，人民法院对其抗辩理由不予支持。

77.【损失赔偿数额】卖方机构未尽适当性义务导致金融消费者损失的，应当赔偿金融消费者所受的实际损失。实际损失为损失的本金和利息，利息按照中国人民银行发布的同期同类存款基准利率计算。

金融消费者因购买高风险等级金融产品或者为参与高风险投资活动接受服务，以卖方机构存在欺诈行为为由，主张卖方机构应当根据《消费者权益保护法》第55条的规定承担惩罚性赔偿责任的，人民法院不予支持。卖方机构的行为构成欺诈的，对金融消费者提出赔偿其支付金钱总额的利息损失请求，应当注意区分不同情况进行处理：

（1）金融产品的合同文本中载明了预期收益率、业绩比较基准或者类似约定的，可以将其作为计算利息损失的标准；

（2）合同文本以浮动区间的方式对预期收益率或者业绩比较基准等进行约定，金融消费者请求按照约定的上限作为利息损失计算标准的，人民法院依法予以支持；

（3）合同文本虽然没有关于预期收益率、业绩比较基准或者类似约定，但金融消费者能够提供证据证明产品发行的广告宣传资料中载明了预期收益率、业绩比较基准或者类似表述的，应当将宣传资料作为合同文本的组成部分；

（4）合同文本及广告宣传资料中未载明预期收益率、业绩比较基准或者类似表述的，按照全国银行间同业拆借中心公布的贷款市场报价利率计算。

78.【免责事由】因金融消费者故意提供虚假信息、拒绝听取卖方机构的建议等自身原因导致其购买产品或者接受服务不适当，卖方机构请求免除相应责任的，人民法院依法予以支持，但金融消费者能够证明该虚假信息的出具系卖方机构误导的除外。卖方机构能够举证证明根据金融消费者的既往投资经验、受教育程度等事实，适当性义务的违反并未影响金融消费者作出自主决定的，对其关于应当由金融消费者自负投资风险的抗辩理由，人民法院依法予以支持。

七、关于营业信托纠纷案件的审理

会议认为，从审判实践看，营业信托纠纷主要表现为事务管理信托纠纷和主动管理信托纠纷两种类型。在事务管理信托纠纷案件中，对信托公司开展和参与的多层嵌套、通道业务、回购承诺等融资活动，要以其实际构成的法律关系确定其效力，并在此基础上依法确定各方的权利义务。在主动管理信托纠纷案件中，应当重点审查受托人在“受人之托，忠人之事”的财产管理过程中，是否恪尽职守，履行了谨慎、有效管理等法定或者约定义务。

88.【营业信托纠纷的认定】信托公司根据法律法规以及金融监督管理部门的监管规定，以取得信托报酬为目的接受委托人的委托，以受托人身份处理信托事务的经营行为，属于营业信托。由此产生的信托当事人之间的纠纷，为营业信托纠纷。

根据《关于规范金融机构资产管理业务的指导意见》的规定，其他金融机构开展的资产管理业务构成信托关系的，当事人之间的纠纷适用信托法及其他有关规定处理。

89.【资产或者资产收益权转让及回购】信托公司在资金信托成立后，以募集的信托资金受让特定资产或者特定资产收益权，属于信托公司在资金依法募集后的资金运用行为，由此引发的纠纷不应当认定为营业信托纠纷。如果合同中约定由转让方或者其指定的第三方在一定期间后以交易本金加上溢价款等固定价款无条件回购的，无论转让方所转让的标的物是否真实存在、是否实际交付或者过户，只要合同不存在法定无效事由，对信托公司提出的由转让方或者其指定的第三方按约定承担责任的诉讼请求，人民法院依法予以支持。

当事人在相关合同中同时约定采用信托公司受让目标公司股权、向目标公司增资方式并以相应股权担保债权实现的，应当认定在当事人之间成立让与担保法律关系。当事人之间的具体权利义务，根据本纪要第 71 条的规定加以确定。

90.【劣后级受益人的责任承担】信托文件及相关合同将受益人区分为优先级受益人和劣后级受益人等不同类别，约定优先级受益人以其财产认购信托计划份额，在信托到期后，劣后级受益人负有对优先级受益人从信托财产获得利益与其投资本金及约定收益之间的差额承担补足义务，优先级受益人请求劣后级受益人按照约定承担责任的，人民法院依法予以支持。

信托文件中关于不同类型受益人权利义务关系的约定，不影响受益人与受托人之间信托法律关系的认定。

91.【增信文件的性质】信托合同之外的当事人提供第三方差额补足、代为履行到期回购义务、流动性支持等类似承诺文件作为增信措施，其内容符合法律关于保证的规定的，人民法院应当认定当事人之间成立保证合同关系。其内容不符合法律关于保证的规定的，依据承诺文件的具体内容确定相应的权利义务关系，并根据案件事实情况确定相应的民事责任。

92.【保底或者刚兑条款无效】信托公司、商业银行等金融机构作为资产管理产品的受托人与受益人订立的含有保证本息固定回报、保证本金不受损失等保底或者刚兑条款的合同，人民法院应当认定该条款无效。受益人请求受托人对其损失承担与其过错相适应的赔偿责任的，人民法院依法予以支持。

实践中，保底或者刚兑条款通常不在资产管理产品合同中明确约定，而是以“抽屉协议”或者其他方式约定，不管形式如何，均应认定无效。

93.【通道业务的效力】当事人在信托文件中约定，委托人自主决定信托设立、信托财产运用对象、信托财产管理运用处分方式等事宜，自行承担信托资产的风险管理责任和相应风险损失，受托人仅提供必要的事务协助或者服务，不承担主动管理职责的，应当认定为通道业务。《中国人民银行、中国银行保险监督管理委员会、中国证券监督管理委员会、国家外汇管理局关于规范金融机构资产管理业务的指导意见》第 22 条在规定“金融机构不得为其他金融机构的资产管理产品提供规避投资范围、杠杆约束等监管要求的通道服务”的同时，也在第 29 条明确按照“新老划断”原则，将过渡期设置为截至 2020 年底，确保平稳过渡。在过渡期内，对通道业务中存在的利用信托通道掩盖风险，规避资金投向、资产分类、拨备计提和资本占用等监管规定，或者通过信托通道将表内资产虚假出表等信托业务，如果不存在其他无效事由，一方以信托目的违法违规为由请求确认无效的，人民法院不予支持。至于委托人和受托人之间的权利义务关系，应当依据信托文件的约定加以确定。

94.【受托人的举证责任】资产管理产品的委托人以受托人未履行勤勉尽责、公平对待客户等义务损害其合法权益为由，请求受托人承担损害赔偿责任的，应当由受托人举证证明其已经履行了义务。受托人不能举证证明，委托人请求其承担相应赔偿责任的，人民法院依法予以支持。

95.【信托财产的诉讼保全】信托财产在信托存续期间独立于委托人、受托人、受益人各自的固有财产。委托人将其财产委托给受托人进行管理，在信托依法设立后，该信托财产即独立于委托人未设立信托的其他固有财产。受托人因承诺信托而取得的信托财产，以及通过对信托财产的管理、运用、处分等方式取得的财产，均独立于受托人的固有财产。受益人对信托财产享有的权利表现为信托受益权，信托财产并非受益人的责任财产。因此，当事人因其与委托人、受托人或者受益人之间的纠纷申请对存管银行或者信托公司专门账户中的信托资金采取保全措施的，除符合《信托法》第 17 条规定的情形外，人民法院不应当准许。已经采取保全措施的，存管银行或者信托公司能够提供证据证明该账户为信托账户的，应当立即解除保全措施。对信托公司管理的其他信托财产的保全，也应当根据前述规则办理。

当事人申请对受益人的受益权采取保全措施的，人民法院应当根据《信托法》第 47 条的规定进行审查，决定是否采取保全措施。决定采取保全措施的，应当将保全裁定送达受托人和受益人。

96.【信托公司固有财产的诉讼保全】除信托公司作为被告外，原告申请对信托公司固有资金账户的资金采取保全措施的，人民法院不应准许。信托公司作为被告，确有必要对其固有财产采取诉讼保全措施的，必须强化善意执行理念，防范发生金融风险。要严格遵守相应的适用条件与法定程序，坚决杜绝超标的执行。在采取具体保全措施时，要尽量寻求依法平等保护各方利益的平衡点，优先采取方便执行且对信托公司正常经营影响最小的执行措施，能采取“活封”“活扣”措施的，尽量不进行“死封”“死扣”。在条件允许的情况下，可以为信托公司预留必要的流动资金和往来账户，最大限度降低对信托公司正常经营活动的不利影响。信托公司申请解除财产保全符合法律、司法解释规定情形的，应当在法定期限内及时解除保全措施。

第三篇　民事责任篇

《信托法》第一条　【立法目的】

第一条　为了调整信托关系，规范信托行为，保护信托当事人的合法权益，促进信托事业的健康发展，制定本法。

权威解读[①]

本条是对信托法立法目的的规定。

中华人民共和国信托法是确立我国信托制度的基本法律规范。信托法对现实中的信托活动具有指导和规范的作用，通过制定信托法，用法律的形式对信托关系以及信托当事人的权利义务作出明确的规定，有利于纠正不规范的问题，维护信托活动当事人的合法权益，促进信托事业的健康发展。

《信托法》第二条　【信托】

第二条　本法所称信托，是指委托人基于对受托人的信任，将其财产权委托给受托人，由受托人按委托人的意愿以自己的名义，为受益人的利益或者特定目的，进行管理或者处分的行为。

① 《法律问答与释义》，载中国人大网，http：//www. npc. gov. cn/zgrdw/npc/flsyywd/jingji/2003 – 11/14/content_ 324177. htm。本部分内容为节选，选取与法条最为紧密的内容且有改动。余同。——编者注

相关规定

1.《信托公司私人股权投资信托业务操作指引》(银监发〔2008〕45号)

第二条 本指引所称私人股权投资信托，是指信托公司将信托计划项下资金投资于未上市企业股权、上市公司限售流通股或中国银监会批准可以投资的其他股权的信托业务。

第十五条 信托公司在管理私人股权投资信托计划时，可以通过股权上市、协议转让、被投资企业回购、股权分配等方式，实现投资退出。通过股权上市方式退出的，应符合相关监管部门的有关规定。

2.《中国银监会关于加强信托公司结构化信托业务监管有关问题的通知》(银监通〔2010〕2号)

结构化信托业务是指信托公司根据投资者不同的风险偏好对信托受益权进行分层配置，按照分层配置中的优先与劣后安排进行收益分配，使具有不同风险承担能力和意愿的投资者通过投资不同层级的受益权来获取不同的收益并承担相应风险的集合资金信托业务。

本通知中，享有优先受益权的信托产品投资者称为优先受益人，享有劣后受益权的信托产品投资者称为劣后受益人。

典型案例

吉林省建苑设计集团有限公司四川信托有限公司信托纠纷二审民事判决书[①]

2012年11月20日，吉林省建苑设计集团有限公司（以下简称吉林建苑）与四川信托有限公司（以下简称四川信托）签署《信托合同》，前者经董事会审议，将自有资金3000万元委托给四川信托，用于向众诚钡盐公司发放贷款。2012年11月5日，四川信托与众诚钡盐签署《信托贷款合同》，约定贷款事宜，同日四川信托与褚某武、褚某刚及山东振昊钨钼公司签署了相关《质押合同》及《保证合同》，为信托贷款项下义务提供增信。2013年6月20日起，众诚钡盐公司未按期支付利息，随后四川信托多次向吉林建苑发函，并采取了相应的资产保全措施。2013年11月19日，四川信托向众诚钡盐及担保人发函通知，明确相关贷款信托计划将于2013年11月20日终止，非货币信托财产将向吉林建苑原状分配，未获清偿的债权及信托项下债务一并归属吉林建苑，借款人及担保人自2013年11月20日起应向吉林建苑履行义务。

---

① 四川省高级人民法院民事判决书，(2017) 川民终680号。

关于案涉法律关系是信托法律关系还是居间委托法律关系。一审法院认为，案涉信托合同系双方当事人的真实意思表示，不违反法律、法规的强制性规定，未损害国家、集体及他人合法权益，应属合法有效。双方建立的法律关系，应当根据相关法律规定、当事人之间的约定及实质交易关系进行认定。首先，根据《中华人民共和国信托法》第二条关于“本法所称信托，是指委托人基于对受托人的信任，将其财产权委托给受托人，由受托人按委托人的意愿以自己的名义，为受益人的利益或者特定目的，进行管理或者处分的行为”、第八条关于“设立信托，应当采取书面形式。书面形式包括信托合同、遗嘱或者法律、行政法规规定的其他书面文件等。采取信托合同形式设立信托的，信托合同签订时，信托成立。采取其他书面形式设立信托的，受托人承诺信托时，信托成立”、第九条关于“设立信托，其书面文件应当载明下列事项：（一）信托目的；（二）委托人、受托人的姓名或者名称、住所；（三）受益人或者受益人范围；（四）信托财产的范围、种类及状况；（五）受益人取得信托利益的形式、方法。除前款所列事项外，可以载明信托期限、信托财产的管理方法、受托人的报酬、新受托人的选任方式、信托终止事由等事项”的规定，结合案涉合同关于“委托人与受托人本着平等、自愿、互利的原则，根据《中华人民共和国信托法》《信托公司管理办法》《中华人民共和国民法通则》《中华人民共和国合同法》及其他有关法律、行政法规和部门规章，经协商一致，签订本合同，以资共同遵照执行”、第二条关于“委托人基于对受托人的信任，自愿将其合法所有或合法管理的资金委托给受托人，由受托人在本合同确定的权限内对信托财产进行管理、运用或处分，并将由此产生的信托利益分配给委托人指定的受益人”、第三条第1款关于“受托人为被动受托，根据委托人指定管理并运用信托资金，按照信托目的持有、管理信托财产，直到信托终止”、第四条关于“信托资金的管理、运用及处分的具体方法”中关于“1. 受托人接受委托人的委托，按委托人的意愿，以自己的名义，为受益人的利益，将信托资金按照《信托贷款合同》约定之条件向借款人发放信托贷款”、第六条“信托类型”关于“本信托为被动受托类信托计划，受托人按委托人的意愿，以受托人的名义，为受益人的利益，由受托人单独管理、运用和处分信托资金的单一资金信托”的内容，吉林建苑公司与四川信托签署的合同符合《中华人民共和国信托法》对于信托法律关系的界定以及信托合同的形式要件，本案属于信托合同纠纷。

一审法院同时认为，案涉法律关系并非居间或委托法律关系。首先，根据《中华人民共和国合同法》第四百二十四条关于“居间合同是居间人向委托人报告订立合同的机会或者提供订立合同的媒介服务，委托人支付报酬的合同”的规定，结合案涉合同的内容，双方之间显然不属于居间法律关系。其次，本案所涉法律关系亦非委托关系。主要理由：1. 在信托关系中，信托财产的名义人为受托人；而在委托代理关系中，财产权仍为委托人的名义。2. 在信托关系中，委托人可以指示受托人，但不直接管理、运用和处分信托财产；而在委托代理关系中，代理人和本人都可以行使对财产的管理、运用和处分的权利。3. 在信托关系中，信托财产具有独立性，受托人死亡、破产等，都不影响信托关系的存续；而在委托代理关系中，代理人死亡，该代理关系随之终止。4. 与第三人的关系上，在信托关系中，信托财产因管理、运用或处分对第三人产生的债务，由受托人的名义对第三人承担责任；而在委托代理关系中，因代理行为产生的对第三人的债务，则由本人承担责任。5. 在信托关系中，受托人的行为约束信托财产，但不直接约束委托人；而在委托代理关系中，代理人的行为约束委托人。

综上所述，吉林建苑公司作为委托人，将资金交付四川信托设立信托，四川信托根据吉林建苑公司的指令，以自己的名义与借款人众诚钡盐公司签署《信托贷款合同》，将信托资金发放给借款人，吉林建苑公司与四川信托之间建立的是信托法律关系。

吉林建苑公司上诉主张，其与四川信托之间形成了“居间 + 委托代理”的法律关系，并不受《中华人民共和国信托法》的调整。主要理由：一是我国法律承认的信托为主动信托，即信托公司应当在接收信托财产后，积极主动的管理、运用和处分信托财产。本案中，吉林建苑公司与四川信托之间系被动信托关系，即案涉《信托合同》中约定受托人四川信托不承担积极管理信托财产的职能，对信托财产的管理和处分一切听任委托人在信托文件中的约定，或者在信托设立后直接听从委托人的指示。该种法律关系并不受《中华人民共和国信托法》调整；二是因吉林建苑公司愿意设立信托将3000万元款项出借给众诚钡盐公司是基于四川信托的推介以及四川信托出具的《尽职调查报告》，双方实质上形成的是“居间 + 委托代理”的法律关系。

二审法院认为，根据《中华人民共和国信托法》第二条关于“本法所称信托，是指委托人基于对受托人的信任，将其财产权委托给受托人，由受托人按委托人的意愿以自己的名义，为受益人的利益或特定目的，进行管理或者处分的行为”的规定，信托法律关系具有以下特点：一是委托人基于对受托人的信任，将其财产权委托给受托人管理；二是受托人以自己的名义，为受益人利益或特定目的，对信托财产进行管理、处分，信托财产具有独立性。本案中，从案涉《信托合同》的签订、内容及履行情况看，系吉林建苑公司基于对四川信托的信任，自愿将其合法所有的3000万元资金委托给四川信托，由四川信托在合同确定的权限内对3000万元信托财产进行管理、运用或处分，并约定信托的类型为被动受托，即系根据委托人吉林建苑公司指定管理并运用信托资金。同时，四川信托亦是以自己的名义与众诚钡盐公司签订的《信托贷款合同》，作为一方合同主体履行了《信托贷款合同》，独立对信托财产进行了事务型管理，双方交易符合信托法律关系的特点。一审认定案涉法律关系的性质为信托关系并无不当，吉林建苑公司的该项上诉理由不能成立，不予支持。

权威解读①

本条是对信托定义的规定。

信托是一种特定的财产管理制度，可以从以下几个方面把握其基本的特征：1. 信托是一种由他人进行财产管理、运用或处分的财产管理制度。2. 委托人与受托人之间具有充分的信任关系，是以信任为前提的。受托人对委托人的忠诚可靠，成为信托关系产生的基础。3. 以受托人的名义掌有信托财产，但是信托财产具有独立性。4. 受托人按照信托文件或者信托法律的规定，行使对信托财产的管理、运用或处分的权限，并就此承担责任。5. 受托人因管理、运用或处分信托财产而产生与第三人之间的权利义务，仅归属于受托人，不直接归属于委托人或受益人。6. 受托人虽然取得信托财产权的名义，但在经济上和实质上，其行使管理、运用或处分权，必须受信托目的的约束，信托财产在实质上归属于委托人和受益人。

《信托法》第三条　【适用范围】

第三条　委托人、受托人、受益人（以下统称信托当事人）在中华人民共和国境内进行民事、营业、公益信托活动，适用本法。

权威解读②

本条是对信托法适用范围的规定。

① 《法律问答与释义》，载中国人大网，http：//www. npc. gov. cn/zgrdw/npc/flsyywd/jingji/2003 – 11/14/content_ 324177. htm。

② 《法律问答与释义》，载中国人大网，http：//www. npc. gov. cn/zgrdw/npc/flsyywd/jingji/2003 – 11/14/content_ 324177. htm。

法律的适用范围一般包括该法所调整的主体范围、客体范围和法律的管辖范围。

关于信托法调整的主体范围，信托法专门调整信托关系，而构成信托关系的当事人主要是与信托活动有直接的最密切关系的委托人、受托人、受益人，这三方当事人必须同时具备。关于信托法调整的客体范围，信托法作为调整信托关系的基本规范，需要涵盖那些为不同目的设立的信托关系，将各种信托中一般的、共同的规则，以法律的形式确定下来，适用于民事信托、营业信托、公益信托等各种信托。关于信托法的管辖范围，在中华人民共和国境内，信托当事人进行民事信托、营业信托、公益信托活动，都必须遵守本法，即是确定信托法的地域管辖范围。

《信托法》第四条　【具体办法】

第四条　受托人采取信托机构形式从事信托活动，其组织和管理由国务院制定具体办法。

相关规定

《国务院办公厅关于〈中华人民共和国信托法〉公布执行后有关问题的通知》（2001年12月29日）

各省、自治区、直辖市人民政府，国务院各部委、各直属机构：

《中华人民共和国信托法》（以下简称《信托法》）已于2001年10月1日起施行。为切实加强对法人和自然人从事信托活动的管理，经国务院同意，现将有关事项通知如下：

一、根据《信托法》第四条的规定，由国务院法制办牵头，组织有关部门拟定《信托机构管理条例》，对信托机构从事信托活动的事项作出具体规定。

二、在国务院制定《信托机构管理条例》之前，按人民银行、证监会依据《信托法》制定的有关管理办法执行。人民银行、证监会分别负责对信托投资公司、证券投资基金管理公司等机构从事营业性信托活动的监督管理。未经人民银行、证监会批准，任何法人机构一律不得以各种形式从事营业性信托活动，任何自然人一律不得以任何名义从事各种形式的营业性信托活动。

人民银行、证监会要切实履行职责，加强监督管理，促进信托业规范发展。

典型案例

洪范基金管理有限公司吉林省分公司、兴业银行股份有限公司长春分行与王某君、长春市洪范三达投资管理部（有限合伙）、洪范基金管理有限公司营业信托纠纷二审民事判决书①

2012年6月，王某君与洪范基金签订《信托合同》，约定王某君将信托资金委托给洪范基金吉林省分公司，信托类型为自益信托，洪范基金吉林省分公司根据本合同的约定，为王某君的利益进行管理和运用信托财产，信托基金有权通过出让其持有的吉林三达资产管理有限公司67%的股权，吉林三达资产管理有限公司溢价回购信托基金合伙企业所持有的吉林三达资产管理有限公司的股权等方式获取资金向受益人信托基金利益分配。王某君以信托基金期限届满，洪范基金未按时归还信托本金及收益为由诉讼来院，要求洪范基金、三达投资管理部返还王某君投资本金及收益，兴业银行长春分行承担赔偿责任。一审法院判决洪范基金、三达投资管理部共同返还王某君信托资金本金及利息，兴业银行长春分行对不能返还王某君的本息承担全部的赔偿责任。

二审法院认为：关于王某君与洪范基金吉林省分公司之间法律关系的性质和效力应如何认定的问题。《中华人民共和国信托法》第二条规定："本法所称信托，是指委托人基于对受托人的信任，将其财产权委托给受托人，由受托人按委托人的意愿以自己的名义，为受益人的利益或者特定目的，进行管理或者处分的行为。"第四条规定："受托人采取信托机构形式从事信托活动，其组织和管理由国务院制定具体办法。"第二十四条规定："受托人应当是具有完全民事行为能力的自然人、法人。法律、行政法规对受托人的条件另有规定的，从其规定。"中国银行业监督管理委员会公布的《信托公司管理办法》第七条规定："设立信托公司，应当经中国银行业监督管理委员会批准，并领取金融许可证。未经中国银行业监督管理委员会批准，任何单位和个人不得经营信托业务，任何经营单位不得在其名称中使用"信托公司"字样。法律法规另有规定的除外。"因此，设立有效信托的生效法律要件中包含关于信托当事人主体资格的生效要件，同时，营业信托的受托人必须是持有金融许可证的信托机构。本案中，洪范基金公司、洪范基金吉林省分公司均未能提供证据证明其取得了监管部门的批准可以机构形式从事信托活动，亦未提交其金融许可证。吉林省金融工作办公室核准的洪范基金吉林省分公司的经营范围是："管理或受托管理股权类投

---

① 吉林省长春市中级人民法院民事判决书，(2018) 吉01民终2580号。

资；相关股权投资咨询业务。”（法律、法规禁止和限制的，不得经营；法律、法规、国务院规定需经审批的，未获审批前不得经营。）故洪范基金吉林省分公司虽可以从事证券投资基金业务，但证券投资基金业务是特殊类型的信托业务，洪范基金吉林省分公司仍不具备从事一般信托业务和其他类型信托业务的受托人资格。因此，依据《中华人民共和国民法通则》第五十八条之规定，王某君与洪范基金吉林省分公司之间并未形成有效的信托法律关系。

权威解读①

本条是对信托机构管理规范的授权规定。

信托机构包括信托公司等营业性信托机构以及公益信托的受托机构等具有法人资格的信托组织。有关信托机构的组织形式、设立条件、业务范围、内部机构设置以及有关行政主管部门对信托机构的监督管理、违法违规行为的处罚等，这些属于信托业管理的内容，未纳入本法的调整范围，而是授权国务院通过制定具体办法进行管理。

《信托法》第五条 【信托活动必须守法】

第五条　信托当事人进行信托活动，必须遵守法律、行政法规，遵循自愿、公平和诚实信用原则，不得损害国家利益和社会公共利益。

典型案例

中国民生信托有限公司与李某芳营业信托纠纷二审民事判决书②

2020年2月28日，李某芳作为委托人与民生信托公司作为受托人签订了《信托合同》，约定委托人基于对受托人的信任，认购（申购）信托单位并加入信托计划，由受托人按照委托人的意愿，以受托人自己的名义，根据信托文件的规定集合运用信托资金。李某芳向民生信托公司至信828号信托专户于2020年2月27日转账320万元，并备注转账用途为购买民生信托至信828号集合资

---

① 《法律问答与释义》，载中国人大网，http：//www.npc.gov.cn/zgrdw/npc/flsyywd/jingji/2003－11/14/content_ 324177.htm。

② 北京金融法院民事判决书，（2022）京74民终502号。

金信托计划。2020年第一季度至2021年第二季度，民生信托公司每季度针对信托产品至信828号发布季度管理报告，对信托计划存续规模、信托计划成立日及到期日、资金运用情况、重大事项披露等情况进行公示。一审法院判决中国民生信托有限公司于判决生效之日起10日内赔偿李某芳本金损失320万元及利息损失。

关于民生信托公司是否构成根本违约而应对李某芳所受到的损失承担赔偿责任。二审法院认为，民生信托公司上诉称其严格按照信托合同约定进行管理，案涉信托计划投资行为符合法定和约定范围。委托人李某芳主张受托人民生信托公司违反了双方签订合同所约定的义务，违规将资金用于受托人的股东，李某芳提交的北京银保监局出具京银保监举复YJ2021303－673号银行保险违法行为举报调查意见书中明确表示，至信828号受让信托合同约定的标的公司股权后，绕道非关联方公司，将信托资金违规用于民生信托公司股东。民生信托公司辩称监管部门出具的调查意见书认定结论具有很大主观性，不能作为认定案件事实的依据。根据《最高人民法院关于适用〈中华人民共和国民事诉讼法〉的解释》第一百一十四条规定："国家机关或者其他依法具有社会管理职能的组织，在其职权范围内制作的文书所记载的事项推定为真实，但有相反证据足以推翻的除外。"经询，民生信托公司不能提出相反证据推翻北京银保监局调查意见，根据现有证据民生信托公司存在绕道非关联方公司、违规将资金用于民生信托公司股东的情形。

《中华人民共和国信托法》第五条规定："信托当事人进行信托活动，必须遵守法律、行政法规，遵循自愿、公平和诚实信用原则，不得损害国家利益和社会公共利益。"第二十五条规定："受托人应当遵守信托文件的规定，为受益人的最大利益处理信托事务。受托人管理信托财产，必须恪尽职守，履行诚实、信用、谨慎、有效管理的义务。"本案中，受托人民生信托公司将信托资金用于其股东的情形，违反了《信托合同》中关于信托资金用途的约定；违反了《信托公司管理办法》第二十四条，即信托公司管理运用或者处分信托财产，必须恪尽职守，履行诚实、信用、谨慎、有效管理的义务，维护受益人的最大利益；违反了《信托公司集合资金信托计划管理办法》第二十七条第三款，即不得将信托资金直接或间接运用于信托公司的股东及其关联人，但信托资金全部来源于股东或其关联人的除外；违反了《信托法》第五条、第二十五条的规定。综上所述，本案中，民生信托公司的上述行为违反了合同约定的受托人基本义务，违反了《信托公司管理办法》关于职业信托人谨慎投资义务的规定，也违反了《信托法》受托人义务的相关规定，民生信托公司的绕道非关联方公司，违规使用信托资金的行为导致投资人李某芳购买涉案信托产品的投资目的落空，其行为已经构成根本违约。

权威解读①

本条是对信托活动应当遵守的基本原则的规定。

信托当事人进行信托活动，必须遵守法律、行政法规，这是开展信托活动的一项基本原则。信托当事人进行信托活动，必须遵循自愿、公平和诚实信用的原则，这是开展信托活动的另一项重要原则。信托当事人进行信托活动，必须遵守社会公共道德，不得损害国家利益和社会公共利益，这也是开展信托活动必须遵守的一项重要原则。信托目的违反法律、行政法规，信托活动损害国家利益和社会公共利益的，该信托行为无效，不受法律的保护。

《信托法》第六条　【信托目的的合法性】

第六条　设立信托，必须有合法的信托目的。

典型案例

任某达与中国民生信托有限公司合同纠纷二审民事判决书②

2017年5月，委托人任某达与受托人民生信托签订信托合同，由受托人将资金认购某渤海公司的份额，通过某渤海公司投资深圳某传媒85%的股权，并通过深圳某传媒投资某网络传媒和深圳某视讯。双方信托合同还约定了信托计划期限、某渤海公司管理等事项。2017年5月7日，任某达向民生信托转账认购相应信托计划，随后民生信托出具信托计划成立公告，向某渤海公司出资并出具多份管理报告。后任某达以民生信托未履行对目标股权的投资义务，已构成违约为由，要求解除信托合同并返还信托资金及利息，一审法院未支持其诉求。

二审法院认为，《信托法》第六条规定，设立信托，必须有合法的信托目

① 《法律问答与释义》，载中国人大网，http：//www. npc. gov. cn/zgrdw/npc/flsyywd/jingji/2003－11/14/content_ 324177. htm。

② 北京金融法院民事判决书，(2021) 京74民终364号。

的。第五十三条规定，信托目的已经实现或者不能实现的，信托终止。《中华人民共和国合同法》第九十四条规定，当事人一方迟延履行债务或者有其他违约行为致使不能实现合同目的的，当事人可以解除合同。本案所涉信托合同中明确约定的信托目的，并未违反信托法及其他法律的相关规定。在合同订立后，民生信托依据信托合同履行了向某渤海合伙支付信托资金的义务，在一审判决作出前仍系某渤海合伙的有限合伙人，信托计划仍在运行中。任某达上诉认为信托目的不能实现，但是未能提供信托目的不能实现的其他证据，亦未证明民生信托存在其他违反受托义务或者违约的行为导致上述合同目的不能实现。因此，对于其要求解除信托合同的诉讼请求，一审法院予以驳回并无不当，本院予以维持。在信托计划存续过程中，任某达要求解除信托合同并返还信托资金、支付利息的诉讼请求，一审法院不予支持亦无不当。

权威解读①

本条是对设立信托的要件的规定。

设立信托是委托人的自愿的行为，但是该行为必须符合法定的要件。按照信托法的规定，合法的、确定的信托目的，是设立一项信托的必须具备的要件之一。所谓信托目的，是指委托人希望通过信托所达到的目的。信托目的，从委托人方面来看，是其通过设立信托所指明的基本目的；而从受托人方面来看，是其对信托财产应当行使管理、运用或者处分权的目的。信托目的是以信托财产为中心，影响信托关系的产生、存续、消灭的基本要素。

《信托法》第七条　【信托财产及其合法性】

第七条　设立信托，必须有确定的信托财产，并且该信托财产必须是委托人合法所有的财产。

本法所称财产包括合法的财产权利。

---

① 《法律问答与释义》，载中国人大网，http：//www. npc. gov. cn/zgrdw/npc/flsyywd/jingji/2003 – 11/14/content_ 324176. htm。

典型案例

1. 世欣荣和投资管理股份有限公司与长安国际信托股份有限公司、天津鼎晖股权投资一期基金等合伙协议纠纷二审民事判决书①

2010年至2011年，上市公司世纪光华公司进行重大资产重组，鼎晖一期、鼎晖元博通过参与重组获得“恒逸石化”股票。2011年8月，世欣荣和投资管理股份有限公司（以下简称世欣荣和公司）与9名合伙人组建了东方高圣，同意“合伙企业资金用于受让恒逸石化限售流通股的股份收益权”。2012年2月15日，东方高圣决议：长安国际信托股份有限公司（以下简称长安信托）将募集资金人民币3.1亿元购买鼎晖一期和鼎晖元博分别持有的恒逸石化股票收益权；同意东方高圣出资人民币共计1.12亿元认购长安信托发行的信托产品。2012年3月15日，长安信托分别与鼎晖一期、鼎晖元博签署协议约定，长安信托拟通过发行信托产品募集信托资金，从鼎晖一期、鼎晖元博处受让其持有的恒逸石化限售流通股股票在约定期间的收益权。2014年10月27日，长安信托将出售标的股票所得收益分配清算完毕，次级受益人东方高圣分配为零，长安信托公开发布清算公告，世欣荣和公司及东方高圣均未向长安信托就清算事宜提出异议。后世欣荣和公司向陕西高院提起了诉讼，请求判决长安信托与东方高圣签订的前述两份《信托合同》无效；判令长安信托向东方高圣返还认购款以及基于《信托合同》追加的保证金及利息；判令鼎晖一期、鼎晖元博与鼎晖管理中心与长安信托承担连带责任。

一审法院认为，长安信托与东方高圣签订的《信托合同》是双方真实意思表示，内容不违反法律规定，应为合法有效合同。世欣荣和公司关于该信托合同标的具有不确定性，应属无效合同的诉讼理由，与事实和法律相悖。理由之一是，该案信托财产应该是确定的，世欣荣和公司认为信托财产不确定是对法律的错误理解。《中华人民共和国信托法》第二条规定：“本法所称信托，是指委托人基于对受托人的信任，将其财产权委托给受托人，由受托人按委托人的意愿以自己的名义，为受益人的利益或者特定目的，进行管理或者处分的行为”。第七条规定：“设立信托，必须有确定的信托财产，并且该信托财产必须是委托人合法所有的财产。本法所称财产包括合法的财产权利”。第十四条规定：“受托人因承诺信托而取得的财产是信托财产。受托人因信托财产的管理运用、处分或者其他情形而取得的财产，也归入信托财产。”在长安信托与世欣荣

① 最高人民法院民事判决书，(2016) 最高法民终19号。

和公司订立信托合同时，信托合同中明确对受托人和委托人作了定义，受托人即为长安信托，委托人即为东方高圣，受益人与委托人为同一人。根据双方合同的约定，基于对以上法律规定的准确理解，该案的信托财产应是委托人东方高圣交付给受托人长安信托的112,031,000元资金，而不是用信托资金112,031,000元购买的鼎晖一期和鼎晖元博持有的恒逸石化股票，因此信托财产是确定的。鼎晖一期和鼎晖元博在该案的信托法律关系中并不是委托人，其持有并转让给长安信托的股票是一种买卖法律关系，并不是委托法律关系，其转让的标的不是信托财产，其转让标的确定性与否，不影响信托合同的法律关系。综上所述，世欣荣和公司以信托财产不确定，要求确认信托合同无效的诉讼请求，无事实依据和法律依据，该院不予支持，其诉讼请求应予驳回。

世欣荣和公司不服上述民事判决，向二审法院提起上诉。理由：原审判决认为本案信托财产确定，是错误的。本案信托财产并不确定，涉诉两份《信托合同》无效。其一，就本案中信托财产，原审判决认定错误。原审判决认为本案信托财产是东方高圣交给长安信托的112,031,000元资金，这不符合《信托法》立法精神。按照该法第十四条的规定，信托财产不仅包括受托人因承诺信托而取得的财产，而且包括因信托财产的管理运用、处分或者其他情形而取得的财产。本案中，因东方高圣将信托资金交与长安信托而取得涉诉股票收益权，所以，信托财产已由信托资金转化为了涉诉股票收益权。相应地，本案中在确定信托财产是否确定时应针对涉诉股票收益权是否确定来进行。原审判决以信托资金是确定的就认定信托财产确定，是错误的。其二，信托财产的确定应是其“所有权”的确定。本案中恒逸集团、鼎晖一期、鼎晖元博与世纪光华公司签订的《关于业绩补偿的协议书》对涉诉股票设定了权利负担，涉诉股票有被世纪光华公司回购的可能。长安信托与鼎晖一期、鼎晖元博签订《股票收益权转让协议》《股票质押合同》会使世纪光华公司回购受阻进而侵害社会公众股东利益，所以《股票收益权转让协议》存在无效的可能。正因为涉诉股票可能被回购以及《股票收益权转让协议》可能无效，所以本案中涉诉股票的所有权也就不确定，相应地，作为涉诉股票所有权权能之一的股票收益权也就不确定。其三，原审判决以涉诉股票最终未发生被回购情形为由来否认信托财产的不确定性，不能成立。涉诉股票未实际发生被回购，也无法补正信托财产即涉诉股票收益权的不确定。

二审法院认为，东方高圣按照涉诉两份《信托合同》认购信托单位而交付给长安信托的112,031,000元资金，因世欣荣和公司和长安信托、东方高圣均认可其属于上述《信托合同》项下的信托财产，故本院对该112,031,000元资金属于受托人长安信托获得的信托财产予以确认。因受托人管理运用、处分信托财产而取得的财产也应归入信托财产，而长安信托以上述资金从鼎晖一期、鼎晖元博处受让涉诉股票收益权系运用信托财产，故世欣荣和公司主张长安信托因此取得的涉诉股票收益权亦属于信托财产，本院予以支持。原审判决认定长安信托从鼎晖一期、鼎晖元博取得的涉诉股票收益权不属于信托财产，有失妥当，本院予以纠正。

信托法律关系中信托财产的确定是要求信托财产从委托人自有财产中隔离和指定出来，而且在数量和边界上应当明确，即信托财产应当具有明确性和特定性，以便受托人为实现信托目的对其进行管理运用、处分。本案中，长安信托与鼎晖一期、鼎晖元博分别在相应《股票收益权转让协议》中约定，股票收益权内容包括鼎晖一期持有的9,003,983股、鼎晖元博持有的2,539,585股合计11,543,568股股票的处置收益及股票在约定收益期间所实际取得的股息及红利、红股、配售、新股认股权证等孳息。该约定明确了长安信托所取得的涉诉股票收益权的数量、权利内容及边界，已经使得长安信托取得的涉诉股票收益权明确和特定，受托人长安信托也完全可以管理运用该股票收益权。所以，信托财产无论是东方高圣按照涉诉两份《信托合同》交付给长安信托的112,031,000元资金，还是长安信托以上述资金从鼎晖一期、鼎晖元博处取得的股票收益权，均系确定。世欣荣和公司主张涉诉两份《信托合同》中信托财产不确定，缺乏事实基础，对其主张本院不予支持。

2. 梁某厚等与昆仑信托有限责任公司财产损害赔偿纠纷二审民事判决书①

2016年12月6日，联储证券推广设立涉案资管计划，该计划投资标的是昆仑信托作为受托人设立的涉案信托计划，以信托资金受让东方某股份公司持有的子公司深圳东方某股份公司100%股权的股权收益权，同时东方某股份公司承诺到期回购该股权收益权。

2017年2月10日，梁某厚通过银行向联储证券缴款100万元。2018年7月24日，昆仑信托向联储证券发送《告知函》，确认东方某股份公司尚未履行任何提前回购义务，涉案信托计划提前终止，并发送《信托财产原状分配通知书》。2018年8月16日，联储证券发出公告称涉案资管计划于2018年7月20日提前终止。联储证券于2018年7月31日向浙江省高级人民法院提起诉讼，浙江省高级人民法院于2019年4月18日作出（2018）浙民初38号民事判决，判决东方某股份公司向联储证券支付特定股权收益权回购基本价款。后东方某股

① 上海金融法院民事判决书，（2022）沪74民终89号。

份公司不服，向最高人民法院提起上诉，最高人民法院判决驳回上诉，维持原判。一审法院判决：联储证券应于判决生效之日起十日内赔偿梁某厚损失30万元。后梁某厚、联储证券不服判决提起上诉。

梁某厚主张，案涉信托计划没有明确的信托财产，故自始未有效设立，且联储证券与昆仑信托存在串通规避禁止性规定，将集合资产管理计划的资产违规用于资金拆借的情况，导致案涉资管计划和信托计划均存在重大效力瑕疵。

对此二审法院认为，信托财产是指委托人向受托人交付的合法财产以及受托人因管理、运用信托财产而取得的财产。本案中，案涉信托计划的委托人为联储证券，其将自己作为管理人的案涉资管计划项下所募集到的资金2.99亿元交付给昆仑信托，昆仑信托作为案涉信托计划的受托人，依约将信托资金用于与东方某股份公司开展“股权收益权转让与回购”业务，以3亿元信托资金受让东方某股份公司持有的子公司深圳东方某股份公司100%股权的股权收益权，该股权收益权即为案涉信托计划项下的信托财产。故对梁某厚关于案涉信托计划项下无信托财产，故信托未有效设立的上诉意见，本院不予支持。另外，根据《回购合同》，案涉信托资金是用于受让东方某股份公司持有的深圳东方某股份公司100%的股权收益权，而非100%的股权。东方某股份公司在转让股权收益权后，仍然是深圳东方某股份公司100%股权的持有人，而案涉信托计划在支付3亿元对价款项后，取得的是股权收益权以及当回购条件成就时要求对方按约支付该股权收益权回购价款的权利，在性质上均为债权请求权。虽然根据已查明的事实，就上述股权收益权的转让，除回购及保证担保约定外并无质押等其他风险管控条款，但现行法律并未规定，取得上述债权须以采取任何权属确认的转移措施为必要条件，故梁某厚关于底层资产并未转换成也根本无法转换成具有确定性的信托财产的上诉观点，缺乏依据，本院不予采纳。

权威解读 ①

本条是对设立信托的要件的规定。

按照信托法的规定，确定的、合法的信托财产是设立一项信托的必须具备的要件之一。信托法规定，设立信托，必须有确定的信托财产。设立信托，委托人所确定的财产应当是其实际所有的财产，而将来可能取得的财产不能作为信托财产。作为信托标的的财产应当是积极财产，而包含债务的财产，不能作

① 《法律问答与释义》，载中国人大网，http：//www.npc.gov.cn/zgrdw/npc/flsyywd/jingji/2003－11/14/content_ 324176.htm。

为信托财产。依照本条第二款的规定，信托法中所称财产包括合法的财产权利。也就是说，可以成为信托标的的财产，不仅是实物财产，也包括无形财产，例如商标专用权、专利权等。总的来说，作为财产权，应当是具有经济价值的权利，而人身权以及其他不独立具有经济价值的权利，不能作为信托的标的。

《信托法》第八条　【信托应采取书面形式】

第八条　设立信托，应当采取书面形式。

书面形式包括信托合同、遗嘱或者法律、行政法规规定的其他书面文件等。

采取信托合同形式设立信托的，信托合同签订时，信托成立。采取其他书面形式设立信托的，受托人承诺信托时，信托成立。

典型案例

1. 东胜三联汽车维修发展有限公司、西部信托有限公司合同纠纷二审民事判决书[①]

2013年12月9日西部信托与东胜三联汽车维修发展有限公司（以下简称东胜三联维修）签订《特定资产收益权转让及回购合同》，约定东胜三联维修将其拥有某国有土地使用权的特定资产收益权转让给西部信托，转让价款不超过4000万元，同时东胜三联维修必须根据合同约定的价格和期限回购上述特定资产收益权。同时双方约定了增信措施，相关方与西部信托签署担保合同。上述合同签订后，西部信托于2013年12月31日将4000万元款项转至东胜三联维修账户，东胜三联维修未按照《特定资产收益权转让及回购合同》约定的时间支付回购价款，西部信托多次催促未果，西部信托诉提起诉讼。原审法院判决：东胜三联维修向西部信托支付全部回购价款人民币4000万元以及固定溢价款、支付西部信托违约金，相关方承担连带保证责任。东胜三联维修不服原审判决，提起上诉。

二审法院认为，《特定资产收益权转让及回购合同》是当事人的真实意思表示，内容合法有效，合同双方均应依约履行。西部信托按约定向东胜三联维修支付了资产收益权转让价款4000万元，履行了合同义务与，但东胜三联维修未

① 最高人民法院民事判决书，（2015）民二终字第300号。

按约定支付回购价款本金及固定溢价款，构成违约，应承担相应的违约责任。东胜三联维修抗辩主张本案信托项目并未成立，土地并未转让、开发和处置，土地收益权并未实现，其不应支付固定溢价款和违约金。《中华人民共和国信托法》第八条第三款规定："采取信托合同形式设立信托的，信托合同签订时，信托成立。采取其他书面形式设立信托的，受托人承诺信托时，信托成立。"因此，认定信托是否成立，主要是看委托人和受托人之间是否就订立信托合同形成一致的意思表示、信托合同是否订立。本案中西部信托提交了与委托方开源证券有限责任公司签订的《西部信托·三联汽修单一资金信托项目资金信托合同》、银行对账单，可以证明三联汽修单一资金信托已经成立并实际募集了4000万元，且该信托资金已经实际支付给东胜三联维修，东胜三联维修主张信托未成立无事实及法律依据，本院不予支持。最终驳回上诉，维持原判。

2. 五矿国际信托有限公司与广西有色金属集团有限公司营业信托纠纷二审民事判决书①

2014年10月24日，五矿国际信托有限公司（以下简称信托公司）与有色金属公司签订了《股权收益权转让暨回购合同》，约定有色金属公司将其合法持有的广西有色再生金属有限公司87.37%的股权收益权转让给信托公司，转让价款为人民币5亿元。信托公司取得特定股权收益权后，有色金属公司应按合同约定回购全部特定股权收益权并支付回购价款。为此，双方同时签署了股权质押合同。后有色金属公司未按期履约，信托公司向原审法院提起诉讼。

一审法院认为，关于有色金属公司是否应向信托公司支付回购价款本金5亿元，回购溢价款158,665,753.43元的问题。本案中，双方当事人签订的《回购合同》系当事人的真实意思表示，且未违反法律、行政法规的强制性规定，合法有效。信托公司以其与有色金属公司存在信托合同纠纷提起本案诉讼，但有色金属公司以本案名为信托实为借贷为由抗辩。《中华人民共和国信托法》第八条规定："设立信托，应当采取书面形式。书面形式包括信托合同、遗嘱或者法律、行政法规规定的其他书面文件等。采取信托合同形式设立信托的，信托合同签订时，信托成立。采取其他书面形式设立信托的，受托人承诺信托时，信托成立。"首先，在双方当事人签订的《回购合同》中对于信托财产的范围、种类及状况、转让价款、信托计划的成立、回购的价款等均有明确约定，符合相关法律规定。其次，信托的特征是委托人将自己的财产交由他人管理、处分，而由受益人获益。就本案合同约定而言，有色金属公司将其所拥有的特定股权

① 最高人民法院民事判决书，（2016）最高法民终231号。

收益权转让给信托公司，信托公司取得该股权收益权后，有色金属公司按照合同约定对该股权收益权进行回购。该合同存在两种法律关系。其一，是受让方和转让方基于信托合同的条款安排转让特定股权收益权所形成的信托法律关系。其二，转让方（回购方）和受让方之间基于收益权的回购合同形成的回购法律关系。双方当事人均有设立信托的意思表示，与通常意义上的借款及还款不同。因此，本案属于营业信托纠纷，而非借贷纠纷。

有色金属公司不服青海省高级人民法院的上述民事判决，向本院提起上诉。认为本案有色金属公司与信托公司双方的基础法律关系应是借贷合同法律关系，而非信托或者回购法律关系。

二审法院认为，关于本案合同的性质及效力问题。2014 年 10 月 24 日，信托公司与有色金属公司签订了《回购合同》，约定有色金属公司将其持有的再生金属公司 87.37%的股权收益权转让给信托公司，信托公司以其发起设立的信托公司—有色金属公司股权收益权投资集合资金信托计划项下募集的信托资金受让该项股权收益权，转让价款为人民币 5 亿元。信托公司取得特定股权收益权后，有色金属公司按照合同约定期限回购全部特定股权收益权并支付回购价款。依据信托公司—有色金属公司股权收益权投资集合资金信托计划，信托公司与案外委托人之间形成了信托法律关系；依据《回购合同》，信托公司与有色金属公司之间形成了股权收益权返售回购法律关系。根据《信托公司管理办法》、《信托公司集合资金信托计划管理办法》等信托业监管规定，在具体的信托计划项下，信托公司可以采用“买入返售”等信托资金管理模式。信托公司采用股权收益权转让暨回购的方式管理信托资金，并发行相应的信托计划，与信托贷款业务存在区别。《回购合同》第 2.1 条规定：“信托公司取得的特定资产收益权及其产生的全部收益归入信托财产。”该约定说明，在信托公司取得特定资产收益权期间内，特定资产产生的任何收益均属于信托公司所有。因此，信托公司的收益不是固定收益，回购价格应为最低收益。该合同约定的业务内容属于信托公司正常的业务经营活动。本案《回购合同》签订后，信托公司已向其监管单位青海省银监局履行了报备手续，青海省银监局并未提出整改意见。原审法院认定本案合同性质为营业信托性质，并无不当。上诉人有色金属公司关于本案合同属于名为营业信托实为借贷性质的上诉理由不能成立。

权威解读①

本条是对设立信托的形式要件的规定。

按照信托法的规定，设立信托必须有委托人的明确的意思表示，这是设立信托必须具备的要件之一。

委托人出于一定的信托目的，为使信托关系产生，需要就特定的财产作出设定信托的意思表示，并且该意思表示必须包含法律规定的有关事项。对于设立信托的形式要件，国外通常有三类形式，一是采取书面形式；二是采取口头形式；三是采取声明形式（或称宣言形式）。我国《信托法》规定委托人设立信托的意思表示，无论是契约行为，还是单独行为，都必须采取书面的形式，而不能采取口头的形式。

《信托法》第九条　【信托应采取书面形式】

第九条　设立信托，其书面文件应当载明下列事项：

（一）信托目的；

（二）委托人、受托人的姓名或者名称、住所；

（三）受益人或者受益人范围；

（四）信托财产的范围、种类及状况；

（五）受益人取得信托利益的形式、方法。

除前款所列事项外，可以载明信托期限、信托财产的管理方法、受托人的报酬、新受托人的选任方式、信托终止事由等事项。

典型案例

陈某元与西藏信托有限公司营业信托纠纷二审民事判决书②

2014年11月24日，西藏信托有限公司（以下简称西藏信托）与陈某元签署《西藏信托有限公司鸿禧成长2号伞形证券投资集合资金信托计划资金信托合同》及西藏信托鸿禧成长2号（以下简称鸿禧2号）伞形证券投资集合资金信托计划文件，约定了优先劣后受益人、预警线平仓线、费用承担等内容。

① 《法律问答与释义》，载中国人大网，http：//www.npc.gov.cn/zgrdw/npc/flsyywd/jingji/2003－11/14/content_ 324176.htm。

② 西藏自治区高级人民法院民事判决书，（2017）藏民终25号。

2014 年 12 月 2 日，鸿禧 2 号第 10 期单元项下的全体受益人向信托计划专用银行账户交付了第 10 期信托资金合计人民币 4800 万元，其中 B 类一般信托资金人民币 800 万元（陈某元交纳），第 10 期信托单元于 2014 年 12 月 4 日成立。后陈某元多次补仓、提取分红款。2015 年 9 月，西藏信托根据合同约定对第 10 期信托财产进行平仓操作并完成第 10 期信托财产的变现，随后发布鸿禧 2 号清算报告。

一审法院认为，本案所涉的信托合同完全符合《中华人民共和国信托法》规定的信托法律关系特征、成立要件，未违反我国现行法律法规的规定，属自愿、真实、有效的信托关系，双方签署的信托文件鸿禧 2 号计划也符合我国信托法第九条的规定，明确了双方的权利义务，合同当事人均应当按照信托文件及信托合同的约定履行合同义务。而本案中信托资金在投资过程中触及了信托合同及信托文件约定的平仓线和预警线后，负有补强信托资金义务的陈某元未按信托文件及信托合同约定履行补强义务，构成了对信托合同的违约，依法应当承担合同责任。

二审法院认为，关于案涉合同的效力问题。1. 陈某元与西藏信托签订的《西藏信托有限公司鸿禧成长 2 号伞形证券投资集合资金信托计划资金信托合同》，系双方当事人真实意思表示，且不违反法律法规效力性禁止性规定，属有效合同，双方当事人均应依约全面履行合同义务；2. 根据中国银行业监督管理委员会《信托公司管理办法》《信托公司证券投资信托业务操作指引》等规范性文件，信托公司可以开展证券投资信托业务，将集合信托计划或者单独管理的信托产品项下资金投资于依法公开发行并在符合法律规定的交易场所公开交易的证券；3. 虽然中国证券监督管理委员会于 2015 年 7 月 12 日发布了《关于清理整顿违法从事证券业务活动的意见》，要求清理、整顿违规从事证券业务的行为，但该《意见》并非法律和行政法规，仅是管理性规范而非效力性规范。综上，陈某元关于案涉合同无效的上诉理由不能成立，二审法院不予采信。

权威解读①

本条是对信托文件的法定记载事项和任意记载事项的规定。

依照本法第八条的规定，设立信托，应当采取书面形式。对于信托书面文件的内容，本条作出了两方面的规定。本条第一款列出了五项信托文件必须记

① 《法律问答与释义》，载中国人大网，http：//www. npc. gov. cn/zgrdw/npc/flsyywd/jingji/2003 – 11/14/content_ 324176. htm。

载的事项，这些事项反映了设立信托应当明确的内容，要求委托人在设立信托的书面文件中作出明确的表示。二是信托文件可以载明的其他事项。三是信托文件的其他任意记载事项。在信托文件中，委托人根据需要还可以约定其他事项。例如：受益人放弃受益权的情况下，被放弃的受益权的归属问题；受托人在发生严重违背信托义务的情形时，委托人可以解任受托人；信托终止时，信托财产的归属顺序问题，等等。在信托文件中，事先作出明确、具体的约定，有利于及时处理信托活动中发生的问题，防止出现不必要的纠纷。

《信托法》第十条 【信托登记】

第十条 设立信托，对于信托财产，有关法律、行政法规规定应当办理登记手续的，应当依法办理信托登记。

未依照前款规定办理信托登记的，应当补办登记手续；不补办的，该信托不产生效力。

典型案例

中信信托有限责任公司与青岛舒斯贝尔房地产开发有限公司等营业信托纠纷二审民事判决书[①]

2010年年初，中信信托有限责任公司（以下简称中信信托公司）作为受托人制定《中信—舒斯贝尔特定资产收益权投资集合信托计划说明书》，设立信托计划，约定信托计划的成立条件包括：标的股权已经按照《信托合同》《股权转让合同》及相关法律法规的规定转让并过户至受托人名下等。2010年7月15日，中信信托公司与青岛舒斯贝尔房地产开发有限公司（以下简称山东舒斯贝尔公司）等签订《投资协议》，约定山东舒斯贝尔公司是次级投资者之一，该公司拟以项目公司50%股权认购信托计划次级受益权份额人民币1.1亿元；山东舒斯贝尔公司在信托项目公司股权后，仍然负有资本补足义务。中信信托公司以信托计划所募集资金投资于项目公司拟开发建设的黄岛凤凰湾项目，项目公司以其所有相关土地使用权作抵押，同时双方合同约定，中信信托公司与山东舒斯贝尔公司签订《股权转让合同》受让标的股权后，成为项目公司的股东后，

---

① 北京市高级人民法院民事判决书，(2020) 京民终33号。

如果因任何原因导致相关主管部门要求中信信托公司缴足所持有的项目公司股权所对应的应付注册资本（3500万美元），则山东舒斯贝尔公司有义务按照中信信托公司通知的时间将相当于中信信托公司所持有的项目公司股权所对应的应付注册资本的金额支付给中信信托公司。

2010年7月19日，中信信托公司与山东舒斯贝尔公司签订《信托合同》约定，在和项目公司原股东的《股权转让协议》中约定受托人不承担注册资本金补足义务，补足义务由其原股东承担，如其原股东未按照规定缴纳注册资本，受托人有权宣布投资计划提前到期，信托计划进行处置程序。2010年7月15日，山东舒斯贝尔公司与中信信托公司签订《股权转让合同》，山东舒斯贝尔公司将股份全部转让给中信信托公司。合同约定，转让方将标的股权转让至受让方后，仍然负有在商务主管部门规定的时间内按照股权转让前的合资合同、公司章程规定缴纳目标公司注册资本的义务（在商务主管部门要求时间内缴付未缴纳的注册资本3356.5万美元）。如转让方未按照前述规定缴纳注册资本且导致受让方损失的，受让方有权要求转让方赔偿损失，并有权宣布投资计划提前到期，行使其在《抵押合同》《质押合同》项下的担保权利。

项目公司系由股东英属开曼群岛舒斯贝尔集团有限公司、山东舒斯贝尔公司共同认缴出资7000万美元设立，于2008年5月29日成立。截至2010年4月9日，山东舒斯贝尔公司作为公司股东持有10%的股份，应缴出资为700万美元，实缴出资为1,435,456美元，占比为2.05%。舒斯贝尔集团公司作为公司股东持有90%的股份，应缴出资6300万美元，实缴2073万美元，占比为29.61%。2010年6月7日舒斯贝尔集团公司与山东舒斯贝尔公司签订《股权转让协议》，约定原由舒斯贝尔集团公司持有的40%的股权转让给山东舒斯贝尔公司，该股份舒斯贝尔集团公司没有实际出资到位，山东舒斯贝尔公司应将上述股权份额对应的2800万美元的等值人民币在办理了新的营业执照后半年内出资给项目公司。2010年6月22日青岛经济技术开发区青岛市黄岛区对外贸易经济合作局出具青开外经贸资审字〔2010〕079号文件，同意上述股权变动事宜。项目公司遂于2010年6月22日申请换发了《中华人民共和国外商投资企业批准证书》，确认了投资者的出资额。项目公司亦完成了相关工商登记变更手续，确认公司的股东为舒斯贝尔集团公司与山东舒斯贝尔公司，各持有公司50%的股份，应缴出资额各为3500万美元。

相关协议签订后，信托计划成立且执行，但山东舒斯贝尔公司未履行其对原持有的项目公司50%股权对应的认缴出资义务。信托计划在执行过程中，因项目公司的违约导致中信信托公司终止投资计划的实施，中信信托公司申请强制执行项目公司的抵押财产。中信信托一审诉讼请求：请求判决确认中信信托公司与山东舒斯贝尔公司签署的《中信—舒斯贝尔特定资产收益权投资集合信托计划信托合同》《股权转让合同》自中信信托公司起诉之日起解除；请求判令山东舒斯贝尔公司受领中信信托公司向其返还的青岛舒斯贝尔公司股权，协助青岛舒斯贝尔公司办理股权工商变更登记手续；请求判令青岛舒斯贝尔公司立即办理将中信信托公司持有的青岛舒斯贝尔公司的股权变更为山东舒斯贝尔公司持有的股权工商变更登记手续。一审法院驳回中信信托公司的全部诉讼请求。

二审法院认为，山东舒斯贝尔公司在案涉信托计划中是次级委托人（劣后受益人）、信托计划资金融资方的关联利益方、提供增信措施人，本案纠纷的性质为营业信托纠纷。信托本质上是一种合同关系，大多是基于信托合同设立，因此，《合同法》的相关规则一般可以适用于信托合同。信托合同也是信托得以运作的直接依据，信托合同对信托的设立与存续具有重要意义。此外，信托合同是信托制度的重要内容，也是《合同法》规范的对象。信托合同的订立、解除、解释、效力、违约责任等，都应当在《合同法》的体系之下进行理解与适用，并应当适用合同法总则的相关规定。中信信托公司请求解除的案涉《信托合同》《股权转让合同》虽然没有约定解除合同事项，但是不妨碍中信信托公司依据《合同法》第九十四条第三项规定行使法定解除权。山东舒斯贝尔公司、项目公司关于本案信托关系不能适用《合同法》第九十四条规定的辩称不能成立。

在案涉《信托合同》中，次级委托人（劣后受益人）山东舒斯贝尔公司将其对项目公司的股权委托中信信托公司进行管理处分，其目的在于通过信托计划募集社会投资者（优先受益人）的资金，投资其控股的项目公司，发挥资金杠杆作用、实现融资功能；受托人中信信托公司受让股权的目的是在信托计划中为提供人民币5亿元的优先受益人公众投资者提供类似担保的增信措施，《中华人民共和国信托法》第十条对信托财产的登记及其法律效力作出了规定，但配套的信托财产登记制度并未建立的情况下，中信信托公司采用股权权属过户的方式实现信托财产的控制与隔离，其目的在于控制并管理信托财产，派驻董事的目的也是保证信托财产的价值安全。

案涉信托计划成立且执行，山东舒斯贝尔公司在《信托合同》的目的已全部实现；但山东舒斯贝尔公司在其项目公司已成功募集资金后，并未按照如下合同条款履行义务。此外，根据山东省高级人民法院（2011）鲁执字第13-3、13-4、13-5、13-6号执行裁定书，因项目公司暂无财产偿还剩余债权该院已终结本次执行程序；由于中信信托公司登记为尚未出资到位的项目公司股东，在项目公司已无财产可执行的情况下，面临被债权人诉至法院追究股东瑕疵出资责任的诉讼风险，如最高人民法院475号案件，中信信托公司在代表信托计划应诉过程中产生的费用支出亦致使信托财产损耗。

案涉《信托合同》的解除不影响其他相关方的利益。综上所述，在信托财产是存有严重瑕疵的股权且项目公司经法院强制执行已无财产可供执行的情况下，中信信托公司经多次催告山东舒斯贝尔公司履行出资义务而未果，中信信托公司有权依据《合同法》第九十四条第三项的规定，行使法定解除权解除案涉《信托合同》。

权威解读[①]

本条是对信托登记的规定。

信托登记有两方面的法律意义。一是依照法律、行政法规的规定，对重要的信托财产办理法定的登记手续，是合法权利成立的要件。二是依法办理信托登记是关于信托关系成立的法定的公示方式。因此，依法办理信托登记，对信托关系的成立和信托当事人权利义务关系的确定，有重要的意义。

信托当事人依法办理了信托登记手续后，产生如下法律后果：一是设立信托的行为具有法律效力，信托财产的权利依法由委托人委托给受托人。二是依法设立的信托对第三人具有对抗力，该项法定登记具有信托公示的效力，除信托法有特别规定外，其他人不得主张对该信托财产的权利。但是，如果信托当事人在设立信托时，对应当办理信托登记的财产未办理信托登记的，应当在规定的期限内补办信托登记；逾期仍不办理的，该信托行为不具有法律效力，不受法律的保护。

《信托法》第十一条　【信托无效】

第十一条　有下列情形之一的，信托无效：

（一）信托目的违反法律、行政法规或者损害社会公共利益；

（二）信托财产不能确定；

（三）委托人以非法财产或者本法规定不得设立信托的财产设立信托；

（四）专以诉讼或者讨债为目的设立信托；

---

① 《法律问答与释义》，载中国人大网，http：//www. npc. gov. cn/zgrdw/npc/flsyywd/jingji/2003 -11/14/content_ 324176. htm。

（五）受益人或者受益人范围不能确定；

（六）法律、行政法规规定的其他情形。

典型案例

甘肃永生水电建筑安装工程有限公司、英大国际信托有限责任公司、景泰县矩阵新能源有限公司等适用特殊程序案件案由二审民事判决书[①]

2015年8月，景泰县矩阵新能源有限公司（以下简称矩阵公司）作为发包人，海润公司作为总承包人，双方签订《总承包合同》，约定完成工程项目。2017年12月，海润公司与英大国际信托有限责任公司（以下简称英大信托）签署《信托合同》，约定委托人海润公司以其合法拥有的《总承包合同》项下的应收账款等财产性权利委托给受托人英大信托发起设立某收益权信托计划，海润公司为初始受益人。同时海润公司、英大信托向矩阵公司发出转让通知，矩阵公司确认收到。2017年10月，矩阵公司向永生公司发送《关于场站管护及付款要求的回复》，表示前期工作就绪后，矩阵公司将协调海润公司向永生公司支付相关工程款，或矩阵公司扣留应支付给海润公司的工程款直接支付给永生公司。该回复相关内容未经海润公司认可。

永生公司上诉认为，案涉《信托合同》截至目前没有履行，没有进行任何具体的管理经营，还处于签订合同时的状态。案涉工程没有完成竣工及结算，海润公司在《海润公司R-20150815-006北京高盈景泰“33.5MW”光伏电站项目建设工程EPC总承包合同》项下是否还有收益，目前无法确认，故《信托合同》项下的数额和收益权均处于待定状态。依据《中华人民共和国信托法》第十一条第一项、第二项、第五项、第六项的规定，该《信托合同》应认定为无效合同。

二审法院认为，关于本案二审争议焦点“案涉《信托合同》的效力如何”，英大信托与海润公司签订的《信托合同》是双方当事人的真实意思表示，且不违反法律、行政法规的强制性规定，应为有效合同。永生公司关于英大信托在2017年12月21日就是矩阵公司的实际控制人，其与海润公司通过签订《信托合同》的方式恶意串通，损害永生公司利益，《信托合同》应为无效的上诉理由，经审查认为，永生公司虽提出英大信托在2017年12月21日就是矩阵公司

---

① 安徽省高级人民法院民事判决书，（2020）皖民终780号。

实际控制人，但无证据证实，本院不予采信。《信托合同》签订后，英大信托基于甘肃省高级人民法院的公开拍卖程序于2020年4月17日竞得案外人无锡市东亿光电科技有限公司持有的矩阵公司100%的股权，该股权属于英大信托固有财产。而信托财产在信托存续期间具有独立于委托人、受托人各自固有财产的特点，故英大信托所持有的矩阵公司股权与案涉信托财产互不交叉影响，不能以英大信托取得矩阵公司100%的事实认定《信托合同》的签订损害了永生公司的利益。且案涉《信托合同》系在英大信托取得矩阵公司股权之前于2017年12月21日签订，永生公司无证据证明英大信托与海润公司此时签订《信托合同》的目的系为损害其权益，故永生公司关于英大信托与海润公司恶意串通，损害其利益的上诉理由亦不能成立，本院不予采信。

权威解读①

本条是对无效信托的规定。

信托的设立行为受法律的强制性规范的约束，如果信托的设立行为违反信托法的规定和其他法律、行政法规的规定，该信托不具有法律效力，视为自始无效。为此，本条列举了有关信托无效的法定情形。信托目的违法，主要是指委托人设立信托有违反法律或者规避法律的主观意愿，并通过信托的形式而实现其愿望。信托关系的核心是信托财产，如果不能确定信托财产，或者信托财产的权属不清，即缺少信托成立的必要条件，该信托是无效的。非法财产是指以非法手段获得的财产，该财产本不属于委托人所有，因此，该财产不得被委托人设定信托。

专以诉讼或者讨债为目的设立的信托，属于无效信托。作出这一规定，主要是防止发生以营利为目的而替代律师承揽诉讼的社会滥诉现象，同时，当事人的诉讼权利不能作为信托的标的，不属于财产管理的活动。能不能确定受益人或受益人范围，是设立信托的必备要件，缺少这一要件，信托不产生效力，即使签订了信托合同或立出遗嘱，该信托是无效的。

① 《法律问答与释义》，载中国人大网，http：//www.npc.gov.cn/zgrdw/npc/flsyywd/jingji/2003-11/14/content_324176.htm。

《信托法》第十二条　【信托的撤销】

第十二条　委托人设立信托损害其债权人利益的，债权人有权申请人民法院撤销该信托。

人民法院依照前款规定撤销信托的，不影响善意受益人已经取得的信托利益。

本条第一款规定的申请权，自债权人知道或者应当知道撤销原因之日起一年内不行使的，归于消灭。

典型案例

山东省国际信托股份有限公司、王某云信托纠纷再审审查与审判监督民事裁定书[①]

再审申请人山东省国际信托股份有限公司（以下简称山东信托）因与被申请人王某云、二审被上诉人深圳东方平昇投资管理有限公司（以下简称深圳东方平昇投资）信托纠纷一案，不服山东省济南市中级人民法院（2020）鲁01民终543号民事判决，向本院申请再审。

山东信托申请再审称：……（三）原判决适用法律确有错误。案涉法律关系为信托关系，根据《中华人民共和国信托法》第十二条的规定，委托人要求受托人赔偿需要同时满足两个前提：一是受托人违反信托目的处分信托财产或者因违背管理职责、处理信托事务不当；二是该行为致使信托财产受到损失。就本案而言，申请人已经履行了相应义务，处理信托事务并无不当，信托财产的损失完全是因为证券市场的系统性风险所导致。因此，原审判决适用合同法第一百零七条明显属于适用法律错误。

法院认为，本案案涉信托合同约定了任何一方违反合同约定义务，应承担违约责任并赔偿因违约造成的全部损失。被申请人与申请人签订的案涉信托合同第三条“信托目的”约定：委托人认购（申购）信托单位加入信托计划，授权委托人代表下达委托人指令，由受托人根据信托文件的规定审查和执行委托人代表的委托人指令，集合运用信托资金进行证券市场投资，谋求信托财产的增值。证券市场的投资存在正常的市场风险，根据合同约定，正常市场风险应当由委托

① 山东省高级人民法院民事裁定书，（2020）鲁民申8571号。

人即王某云自行承担。本案中，2015 年 7 月 3 日，申请人应对信托计划开始进行平仓变现，大部分股票在 7 月 3 日及时变现，成交金额为 18,279,582.84 元，除金河生物停牌以外，银邦股份 30,000 股、山东金泰 21,600 股、外运发展 20,000 股均可以在 7 月 3 日当天平仓及时变现，但由于委托人代表和受托人的拖延变现行为给劣后受益人造成了损失。故原审依据上述事实依照《中华人民共和国合同法》第一百零七条的规定所作出的判决适用法律并无不当。

权威解读[①]

本条是对信托的撤销的规定。

本条分为三款，规定了与欺诈性信托的撤销权有关的三方面的内容。所谓欺诈性信托，是指债务人明知损害债权人的利益而设立的信托，由此设立的信托构成债权人行使撤销权的对象。在信托关系中，由于存在不知情的受益人，特别是在他益信托中，受益人不参与信托的设立行为，而且许多民事信托中，受益人是无民事行为能力人或限制民事行为能力人，因此，在赋予债权人的撤销权的同时，还要考虑受益人的利益。但是，如果受益人是委托人自己，或受益人明知委托人设立信托的目的是逃避债务，即存在恶意，则行使撤销权的后果约束受益人。在有关法律中对民事权利的消灭时效分别作出了规定，对于设立损害债权人利益的信托行为，本条规定债权人应当自知道或者应当知道撤销原因之日起一年内不行使，该撤销权归于消灭。

《信托法》第十三条　【遗嘱信托】

第十三条　设立遗嘱信托，应当遵守继承法关于遗嘱的规定。

遗嘱指定的人拒绝或者无能力担任受托人的，由受益人另行选任受托人；受益人为无民事行为能力人或者限制民事行为能力人的，依法由其监护人代行选任。遗嘱对选任受托人另有规定的，从其规定。

---

① 《法律问答与释义》，载中国人大网，http：//www. npc. gov. cn/zgrdw/npc/flsyywd/jingji/2003 – 11/14/content_ 324176. htm。

典型案例

曾某甲与李某遗嘱继承纠纷二审民事判决书[1]

上诉人李某因与被上诉人曾某甲、原审第三人抚州市临川区高坪镇新坪村委会曾家组遗嘱继承纠纷一案，不服江西省抚州市临川区人民法院（2014）临民初字第238号民事判决，向本院提起上诉。上诉人李某向法院提出上诉称，一审判决认定“遗嘱”性质错误。本案中，曾某生老人所立的所谓“遗嘱”不是一个我国《继承法》上的单纯的“遗嘱”，本案中的“遗嘱”是一份遗嘱信托。按照我国法律的规定，该“遗嘱”只有在同时符合《继承法》和《信托法》的情况下才为有效。从我国《信托法》来看，《信托法》第十三条规定“设立遗嘱信托，应当遵守继承法关于遗嘱的规定”。曾某生老人在立遗嘱时，相关表述也是没有办法确定受益人的范围，故本案中的遗嘱信托不具有可执行性，不符合法律规定，属于无效。

二审法院审理认为，根据《中华人民共和国继承法》第十六条的规定，公民可以依照本法规定立遗嘱处分个人财产，并可以指定遗嘱执行人，但《中华人民共和国继承法》及相关法律法规没有对遗嘱执行人的产生、地位、职责及行为效力等作出规定，对于曾某生的遗产安排应以其所立遗嘱为准。

权威解读[2]

本条是对设立遗嘱信托的规定。

设立信托可以采取遗嘱的形式。当委托人以遗嘱形式设立信托时，该行为包含两项法律行为，一是立遗嘱行为；二是设立信托行为。由此，为要使信托行为有效，其前提是遗嘱行为应当有效。对此，本条第一款规定，设立遗嘱信托，应当符合继承法有关遗嘱的规定。

为了使遗嘱有效，必须按照继承法的规定完成立遗嘱行为。一是立遗嘱人应当是具有完全的民事行为能力的人。二是立遗嘱人只能就其有权处分的合法财产立遗嘱。三是立遗嘱人可以自书遗嘱，也可以由他人代书遗嘱。四是不得伪造遗嘱，不得篡改遗嘱。

---

① 江西省抚州市中级人民法院民事判决书，（2015）抚民一终字第266号。

② 《法律问答与释义》，载中国人大网，http：//www. npc. gov. cn/zgrdw/npc/flsyywd/jingji/2003 - 11/14/content_ 324176. htm。

《信托法》第十四条 【信托财产的范围】

第十四条 受托人因承诺信托而取得的财产是信托财产。

受托人因信托财产的管理运用、处分或者其他情形而取得的财产，也归入信托财产。

法律、行政法规禁止流通的财产，不得作为信托财产。

法律、行政法规限制流通的财产，依法经有关主管部门批准后，可以作为信托财产。

典型案例

华鑫国际信托有限公司与程某峰营业信托纠纷二审民事判决书①

2015年，委托人程某峰与受托人华鑫国际信托有限公司（以下简称华鑫信托）签署《信托合同》约定，信托计划优先委托人为国核集团，劣后委托人为相关自然人，信托资金将用于对九鼎集团进行增资，委托人交付的1%信托资金用于认购信保基金，同时合同约定了劣后委托人追加保证金等条款；信托合同后附《信托计划说明书》载明，本信托采取分层型信托收益权结构，优先信托收益的预期收益率为11.8%/年。2015年8月，华鑫信托与九鼎集团签署《认购协议》。2018年4月，国核集团向华鑫信托发出委托人指令，明确提出鉴于九鼎集团长期停盘，指令华鑫信托要求劣后委托人按时缴纳保证金，随后华鑫信托向程某峰发送邮件要求其追加保证金。后双方争议，原告华鑫信托向法院提出诉讼请求：请求法院判令被告向信托专户追加保证金；要求被告给付未及时追加保证金所产生的违约金。

一审法院认为，关于本案有关保证金的法律属性问题。信托合同约定的保证金应属于一种担保方式，并非信托财产。首先，从法律规定看，《中华人民共和国信托法》第二条规定："本法所称信托，是指委托人基于对受托人的信任，将其财产权委托给受托人，由受托人按委托人的意愿以自己的名义，为受益人的利益或者特定目的，进行管理或者处分的行为。"第十四条规定："受托人因承诺信托而取得的财产是信托财产。受托人因信托财产的管理运用、处分或者其他情形而取得的财产，也归入信托财产。"是否委托受托人管理资金，是委托

---

① 北京金融法院民事判决书，（2022）京74民终375号。

人的权利，委托人有权选择是否将资金交付受托人进行信托管理，而本案中保证金系基于合同约定，并非基于劣后受益人的主动委托。其次，从合同约定看，《信托说明书》中释义部分对信托财产的定义为：信托计划财产或信托财产是指：本计划的信托资金及受托人按信托文件约定对信托资金管理、运用形成的各类资产的总和。信托资金是指委托人按照信托计划文件的约定向受托人交付的购买信托受益权的资金。保证金显然不属于合同约定的信托资金。在信托财产部分，合同再次约定：信托财产包括下列一项或数项：1. 受托人因承诺信托而取得的委托人交付的信托资金；2. 受托人因信托资金的管理、运用或者其他情形而取得的财产和收益；3. 因前述一项或数项财产灭失、毁损或其他事由形成或取得的财产。华鑫信托据此主张“其他情形而取得的财产和收益”包括保证金，程某峰主张“其他情形而取得的财产和收益”指向的对象系信托资金，“其他情形”系与“管理、运用”相并列，系指对信托资金的运用方式。一审法院认为，华鑫信托扩大解释了信托财产的范畴，按照华鑫信托的解读“受托人因其他情形而取得的财产和收益”为信托财产，而事实上，受托人取得的财产不可能都是信托财产，且无论“其他情形”的指向为何，信托财产成立的前提是有委托人基于信托交付资金的意思表示，合同约定的保证金显然不属于该范畴。

信托文件约定了追加保证金的条件，故该保证金属于一种担保方式。保证金担保的主债务应当有合同的明确约定。但案涉信托文件中既没有劣后级对优先级受益人的差额补足承诺，受托人对优先级受益人亦没有保证收益的约定，故保证金所担保的主债务缺乏明确约定。在主债务没有明确约定的情况下，华鑫信托要求程某峰交纳保证金缺乏依据。

二审法院认为，一审判决认定事实清楚，适用法律正确，应予维持。

权威解读①

本条是对信托财产构成的规定。

信托是一种理财制度，信托当事人是为一定的财产利益而建立信托关系的，有财产才会有信托行为，信托行为的成立以一定财产的存在为前提，信托当事人的权利义务都是围绕财产而确定的。可以说，信托法律关系实质上是信托当事人之间的一种财产关系，信托财产在信托关系中处于核心地位。规范信托关

① 《法律问答与释义》，载中国人大网，http：//www. npc. gov. cn/zgrdw/npc/flsyywd/jingji/2003 - 11/14/content_ 324175. htm。

系必须规范信托财产。

明确界定信托财产的构成是确定信托当事人权利义务的必要前提，是保护信托财产利益的要求。信托财产应当是可以合法转让的财产，或者说信托财产应当由可以合法流通的财产构成。如果信托财产不能合法转让或流通，就无法用来进行交易和实现信托财产的保值增值，并影响受益人的合法利益。以限制流通的财产设立信托的，在信托设立前，应使该项财产成为可以合法转让的财产，只有在依法经有关主管部门批准取得该项财产的流通转让许可后，这种财产才可以作为信托财产，以其设立的信托才能产生效力。具体应经过哪个主管部门批准，则依照法律、行政法规的规定执行。

《信托法》第十五条　【信托财产与委托人其他财产的区别】

第十五条　信托财产与委托人未设立信托的其他财产相区别。设立信托后，委托人死亡或者依法解散、被依法撤销、被宣告破产时，委托人是唯一受益人的，信托终止，信托财产作为其遗产或者清算财产；委托人不是唯一受益人的，信托存续，信托财产不作为其遗产或者清算财产；但作为共同受益人的委托人死亡或者依法解散、被依法撤销、被宣告破产时，其信托受益权作为其遗产或者清算财产。

典型案例

黄某、四川信托有限公司信托纠纷二审民事判决书①

2015 年 5 月 13 日，黄某（一般委托人）与四川信托有限公司（以下简称四川信托）（受托人）签订《信托合同》约定，全体委托人一致委托劣后委托人中鑫富盈公司作为委托人代表向四川信托出具投资指令，合同约定了关于信托计划的预警线和平仓线，以及关于不同类别受益权项下信托利益的计算和分配。后黄某按约向四川信托支付了 5000 万元信托资金。该信托计划执行过程中，产品净值于 2015 年 8 月 24 日低于 0.9 元，但中鑫富盈公司未能按四川信托通知要求于 8 月 25 日上午 10:30 之前追加资金使净值恢复到 1.00 元。2015 年 8 月 25 日，四川信托陆续委托卖出相关股票，开始平仓操作。153 号信托计划实际于

---

① 四川省高级人民法院民事判决书，(2016) 川民终 1144 号。

2015年12月15日终止。截至一审法院审理本案时，四川信托尚未出具清算报告。2015年6月23日，案外人青岛德亨公司向153号信托计划募集账户转款780万元，并于2015年6月30日向四川信托出具《宏赢153号追加增强信托资金申请》，载明其接受中鑫富盈公司委托，向153号信托计划追加增强信托资金，申请将该780万元款项充当153号信托计划增强信托资金追加，并计入产品净值。2015年9月14日，该780万元转至153号信托计划托管账户。

二审法院认为，2015年5月13日黄某与四川信托签订的《信托合同》是双方真实意思表示，其内容不违反法律、行政法规的禁止性规定，合法有效，双方当事人均应按照合同约定行使权利，履行义务。

关于案外人青岛德亨公司于2015年6月23日转入募集账户的780万元是否应当计入信托财产，二审法院认为，即使存在中鑫富盈公司于2015年6月30日追加780万元增强信托资金的事实，该780万元于2015年6月30日不应计入信托财产总额，直至2015年9月14日才应当计入信托财产总额。1. 根据《信托法》第七条的规定："设立信托，必须有确定的信托财产，并且该信托财产必须是委托人合法所有的财产"；第十一条规定："有下列情形之一的，信托无效：……（二）信托财产不能确定"；第十五条规定："信托财产与委托人未设立信托的其他财产相区别"；第十六条规定："信托财产与属于受托人所有的财产相区别"。根据上述法律规定，信托财产确定是成立信托的必要条件，也是信托财产具有独立法律地位、对外独立承担责任的基础，信托财产必须与其他财产相区别。为严格执行《信托法》中关于信托财产确定的要求，《信托公司集合资金信托计划管理办法》及《信托公司管理办法》作了进一步规定。《信托公司集合资金信托计划管理办法》第十八条规定："信托计划成立后，信托公司应当将信托计划财产存入信托财产专户"；第二十一条规定："保管人应当履行以下职责：（二）对所保管的不同信托计划分别设置账户，确保信托财产的独立性"；第二十四条规定："信托公司对不同的信托计划，应当建立单独的会计账户分别核算、分别管理。"《信托公司管理办法》第二十九条规定："信托公司应当将信托财产与其固有财产分别管理、分别记账，并将不同委托人的信托财产分别管理、分别记账。"

本案中，780万元从2015年6月23日至9月14日一直存放于四川信托募集账户中，二审中四川信托认可募集账户中除780万元外还存放其他信托计划的资金。因现金系种类物，该780万元与募集账户中的其他资金无法区别、不能确定，募集账户中的资金是混同的，根据上述法律及法规规定，该笔资金在2015年9月14日转至153号信托计划的专用银行账户之前均不应计入信托财产总额。《信托合同》第六条对募集账户和信托专用银行账户分别进行了约定，两个账户的开户行不同，用途也不相同。募集账户针对的是信托计划的推介期，用于受托人划付认购资金；而信托专用银行账户是募集成功后，信托计划存续期间专门用于信托资金管理的账户。青岛德亨公司于2015年6月23日转入募集账户的780万元属于增强信托资金，按照《信托合同》第八条相关款项的约定，增强信托资金应追加至信托计划专用银行账户，且于资金实际到账才能计入信托财产总额。按照合同约定，该780万元增强信托资金若要计入信托财产总额，必须进入153号信托计划专用银行账户，而非募集账户。此外，根据四川信托提供的2015年7月3日、29日，8月21日、24日153号信托计划专用表显示，780万元均作为应收款项列入“其他应收款”科目计入信托总财产，证明153号信托计划并未实际收到780万元款项。因此，按照合同约定，双方争议的780万元于2015年9月14日才应当计入信托财产总额。

权威解读 ①

本条是对信托财产与委托人财产关系的规定。

信托财产与委托人未设立信托的其他财产之间的区别主要在于，委托人对这两部分财产所享有的权利和承担的义务是不同的，二者的区别主要有：委托人对这两种财产所享有的权利的内容不同，两部分财产的权利主体不同，行使权利的方式不同，由这两部分财产所产生的收益的归属不同，两部分财产所担保的债务不同。

《信托法》第十六条　【信托财产与受托人其他财产的区别】

第十六条　信托财产与属于受托人所有的财产（以下简称固有财产）相区别，不得归入受托人的固有财产或者成为固有财产的一部分。

受托人死亡或者依法解散、被依法撤销、被宣告破产而终止，信托财产不属于其遗产或者清算财产。

---

① 《法律问答与释义》，载中国人大网，http：//www.npc.gov.cn/zgrdw/npc/flsyywd/jingji/2003－11/14/content_324175.htm。

典型案例

北京国际信托有限公司与杭州磐晟投资管理合伙企业（有限合伙）合同纠纷二审民事判决书①

2016年，北京国际信托有限公司（以下简称北京信托）设立相关信托计划，委托人王某存与受托人北京信托签订信托合同，约定相关委托资金用于受让杭州磐晟投资管理合伙企业（有限合伙）（以下简称磐晟公司）持有的歌华公司限售流通股股票的收益权，并约定以标的股票质押给受托人，委托人追加增强资金和差额补足增信，上海滚石公司提供连带责任担保。2016年3月3日，磐晟公司与北京信托签订转让合同，将前者通过中信建投某资管计划持有的股票收益权转予后者，并将相关股票质押给北京信托，后者支付价款作为受让特定股票收益权的对价。2016年3月4日，北京信托与王某存签署追加资金协议，后者认缴前者设立相关信托计划的一般级信托本金，并同意在信托计划存续期内提供并履行追加增强资金、差额补足的义务。随后，双方履行了相关公证程序、签署股票质押合同，北京信托接收了磐晟公司的公章、营业执照等资料。2018年12月5日，磐晟公司登报称公章因遗失作废，北京信托随之向磐晟公司、滚石公司、王某存及中信建投公司等发送告知函，维护自身合法权益。北京信托向一审法院提出诉讼请求：判令磐晟公司对磐晟公司持有的歌华股份公司6,770,480股股票进行出售，以实现北京信托的特定股票收益权；确认出售后的全部收入归北京信托所有。一审法院最终驳回原告北京信托的诉讼请求。

二审法院认为，2018年12月5日，在标的股票限售期结束后约定的开始卖出标的股票变现时间2018年12月12日之前，磐晟公司登报声明其不慎遗失公章、法人章和财务章各一枚，声明作废。磐晟公司此声明明显违反其合同中的义务，使北京信托控制及处置信托财产标的股票账户资产的行为可能面临争议或障碍，北京信托在发函交涉无果的情况下，提起本案诉讼请求判令磐晟对磐晟公司持有的歌华股份公司6,770,480股股票（股票代码：600037）进行出售，符合案涉合同约定和法律规定，应予支持；但是必须强调的是，案涉股票是上市公司的股票，在处置的过程中必须依法按照相关监管规定进行。一审法院关于“北京信托公司要求判令磐晟公司对其持有歌华股份公司（600037）的6,770,480股股票进行出售并将全部收入归北京信托公司所有，其实质是要求实现对股票的质权”的认定不当，应予纠正。但是，案涉标的股票收益权是北京

---

① 北京市高级人民法院民事判决书，（2020）京民终497号。

信托作为北京信托·丰收资本016号集合资金信托计划的受托人购买的信托财产，根据《中华人民共和国信托法》第十四条的规定，受托人因承诺信托而取得的财产是信托财产。第十六条规定，信托财产与属于受托人所有的财产（以下简称固有财产）相区别，不得归入受托人的固有财产或者成为固有财产的一部分。案涉标的股票所有的收益权是信托财产，不能确认为北京信托所有，北京信托关于确认标的股票出售收入归其据所有的请求，于事实不符，于法无据，本院不予支持。

权威解读①

本条对信托财产与受托人固有财产的界限作出了规定。

按照本条规定，确定信托财产与受托人固有财产的界限主要有两项规则：第一，信托财产与受托人的固有财产相区别，不得归入受托人的固有财产或者成为固有财产的一部分。第二，受托人死亡或者依法解散、被依法撤销、被宣告破产而终止，信托财产不属于其遗产或者清算财产。根据本条第一款第一项规则，信托财产实际上不属于受托人所有的财产，那么在受托人死亡后，当然不能将信托财产作为其遗产；同样，受托人是法人的，在受托人因依法解散、被依法撤销、被宣告破产而终止时，信托财产也不得作为受托人清算财产。

《信托法》第十七条　【信托财产的强制执行】

第十七条　除因下列情形之一外，对信托财产不得强制执行：

（一）设立信托前债权人已对该信托财产享有优先受偿的权利，并依法行使该权利的；

（二）受托人处理信托事务所产生债务，债权人要求清偿该债务的；

（三）信托财产本身应担负的税款；

（四）法律规定的其他情形。

对于违反前款规定而强制执行信托财产，委托人、受托人或者受益人有权向人民法院提出异议。

---

① 《法律问答与释义》，载中国人大网，http：//www.npc.gov.cn/zgrdw/npc/flsyywd/jingji/2003－11/14/content_ 324175.htm。

相关规定

1.《最高人民法院关于在执行工作中进一步强化善意文明执行理念的意见》（法发〔2019〕35号）

第二条第三款　要注意到，信托财产在信托存续期间独立于委托人、受托人各自的固有财产，并且受益人对信托财产享有的权利表现为信托受益权，信托财产并非受益人的责任财产。因此，当事人因其与委托人、受托人或者受益人之间的纠纷申请对存管银行或信托公司专门账户中的信托资金采取保全或执行措施的，除符合《中华人民共和国信托法》第十七条规定的情形外，人民法院不应准许。

2.《最高人民法院关于人民法院民事执行中查封、扣押、冻结财产的规定》（法释〔2020〕21号）

第三条　人民法院对被申请人的下列财产不得查封、扣押、冻结：……（八）法律或者司法解释规定的其他不得查封、扣押、冻结的财产。

3.《信托业保障基金管理办法》

第二十六条　信托公司应当设立保障基金专项账户，用于核算保障基金认购者的资金及其应享收益，真实记录保障基金的归集及支付。信托公司应当按季度与保障基金公司核对认购保障基金的资金余额、变动和支付情况。

典型案例

广州农村商业银行股份有限公司、渤海国际信托股份有限公司合同纠纷执行审查类执行裁定书①

复议申请人广州农村商业银行股份有限公司（以下简称广州农商行）不服广东省高级人民法院（以下简称广东高院）(2019）粤执异9号执行裁定，向本院申请复议。本院依法组成合议庭进行审查，现已审查终结。

广东高院认为，本案争议焦点为：(一）该院查封的账户是否是信托财产专用结算账户、信托业保障基金专项账户。(二）对信托财产专用结算账户、信托业保障基金专项账户中的资金能否实施保全冻结。

关于查封的账户是否是信托财产专用结算账户、信托业保障基金专项账户。《中华人民共和国信托法》第十六条规定，信托财产与属于受托人所有的财产（以下简称固有财产）相区别，不得归入受托人的固有财产或者成为固有财产的

---

①　最高人民法院执行裁定书，(2019）最高法执复88号。

一部分。渤海国际信托股份有限公司（以下简称渤海信托公司）作为银保监会监管下的持牌信托公司，依法经营信托业务，有权以自己的名义，持有和管理独立于固有财产的信托财产，不能适用一般性规则，将其名下账户一概认定为自有资金账户。具体到本案：

关于案涉兴业银行账户、工商银行账户是不是信托财产专用结算账户。渤海信托公司提供的信托专户开立凭证能够证明两个账户是专用账户；信托合同中的银行账号与信托登记文件记载的银行账号相一致，是该院冻结的两个账号；信托合同中的信托登记编码与中国信托登记有限责任公司信托登记通知书中的编码以及信托登记官方网站相关网页记载的编码一致；委托人打款凭证可证明有多名或者单一投资者向案涉银行账户打款。上述相关证据材料相互可以印证，形成证据链条。广州农商行虽然认为两个账户中被冻结的资金是否确实是信托财产尚存疑问，但其认可渤海信托公司前述证据材料的真实性，也没有提出证据对渤海信托公司的举证进行反驳。故该院支持渤海信托公司的请求，将案涉兴业银行账户、工商银行账户中的资金作为渤海信托公司依照信托合同约定进行管理、运作的受托资金处理。

关于案涉平安银行账户资金是否是信托保障基金。渤海信托公司提供的账户开立凭证能够证明该账户是专用账户且资金性质为保障基金；提供的业务回单能够证明该账户与中国信托业保障基金有限责任公司归集专户有资金往来；提供的案涉工商银行账户资金对应的信托合同中，有“以本信托项下信托资金的1%认购信托业保障基金”的内容，其中载明的中转所用的信托财产专户为案涉平安银行账户。上述相关证据材料相互可以印证，形成证据链条。广州农商行虽然认为案涉平安银行账户中被冻结的资金是否确实是信托业保障基金尚存疑问，但其认可渤海信托公司前述证据材料的真实性，也没有提出证据对渤海信托公司的举证进行反驳。故该院支持渤海信托公司的请求，将案涉平安银行账户作为信托公司基金专户处理。

关于对信托财产专用结算账户、信托业保障基金专项账户中的资金能否实施保全冻结。首先，《中华人民共和国信托法》第十七条规定，除因下列情形之一外，对信托财产不得强制执行：（一）设立信托前债权人已对该信托财产享有优先受偿的权利，并依法行使该权利的；（二）受托人处理信托事务所产生债务，债权人要求清偿该债务的；（三）信托财产本身应担负的税款；（四）法律规定的其他情形。对于违反前款规定而强制执行信托财产，委托人、受托人或者受益人有权向人民法院提出异议。目前没有证据证明本案具备上述四种例外情形，也无证据证明渤海信托公司将自有资金打入案涉信托财产专用结算账户中，故对案涉兴业银行、工商银行账户中的资金不应作为渤海信托公司的自有资金冻结。其次，《信托业保障基金管理办法》第二十六条规定，信托公司应当设立保障基金专项账户，应当按季度与保障基金公司核对认购保障基金的资金余额、变动和支付情况。虽然，该账户中的资金尚未划转到中国信托业保障基金有限责任公司归集专户，但其性质仍非信托公司的固有财产，且冻结该专户将使保障基金失去向归集专户划付的通道，故在没有发现该账户中有渤海信托公司其他自有资金的情况下，不宜对该账户继续冻结。广州农商行提出，信托法、民事诉讼法及相应司法解释只是规定不得将信托财产作为受托人的财产而强制执行，没有禁止对其实施财产保全。因法律设定财产保全制度的目的是保障将来的生效判决能够得到执行，而保全他人的财产、保全将来不能用于执行的财产无法实现这一目的，故对其主张不予支持。因冻结第三人资金影响第三人的合法权益，故法院如发现冻结的是第三人资金，无论被保全人是否予以置换或者提供担保，法院均应依职权解冻，对广州农商行必须提供合格的担保才能解除对案涉账户冻结的观点亦不予支持。

最高人民法院审查认为，本案争议焦点为是否应解除广东高院（2019）粤执保 47 号财产保全清单涉及账户的保全措施。

《中华人民共和国信托法》第十六条规定，信托财产与属于受托人所有的财产（以下简称固有财产）相区别，不得归入受托人的固有财产或者成为固有财产的一部分；第十七条规定，除因下列情形之一外，对信托财产不得强制执行：（一）设立信托前债权人已对该信托财产享有优先受偿的权利，并依法行使该权利的；（二）受托人处理信托事务所产生债务，债权人要求清偿该债务的；（三）信托财产本身应担负的税款；（四）法律规定的其他情形。依据上述规定，信托财产在信托存续期间独立于委托人、受托人、受益人各自的固有财产。当事人因其与委托人、受托人或者受益人之间的纠纷申请对存管银行或者信托公司专门账户中的信托资金采取保全措施的，除符合信托法第十七条规定的情形外，人民法院不应当准许。本案中，根据广东高院查明的事实及渤海信托公司提供的相应证据，可以证实案涉兴业银行账户、工商银行账户是信托财产专用结算账户，案涉平安银行账户资金是信托保障基金专户。广州农商行虽然认为账户中被冻结的资金是否确实是信托财产及信托业保障基金尚存疑问，但未提出相反证据予以反驳。故广东高院将案涉兴业银行账户、工商银行账户中的资金作为渤海信托公司依照信托合同约定进行管理、运作的受托资金处理，将平安银行账户作为信托公司基金专户处理，并无不当。广东高院裁定，解除对渤海信托公司在中国工商银行上海民生路支行 10×××26 账号、兴业银行石家庄分行营业部57×××77账号、平安银行石家庄分行营业部19×××08账号的冻结措施，符合《中华人民共和国信托法》及《信托业保障基金管理办法》的相关规定。另，广东高院作出的（2019）粤民初11号民事裁定书仍有效力，该院应当通过保全渤海信托公司固有财产的方式应继续执行。综上所述，广州农商行的复议请求不能成立，本院不予支持。最终裁定驳回广州农商行复议申请；维持广东省高级人民法院（2019）粤执异9号执行裁定。

权威解读①

本条是对禁止强制执行信托财产的规定。

信托财产是为信托目的而独立存在的财产，与委托人的其他财产以及受托人的固有财产相区别，因此，信托财产既非委托人债务的担保，也非受托人债务的担保，无论是委托人的债权人，还是受托人固有财产的债权人，都不具请求债务人以信托财产偿还债务的权利，从而也不应允许他们对信托财产申请强制执行。

禁止强制执行信托财产是一项基本规则，体现了信托财产独立性的要求，委托人的债权人和受托人的债权人在行使自己的债权请求权时，应遵守这项规则，作出强制执行决定的机关也应严格执行这项规则。按照本条第一款的规定，有以下情形之一的，对信托财产可以强制执行。第一，设立信托前，债权人已对该信托财产享有优先受偿的权利，并依法行使该权利时，可以申请对信托财产予以强制执行。第二，受托人处理信托事务所产生债务，债权人要求清偿该债务时，可以申请对信托财产予以强制执行。第三，信托财产本身应担负的税款。

《信托法》第十八条 【债权债务的抵销】

第十八条 受托人管理运用、处分信托财产所产生的债权，不得与其固有财产产生的债务相抵销。

受托人管理运用、处分不同委托人的信托财产所产生的债权债务，不得相互抵销。

① 《法律问答与释义》，载中国人大网，http：//www.npc.gov.cn/zgrdw/npc/flsyywd/jingji/2003-11/14/content_324175.htm。

权威解读[①]

本条是对信托财产上的债权债务抵销规则的规定。[②]

抵销，是终止债权债务关系的一种方式，是指债的当事人双方因相互负有同种类的给付义务而将两方债务相互充抵。实质上，抵销是债的履行的一种特殊方式。采用抵销的方式消灭债的关系需要具备一定的条件。首先，当事人双方应当相互享有债权，也就是相互负有债务。其次，两项债权或者债务的性质应当是同一的。所谓债权或者债务的性质同一，是指受偿的权利或者给付的义务是同一种类，也就是用以履行债务或者行使债权的标的，在性质和种类上都是相同的。第三，相互的债权或债务都到了履行期。第四，抵销债权或者债务不得违背债的目的，不得违反法律规定或者双方的约定。由此可见，债权或者债务不能随意抵销，只有在具备上述条件的情况下才可以采取抵销的方式。

《信托法》第十九条　【委托人的定义】

第十九条　委托人应当是具有完全民事行为能力的自然人、法人或者依法成立的其他组织。

相关规定

《最高人民法院关于审理涉台民商事案件法律适用问题的规定》

第一条　人民法院审理涉台民商事案件，应当适用法律和司法解释的有关规定。根据法律和司法解释中选择适用法律的规则，确定适用台湾地区民事法律的，人民法院予以适用。

---

①《法律问答与释义》，载中国人大网，http：//www. npc. gov. cn/zgrdw/npc/flsyywd/jingji/2003 - 11/14/content_ 324175. htm。

② 有法院在案件审理过程中，引用了本法条规定。如某被告曾经代付一定资金是否应在本案处理的问题，原告认可由其盖章的代付款证明的真实性，但主张根据《中华人民共和国信托法》第十八条的法律规定，被告代原告付款所产生的是原告自有债务，而本案是信托计划对被告享有的债权，两者之间不能抵销。对此法院认为，信托财产是为信托目的而独立存在的财产，由受托人实际控制支配，但产生的收益由受益人享有。因此，受托人管理运用、处分信托财产所产生的债权，不得与其固有财产产生的债务相抵销。被告代原告对外支付的资金，由此产生原告向被告归还代付款的债务系原告固有债务，被告主张在本案中进行抵销，与上述法律规定不符，不予支持。——编者注

典型案例

王某钦与长安国际信托股份有限公司信托合同纠纷二审民事判决书①

2011 年 4 月，王某钦与西安信托公司（后更名为长安国际信托股份有限公司，以下简称长安信托公司）签订了信托合同，该合同约定受托人西安信托公司作为有限合伙人与资产公司作为普通合伙人共同设立合伙企业，信托计划通过合伙企业参与国内证券市场非公开发行股票投资。上海浦东发展银行作为代销人，向该行的客户王某钦认推荐信托计划。后王某钦认缴 500 万元，西安信托公司给其出具凭证。西安信托公司作为有限合伙人，与普通合伙人资产公司共同设立长国企业，西安信托公司将募集的信托资金用于对长国企业的出资，长国企业参与上市公司的定向增发。信托计划存续期间，长国企业参与了 5 家上市公司的定增增发，直到 2013 年 4 月才完成了全部定增股票的变现，因受股市行情的影响，变现后长国企业的认购本金出现亏损。2013 年 4 月 25 日，长安信托公司出具信托计划清算报告，载明信托计划投资的合伙企业于 2013 年 4 月 17 日全部变现，该计划 2013 年 4 月 18 日终止。2014 年 4 月 25 日，王某钦委托律师向长安信托公司发出律师函，要求其披露亲自处理信托事务的证据材料。2014 年 5 月 6 日，再次发出律师函，载明鉴于长安信托公司违约，依据合同法之规定解除双方之间的信托合同，并要求返还资金。

一审法院认为：一、关于双方所签涉案合同是否无效的问题。信托计划载明的发行对象为中华人民共和国境内的个人投资者，依据《中华人民共和国信托法》第十九条“委托人应当是具有完全民事行为能力的自然人、法人或者依法成立的其他组织”的规定，没有排除我国台湾地区的居民作为信托计划委托人的主体资格，而信托合同委托人指认购信托单位的投资者，王某钦作为具有完全民事行为能力的自然人，在详细了解信托计划、合同及认购风险申明书的内容后，以其在境内金融机构开立的银行账户存款认购信托合同约定的份额，满足信托合同约定的合格投资者的认定条件，故王某钦作为信托计划、信托合同委托人主体适格，王某钦认为其签约权利能力存在瑕疵，其签署的信托合同应属无效的诉讼请求，本院依法不予支持。王某钦在签订信托计划、信托合同及认购风险申明书时，应知悉其中的内容，对信托资金的运用即西安信托公司将募集的信托资金用于对长国企业的出资，长国企业参与上市公司的定向增发亦明知，而涉案信托计划经国家相关机构批准，其操作模式为将信托资金交由

---

① 陕西省高级人民法院民事判决书，（2016）陕民终 211 号。

长国企业，由长国企业参与上市公司的定向增发，投资主体为长国企业，不是王某钦本人，也不是长安信托公司，不存在王某钦所称其作为我国台湾地区居民直接参与大陆A股市场的事实，亦不存在信托计划以合法形式掩盖非法目的的情形，故王某钦认为信托合同应属无效合同的诉讼请求，无事实和法律依据，不予支持。

二审法院认为，本案争议的焦点问题是双方所签订的信托合同是否存在无效的情形。信托计划说明书中载明发行对象为“中华人民共和国境内的个人投资者和机构投资者”。王某钦与长安信托公司对于“中华人民共和国境内”的理解存在不同。王某钦认为“中华人民共和国境内”排除了台湾居民，王某钦作为台湾居民不是合格的投资者。长安信托公司认为“中华人民共和国境内”即在中华人民共和国境内发生法律事实即可，王某钦是合格的投资者。双方对此理解不一。但根据《中华人民共和国信托法》的规定，并没有排除台湾地区的居民作为信托计划委托人的主体资格，因此王某钦是合格投资者。长安信托公司作为有限合伙人将募集的信托资金用于对合伙企业长国企业的出资，合伙企业长国企业参与上市公司的定向增发。信托法及相关法律法规并未禁止信托公司运用信托资金投资于合伙企业。长安信托公司对募集资金的使用方式并未违反法律规定，该信托合同不存在以合法形式掩盖非法目的的情形。信托计划中认购风险申明书载明信托计划不承诺保本和最低收益，具有一定的投资风险，适合风险识别、评估、承受能力较强的合格投资者。王某钦作为具有完全民事行为能力的自然人，在详细了解信托计划、合同及认购风险申明书的内容后，以其在境内金融机构开立的银行账户存款以人民币形式认购信托合同约定的份额。其签订信托计划、信托合同及认购风险申明书时，应当知悉其中的内容，对其中的风险应有准确的认识。综上所述，上诉人王某钦的上诉理由不能成立，其上诉请求本院不予支持。二审法院最终驳回上诉，维持原判。

权威解读①

本条是对委托人资格的规定。

委托人是提供财产设立信托的人，由于信托的设立，必须是基于委托人自己的意愿，并且须由委托人为财产的处分，因此，委托人资格应受民法中有关民事行为能力规定的限制。民事行为能力，是指通过自己的行为取得民事权利

① 《法律问答与释义》，载中国人大网，http：//www. npc. gov. cn/zgrdw/npc/flsyywd/jingji/2003 - 11/14/content_ 324174. htm。

或设定民事义务的能力。民事行为能力以民事权利能力为前提，而民事权利能力的实现必须依赖于民事行为能力，只有具备民事行为能力的人，才能通过自己的行为依法取得具体的民事权利或设定具体的民事义务。不论是自然人、法人或者其他组织，都应当依法取得民事行为能力。

在我国实际生活中，除自然人、法人具有民事主体资格外，还有许多非法人组织也享有民事权利能力。对于这些非法人组织的设立和业务活动规则等，在《民法典》以及其他有关法律、法规中已有相应的规定，依法成立的非法人组织，在法律允许的活动范围内，享有独立进行民事活动的权利，从而也具有作为信托关系中委托人的资格。

《信托法》第二十条　【委托人的了解权利】

第二十条　委托人有权了解其信托财产的管理运用、处分及收支情况，并有权要求受托人作出说明。

委托人有权查阅、抄录或者复制与其信托财产有关的信托帐目以及处理信托事务的其他文件。

典型案例

1. 国投财务有限公司与中粮信托有限责任公司营业信托纠纷二审民事判决书[①]

2017年8月9日，国投财务有限公司（以下简称国投财务公司）作为委托人与中粮信托有限责任公司（以下简称中粮信托公司）签署《信托合同》，约定了认购风险申明书、信托规模和期限、当事人的权利义务。2017年8月，上述《信托合同》签订前，中粮信托公司亦向国投财务公司出具《中粮信托·黄金保理系列（第三期）集合资金信托计划说明书》载明，受托人不保证本信托计划一定盈利，也不保证信托计划不发生亏损。出于行业惯例和保护商业秘密的需要，委托人可在受托人处查阅相关备案文件，但受托人有权拒绝其复印、拷贝的要求。2017年8月10日，中粮信托公司发布“中粮信托·黄金保理系列（第三期）集合资金信托计划第2期”成立公告。上述信托计划成立后，中粮信

① 北京市第二中级人民法院民事判决书，（2020）京02民终10989号。

托公司在其官方网站上发布成立公告、临时公告、信托管理报告、季度管理报告，并向国投财务公司送达黄金保理项目风险处置进展周报。后原告于2019年3月29日向被告送达请求函，要求被告提供与信托财产、信托事务处理相关的材料，但被告一直未按原告要求提供，故原告起诉，要求被告提供与中粮信托黄金保理系列（第三期）集合资金信托计划有关的信托账目及处理信托事务的文件供原告查阅、抄录、复制。

一审法院认为，国投财务公司与中粮信托公司签订的信托合同，是双方当事人的真实意思表示，不违反法律行政法规强制性规定，应为合法有效。双方当事人均应按照合同约定行使权利、履行义务。根据《中华人民共和国信托法》第二十条的规定："委托人有权了解其信托财产的管理运用、处分及收支情况，并有权要求受托人作出说明。委托人有权查阅、抄录或者复制与其信托财产有关的信托账目以及处理信托事务的其他文件。"信托合同亦约定了国投财务公司作为委托人的查阅权，故国投财务公司提起本案诉讼，系其行使委托人知情权的权利。鉴于本案审理过程中，中粮信托公司已向国投财务公司提供了部分材料供国投财务公司查阅，国投财务公司亦表示认可，故本案争议的焦点在于，国投财务公司现有的诉讼请求能否得到支持。

首先，法律规定的委托人的查阅权的范围仅限于与其信托财产有关的信托账目以及处理信托事务的其他文件，法院认为委托人知情权的目的在于了解其信托财产的管理运用、处分及收支情况，具体到信托项目上主要体现为信托管理报告或处理信托事务的完整记录。中粮信托公司已在其官方网站上公示了信托管理报告，发布了相应公告，并向国投财务公司送达风险处置进展周报，国投财务公司可自行查阅。国投财务公司主张的信托计划设立的相关文件中粮信托公司应当提供，中粮信托公司认为信托计划设立的文件中粮信托公司已在签署《信托合同》前供国投财务公司查阅，国投财务公司也在《信托合同》中手写确认已阅读并充分理解《信托合同》《认购风险申明书》和其他信托文件、交易文件及有关信息。对此，法院认为，单就信托计划设立前形成的资料而言，系国投财务公司决定签署《信托合同》前应当查阅并据此作出决策的资料，并不涉及信托计划成立后，信托公司对信托财产的管理运用及处分。国投财务公司认为信托计划设立前形成的备查文件的查阅权可贯穿于整个合同期间，于法无据，且国投财务公司作为专业投资机构，已在《信托合同》中确认阅读并充分理解相关文件，其认为未查阅相关资料即签署《信托合同》的意见，法院不予采信。

其次，国投财务公司认为中粮信托公司应当提供信托计划的投后管理文件，中粮信托公司认为国投财务公司主张的内部投后管理制度、回访记录、动态管理表，属于中粮信托公司的内部制作文件，且相关信息已在季度管理报告中进行披露。法院认为国投财务公司主张的相关文件系中粮信托公司自行制作的文件，亦属于中粮信托公司内部管理范畴，对于信托财产的投后管理，中粮信托公司已向国投财务公司提供资金管理报告，国投财务公司可通过资金管理报告及信托管理报告、风险处置进展周报了解信托财产的管理运用、处分及收支情况。

最后，国投财务公司虽主张在与中粮信托公司工作人员沟通时，中粮信托公司工作人员曾表示可以提供相关资料，中粮信托公司认为该工作人员的回复未经公司认可，且该工作人员已经离职。法院认为，国投财务公司作为委托人的查阅权系依据《中华人民共和国信托法》及《信托合同》的约定，中粮信托公司工作人员在与国投财务公司沟通时作出可供国投财务公司查阅的相关资料，部分系信托计划设立前形成的资料，如中粮信托公司自愿提供给国投财务公司查阅，法院不持异议，但双方工作人员的沟通并未对此签订相应书面协议，对于超过法律及合同约定的查阅范围，中粮信托公司有权拒绝。

综上所述，国投财务公司的知情权已得到满足，国投财务公司变更后的诉讼请求，缺乏事实依据，法院不予支持。据此，一审法院判决驳回国投财务有限公司的诉讼请求。

二审法院认为，根据《中华人民共和国信托法》第二十条、第四十九条的规定，委托人、受益人有权了解其信托财产的管理运用、处分及收支情况，并有权要求受托人作出说明。有权查阅、抄录或者复制与其信托财产有关的信托账目以及处理信托事务的其他文件。《信托公司集合资金信托计划管理办法》第十五条规定，委托人认购信托单位前，应当仔细阅读信托计划文件的全部内容，并在认购风险申明书中签字，申明愿意承担信托计划的投资风险。信托公司应当提供便利，保证委托人能够查阅或者复制所有的信托计划文件，并向委托人提供信托合同文本原件。第三十五条规定，受益人有权向信托公司查询与其信托财产相关的信息，信托公司应在不损害其他受益人合法权益的前提下，准确、及时、完整地提供相关信息，不得拒绝、推诿。

根据上述法律法规及双方合同约定，国投财务公司要求以查阅、抄录、复制相关文件资料的方式行使知情权具有法律及合同依据，应当予以支持。

国投财务公司要求中粮信托公司提供《尽职调查报告》《法律意见书》《质押协议》《中国民生银行电子商业汇票业务服务协议》依据充分，应当予以支持，一审判决就相关文件的披露请求所作认定欠妥，本院予以纠正。

为衡平各投资人之间以及委托人、受益人和受托人之间相关利益保护，本院仅支持国投财务公司以查阅、抄录方式行使权利，对其所提复制案涉文件的请求本院不予支持。考虑相关披露文件可能涉及商业秘密或者其他非公开信息，本院确认案涉相关文件以中粮信托公司在特定场所向国投财务公司提供查阅、抄录的方式予以披露，国投财务公司对于通过查阅、抄录方式所获取的非公开信息负有保密义务。

二审法院判决如下：一、撤销北京市东城区人民法院（2020）京0101民初5569号民事判决；二、中粮信托有限责任公司于本判决生效后十日内，在本公司固定场所提供以下文件供国投财务有限公司查阅、抄录，国投财务有限公司对于通过查阅方式所获取的非公开信息负有保密义务；三、驳回国投财务有限公司的其他诉讼请求。

2. 黄某燕与中融国际信托有限公司金融委托理财合同纠纷二审民事判决书①

2015年2月27日，黄某燕（委托人）与中融国际信托有限公司（以下简称中融信托公司）（受托人）签订编号为2015205006××××××的《信托合同》约定：受托人自本信托计划成立之日起，按信托季度制作信托资金管理报告，于每季度末月后的10个工作日内，将本信托计划的资金管理和收益情况报告向受益人进行披露，并存放受托人营业场所备查。在信托计划终止后的10个工作日内，向受益人提交清算报告。披露方式包括：（1）在受托人的公司网站上发布；（2）本信托计划信托经理所在的受托人营业场所存放备查；（3）来函索取时按委托人与受益人预留地址寄送；（4）按委托人或受益人预留电子邮件发送电子邮件。（1）委托人有权了解信托财产的管理、运用、处分及收支情况，并有权要求受托人作出说明；（2）委托人有权查阅、抄录与其信托财产有关的信托账目以及处理信托事务的其他文件；（3）本合同及法律规定的其他权利。信托计划存续期间，中融信托公司按期发布定期管理报告。诉讼中，黄某燕提交《宣传材料》，主张该材料系中融信托公司向其提供，中融信托公司销售人员张伟伟向其推介案涉信托项目，黄某燕主张销售人员在销售过程中对其进行了欺骗。黄某燕曾向银保监会、黑龙江监管局等部门递交了投诉信。

二审法院认为，案涉《信托合同》系双方当事人的真实意思表示，不违反法律和行政法规强制性规定，应属合法有效，双方当事人均应依约履行己方义务。结合诉辩意见及本案查明事实，本案二审争议焦点为委托人行使知情权的方式及边界。对此本院论述如下：

---

① 北京金融法院民事判决书，（2021）京74民终366号。

《信托法》第二十条规定，委托人有权了解其信托财产的管理运用、处分及收支情况，并有权要求受托人作出说明。委托人有权查阅、抄录或者复制与其信托财产有关的信托账目以及处理信托事务的其他文件。案涉《信托合同》亦约定了黄某燕作为委托人的查阅权。委托人知情权的目的在于了解其信托财产的管理运用、处分及收支情况，具体到信托项目上主要体现为信托资金管理报告或处理信托事务的完整记录，且委托人行使知情权应以不损害他方利益（包括损害可能性）为限。本案中，在案证据显示，中融信托公司已向黄某燕提供了信托计划的成立公告及季度管理报告，其中对于案涉信托计划的规模、信托计划收入、费用及收益情况以及信托计划所持资产情况及投资标的的财务数据等情况，以及信托资金的管理、运用、处分、收益及收益分配情况均进行了披露。此外，在第二次受益人大会形成决议变更赎回方式后，中融信托公司再次披露了受益人申请赎回的情况，上述披露方式及披露的内容均符合法律和合同约定，能够满足黄某燕了解其信托财产管理运用、处分及收支情况的需求。在无合同特别约定的情况下，一审法院认定黄某燕的知情权已获满足，并无不当，本院予以确认。黄某燕上诉主张，中融信托公司未向其提供《合伙协议》等，对此本院认为，《合伙协议》及其补充协议以及《增资协议》《股东协议》构成《信托合同》第7.2条约定的“信托财产管理和运用、处分方式”的重要依据，但因涉及第三方利益及存在保密条款，在无合同特别约定以及第三方认可的情况下，基于各方利益均衡保护的原则，上述内容不以原件展示或者提供复印件为中融信托公司履行信息披露义务的必需方式，而且，根据已查明事实，中融信托公司已经提供便利供黄某燕查阅《合伙协议》，且《合伙协议》《增资协议》《股东协议》的主要条款均已经在《信托合同》中列明，黄某燕再行要求中融信托公司提供上述协议复印件，不具合理性，本院难以支持。黄某燕提出其要求中融信托公司提供《合伙协议》等文件的复印件，系为评估下一步提起对中融信托公司损害赔偿相关诉讼做准备，该项意见不能作为其在本案行使知情权的事实理由，该意见可在另案中主张。

委托人只能行使与其信托财产有关的知情权，不能扩大成对全体投资人的所有信托财产的所有信息要求知情。基于上述黄某燕知情权已获满足之理由，黄某燕要求中融信托公司披露的信托账目、银行资金流水及合伙企业账目之诉请，因涉及其他主体的利益，故本院不予支持。

二审法院最终驳回上诉，维持原判。

权威解读①

本条是对委托人知情权的规定。

委托人是设定信托并提供信托财产的当事人。信托成立后，委托人虽然已将有关的财产权利委托给受托人，但仍然是重要的利害关系人，为维护信托目的，保障信托财产的安全，委托人应享有监督信托财产的运用和信托事务处理的权利。要实施有效的监督，委托人必须对信托财产运用和信托事务处理的有关信息有搜集的权利。按照本条规定，委托人的知情权包括两个方面：一是查问权，这是委托人为了解信托财产的管理运用、处分及收支情况而请求受托人作出说明的权利。二是账目及有关文件查阅、抄录、复制权。

《信托法》第二十一条　【信托财产管理方法的调整】

第二十一条　因设立信托时未能预见的特别事由，致使信托财产的管理方法不利于实现信托目的或者不符合受益人的利益时，委托人有权要求受托人调整该信托财产的管理方法。

典型案例

泛海集团有限公司等与葛某合同纠纷民事裁定书②

上诉人泛海集团有限公司（以下简称泛海集团公司）因与被上诉人葛某、原审被告泛海能源控股股份有限公司（以下简称泛海能源公司）、泛海绿能投资有限公司（以下简称泛海绿能公司）、原审第三人北京中财某资本投资有限公司（以下简称中财某公司）合同纠纷一案，不服北京市东城区人民法院（2022）京0101 民初 4414 号民事裁定，向本院提起上诉。

泛海集团公司上诉称，依法撤销一审民事裁定书，将本案移送至山东省潍坊市潍城区人民法院管辖。事实和理由包括：依据《中华人民共和国证券投资基金法》第二条的规定，案涉私募投资基金合同系信托法律关系，依据《中华人民共和国信托法》第二十一条至第二十三条的规定，信托委托人在信托关系

① 《法律问答与释义》，载中国人大网，http：//www. npc. gov. cn/zgrdw/npc/flsyywd/jingji/2003 – 11/14/content_ 324174. htm。

② 北京金融法院民事裁定书，（2022）京 74 民辖终 356 号。

下所享有的信托权益仅包括知情权、撤销权等，并不包括直接支配或处分信托财产，也不包括直接对外追索和派生诉讼的权利。人民法院处理相关案件仍应在不突破信托法中各方基本权利义务框架下确定实体及程序权利。本案被上诉人作为原告，系基金投资人（信托委托人）与基金的交易方之间的争议，并非基金管理人（信托受托人）与基金相对人的争议，因此案涉争议当事人间并不存在书面管辖协议，故本案应当由上诉人住所地管辖。

法院经审查认为，泛海集团公司向中财某公司出具《承诺函》的前提是被上诉人葛某与中财某公司签订了投资基金合同并按照合同约定向基金募集账户汇入投资款，葛某系基金持有人。《承诺函》载明：泛海集团公司承诺在份额收购日由泛海集团公司或其指定的经中财某公司认可的第三方与中财某公司指定的基金份额持有人或其授权第三方按照中财某公司的要求签署《基金份额回购协议》，受让基金份额持有人届时持有的基金份额，并向基金份额持有人指定账户划付基金份额收购价款；泛海集团公司有义务在份额收购日受让中财某公司指定的基金份额持有人持有的基金份额，在份额收购日，无论《基金份额收购协议》是否实际签署且生效，泛海集团公司或基金份额收购第三方均应在份额收购日后的10个工作日向基金份额持有人指定账户全额划付基金份额收购价款。如泛海集团公司未履行基金份额收购义务，中财某公司和/或基金份额持有人有权要求泛海集团公司立即履行及支付迟延履行违约金；因本承诺函引起的或与本承诺函有关的任何争议，协商不成的，应提交中财某公司所在地有管辖权的人民法院提起诉讼。据此，如泛海集团公司未履行基金份额收购义务，中财某公司和/或基金份额持有人有权要求泛海集团公司立即履行及支付迟延履行违约金，被上诉人葛某作为基金份额持有人要求泛海集团公司履行收购基金份额的义务符合《承诺函》之规定，由此引起的诉讼亦应在按照《承诺函》约定的管辖条款进行，且根据《中华人民共和国民事诉讼法》第三十五条规定："合同或者其他财产权益纠纷的当事人可以书面协议选择被告住所地、合同履行地、合同签订地、原告住所地、标的物所在地等与争议有实际联系的地点的人民法院管辖，但不得违反本法对级别管辖和专属管辖的规定。"《承诺函》的约定管辖不违反级别管辖和专属管辖的规定，系有效约定，因此，本案应当由中财某公司所在地有管辖权的人民法院进行管辖。经查，中财某公司自2017年1月1日起在北京市东城区北三环东路36号1号楼B12层办公，故一审法院对本案具有管辖权。综上所述，泛海集团公司提出的管辖异议及相关上诉理由均不能成立，法院不予支持。

权威解读①

本条是对委托人变更信托财产管理方法权利的规定。

信托财产管理方法，就是受托人管理运用、处分信托财产，以使其保值增值的方法。在信托关系中，信托财产的管理权属于受托人，委托人不得随意干涉受托人的管理活动，更无权随意变更信托财产的管理方法。这是信托关系法律效力的表现，也是信托财产独立性原则的要求。然而，客观情况会不断变化，信托成立后，由于客观情况的变化，致使原来采用的信托财产管理方法不能继续采用或者不需要再采用时，则应当变更原来的管理方法。信托财产管理方法的调整，有些是设立信托时就预先考虑到的，可以由受托人在信托文件的授权范围内作出调整。有时难免发生设立信托时未预见的特别事由，致使受托人实际采用的管理信托财产的方法不利于实现信托目的或者不符合受益人的利益，而受托人有权调整却未予调整，在这种情形下，为保证信托目的的实现，保障受益人利益，法律赋予委托人有权要求受托人依照信托目的和受益人利益调整信托财产的管理方法。委托人可以直接向受托人行使这项权利，也可以通过法院作出裁定行使这项权利。

《信托法》第二十二条　【信托目的的违反】

第二十二条　受托人违反信托目的处分信托财产或者因违背管理职责、处理信托事务不当致使信托财产受到损失的，委托人有权申请人民法院撤销该处分行为，并有权要求受托人恢复信托财产的原状或者予以赔偿；该信托财产的受让人明知是违反信托目的而接受该财产的，应当予以返还或者予以赔偿。

前款规定的申请权，自委托人知道或者应当知道撤销原因之日起一年内不行使的，归于消灭。

典型案例

1. 王某学、广东粤财信托有限公司信托纠纷二审民事判决书②

2015 年 6 月 30 日，王某学（委托人、受益人）与广东粤财信托有限公司

① 《法律问答与释义》，载中国人大网，http：//www. npc. gov. cn/zgrdw/npc/flsyywd/jingji/2003 - 11/14/content_ 324174. htm。

② 广东省广州市中级人民法院（2021）粤 01 民终 6448 号民事判决书。

（以下简称粤财公司）（受托人）签订了《信托合同》，载明受托人根据全体委托人的意愿及指定聘请穗富公司为本信托计划的投资顾问并与之签订《投资顾问合同》，约定了预警线、平仓线、信息披露等条款。同日，王某学向合同约定信托计划专用账户转账信托投资款200万元，并向粤财公司支付投资顾问费4万元。粤财公司向一审法院提交了2014年第3—4季度、2015年第1—4季度、2016年第1—4季度、2017年第1—2季度的粤财信托·穗富2号证券投资集合资金信托计划管理报告等资料，证明其履行了信息披露义务。王某学对上述证据真实性不予认可，认为管理报告没有在官方网站发布，也没有通知或送达王某学，而且管理报告等材料均是粤财公司后补制作，报告均未附相应的报表，单位净值及相应的业绩存在造假的行为。

2017年3月13日，中国证券监督管理委员会作出〔2017〕27号《行政处罚决定书》，其中记载，包括粤财公司—穗富2号证券投资集合资金信托计划在内的23个账户由穗富公司发起设立并实际控制，交易资金来源于穗富公司通过上述信托、资产管理计划募集的资金；穗富公司所持账户存在超比例持股未披露情况以及操纵“宁波富邦”股价的情况；中国证券监督管理委员会决定对穗富公司等作出行政处罚。2017年3月15日，粤财公司作出《关于广州穗富投资管理有限公司遭受行政处罚的公告》，认为本次行政处罚仅限于穗富公司，不涉及信托计划，处罚不针对信托计划财产。2017年7月26日，粤财公司发布《粤财信托·穗富2号证券投资集合资金信托计划终止公告》，2017年8月4日，粤财公司发布《“粤财信托·穗富2号证券投资集合资金信托计划”清算报告》。2020年1月19日，王某学向一审法院提起诉讼。

一审法院认为，王某学与粤财公司签订的《信托合同》是双方当事人协商一致形成的合意，合同中对双方权利义务的约定没有违反法律、行政法规的强制性规定，具有法律约束力。《信托合同》签订后，王某学履行了出资义务，一审法院对此予以确认。王某学基于信托合同提起本案违约之诉。《中华人民共和国信托法》第二十二条规定：“受托人违反信托目的处分信托财产或者因违背管理职责、处理信托事务不当致使信托财产受到损失的，委托人有权申请人民法院撤销该处分行为，并有权要求受托人恢复信托财产的原状或者予以赔偿；该信托财产的受让人明知是违反信托目的而接受该财产的，应当予以返还或者予以赔偿”。首先，本案中王某学主张粤财公司未依约履行披露义务。虽然粤财公司提交了粤财信托·穗富2号证券投资集合资金信托计划管理报告，但是粤财公司并无证据证明已将管理报告送达王某学。粤财公司提交了其在网站上发布管理报告的截图，但是发布管理报告的网站与《信托合同》所约定的信息披露网站不一致。故王某学认为粤财公司未依约履行信息披露义务，一审法院予以采信。其次，根据上述法律规定，粤财公司因违背管理职责、处理信托事务不当致使信托财产受到损失的，王某学有权要求粤财公司予以赔偿。从上述规定可见粤财公司赔偿的前提是粤财公司的行为与王某学的损失之间具有因果关系。而本案中粤财公司发布《粤财信托·穗富2号证券投资集合资金信托计划终止公告》《“粤财信托·穗富2号证券投资集合资金信托计划”清算报告》提前终止信托计划，是因为案涉信托计划触及平仓线0.70元，从而导致王某学信托资产亏损，但是现有证据无法证明粤财公司未依约履行信息披露义务与该损失存在因果关系。第三，王某学、粤财公司在履行合同过程中，粤财公司在《认购风险申明书》向王某学告知了在管理、运用或处分信托财产过程中，可能面临包括但不限于市场风险、投资顾问风险、管理风险等；王某学表示对穗富公司已有充分了解，并同意粤财公司聘请其为案涉信托计划的投资顾问，并接受粤财公司聘请投资顾问提供投资服务所可能产生的相应风险。第四，根据中国证券监督管理委员会作出〔2017〕27号《行政处罚决定书》，穗富公司存在利用案涉信托资产进行违规操作的情况，但是相应的行政处罚作出时间为2017年3月13日，而案涉信托计划于2017年7月25日收盘后净值跌破平仓线，从现有证据无法证明穗富公司的违规操作与粤财公司损失存在因果关系。王某学主张粤财公司未尽到对穗富公司的监管义务而主张赔偿，缺乏依据。王某学未能提交证据证明王某学的损失为粤财公司违约所致，应承担举证不能的不利后果，相关损失应由王某学自行负担，对于王某学的诉请，一审法院不予支持。

二审法院认为，本案是信托纠纷。本案二审的主要争议焦点在于：粤财公司是否应向王某学赔偿损失843,406.46元及利息。

对此争议，根据查明的事实，本院认为，首先，粤财公司已于2014年7月9日向广东省银监局递交《关于“粤财信托·穗富2号证券投资集合资金信托计划”成立情况的汇报》。其次，王某学与粤财公司签订的《信托合同》约定，委托人基于对受托人的信任，自愿将其合法拥有的资金委托给受托人，由受托人集合管理、运用，受托人根据全体委托人的意愿及指定聘请穗富公司为本信托计划的投资顾问并与之签订《投资顾问合同》，将信托资金投资于国内依法公开发行的A股股票、交易所债券、证券投资基金以及新股、新债申购、债券逆回购、货币市场基金、信托业保障基金、银行存款等，并通过受托人的专业管理谋求信托财产的稳定增值。王某学也签署《认购风险申明书》，确认其知悉并认可受托人与投资顾问签署的投资顾问合同，并确认其已认真阅读并理解所有的信托文件，并愿意依法承担相应的信托投资风险。可见，王某学对于案涉信托计划聘请穗富公司为投资顾问是明知和同意的，且愿意承担相应投资风险。再次，案涉《行政处罚决定书》并未认定粤财公司存在违规行为，不足以证实粤财公司未履行忠实和勤勉义务。最后，《信托合同》约定，受托人在有关披露事项的净值、季度管理报告、报表或通知等制作完毕后，可以以在受托人网站（××）上公告、电子邮件、电话、按信托合同中载明的通讯地址或联系方式以信函的形式向受托人与受益人邮寄、委托人以书面形式声明的其他信息披露方式报告委托人。粤财公司提交了2014年第3—4季度、2015年第1—4季度、2016年第1—4季度、2017年第1—2季度的粤财信托·穗富2号证券投资集合资金信托计划管理报告、《粤财信托·穗富2号证券投资集合资金信托计划终止公告》《"粤财信托·穗富2号证券投资集合资金信托计划"清算报告》，以及其在相关网站上发布的2016年第1—4季度、2017年第1—2季度的粤财信托·穗富2号证券投资集合资金信托计划管理报告。粤财公司为证明××网站在登录时可自动跳转至相关网站，也已在一审庭审中当庭用手机登录案涉网站。综上所述，粤财公司主张其已履行勤勉尽责等义务提交了相应的证据予以证实，而王某学提交的证据不足以证实粤财公司违反了法定义务及《信托合同》约定的义务，退一步讲，即使粤财公司披露信息网站与《信托合同》约定的信息披露网站不一致，王某学提交的证据也不足以证实其案涉损失843,406.46元及利息是由粤财公司的该行为所造成，故一审判决认定相应的损失应由王某学自行负担，并对王某学诉请要求粤财公司赔偿损失843,406.46元及利息不予支持，并无不当，本院予以维持。最终二审法院判决驳回上诉，维持原判。

2. 中国银行股份有限公司滁州分行、滁州中普置业有限公司等信托纠纷二审管辖裁定书[①]

上诉人北京国际信托有限公司（以下简称北京信托公司）、湖南省信托有限责任公司（以下简称湖南信托公司）因与被上诉人深圳华宸未来资产管理有限公司（以下简称华宸未来公司），原审第三人安徽国元信托有限责任公司（以下简称国元信托公司）、滁州中普置业有限公司（以下简称中普置业公司）、中国银行股份有限公司滁州分行（以下简称中行滁州分行）信托纠纷一案，不服北京市第三中级人民法院（2017）京03民初210号、（2017）京03民初210号之一管辖权异议民事裁定，向北京市高级人民法院提起上诉。

二审法院认为：关于原审被告北京信托公司是否属于本案适格被告问题，本院认为，要确定被告是否适格，应当根据原告主张的诉讼请求、事实和理由，

---

① 北京市高级人民法院民事裁定书，（2017）京民辖终412号。

并结合当事人提供的初步证据、法院查明事实等进行审查。根据华宸未来公司在民事起诉状及庭审笔录中主张，其系依据《中华人民共和国信托法》第二十二条规定，起诉要求撤销湖南信托公司将信托财产支付北京信托公司用于归还贷款的行为，并请求判令湖南信托公司向华宸未来公司赔偿资金及利息损失、北京信托公司承担连带赔偿责任。鉴于《中华人民共和国信托法》第二十二条第一款规定："受托人违反信托目的处分信托财产或者因违背管理职责、处理信托事务不当致使信托财产受到损失的，委托人有权申请人民法院撤销该处分行为，并有权要求受托人恢复信托财产的原状或者予以赔偿；该信托财产的受让人明知是违反信托目的而接受该财产的，应当予以返还或者予以赔偿。"故本案要确定北京信托公司是否属于适格被告，应当审查其是否作为受让人接受信托财产。

关于北京信托公司是否作为受让人接受信托财产的问题，本院认为，根据《中华人民共和国信托法》第二条规定，信托是指委托人基于对受托人的信任，将其财产权委托给受托人，由受托人按委托人的意愿以自己的名义，为受益人的利益或者特定目的，进行管理或者处分的行为。信托财产是指委托人通过信托行为，转给受托人并由受托人按照一定的信托目的管理或处理的财产，以及经过管理、运用或处分后取得的财产收益。《中国人民银行关于信托投资公司人民币银行结算账户开立和使用有关事项的通知》（银发〔2003〕232号）第一条第三款及第二条规定，信托投资公司对受托的信托财产，应在商业银行设置专用存款账户；信托财产专户的存款人名称应为受托人（信托投资公司）全称。具体就本案而言，在湖南信托公司基于信托目的，将信托资金划转至以中普置业公司名义在中行滁州分行开设的监管账户后，中普置业公司即取得监管账户内资金的所有权。尽管《资金监管协议》对资金的使用存在限制，但该笔资金已归中普置业公司所有，在性质上不属于信托财产。湖南信托公司管理的信托财产，实质上已由信托资金形式转化为湖南信托公司对中普置业公司的贷款债权形式。因此，本案中北京信托公司所接受资金是属于中普置业公司的资金，而不是湖南信托公司管理的信托财产。北京信托公司不属于《中华人民共和国信托法》第二十二条规定的信托财产的受让人，不属于本案适格被告。

综上所述，鉴于北京信托公司并非本案适格被告，华宸未来公司对其的起诉依法应予驳回，故一审法院对本案无管辖权。因原审被告湖南信托公司住所地在湖南省长沙市，湖南省高级人民法院对本案具有管辖权。上诉人湖南信托公司请求将本案移送至湖南省高级人民法院处理，本院予以支持。一审法院裁定驳回北京信托公司、湖南信托公司的管辖权异议申请错误，本院予以纠正。依照相关法规，裁定如下：一、撤销北京市第三中级人民法院（2017）京03民初210号、（2017）京03

民初210号之一民事裁定；二、驳回深圳华宸未来资产管理有限公司对北京国际信托有限公司的起诉；三、本案移送湖南省高级人民法院处理。本裁定为终审裁定。

权威解读[①]

为防止受托人故意或者过失致使信托财产不当减少，遭受损失，以保护信托财产的安全，维护信托目的，保护受益人的利益，法律赋予委托人撤销权、恢复原状请求权和赔偿请求权。

委托人撤销权，是指当受托人处分信托财产的行为足以影响信托目的的实现或受益人利益时，委托人享有的得予以撤销该行为的权利。委托人撤销权应当具备以下构成要件：一是须有受托人的行为。二是受托人的行为应当是违反信托目的处分信托财产或使信托财产减少并受到损失的行为。三是受托人的行为应当是违反信托目的，有害于受益人受益权的行为。

委托人撤销权应当通过诉讼方式行使。也就是说，委托人应当以自己的名义请求人民法院撤销受托人实施的违反信托目的处分信托财产的行为和有害于信托受益权的处分信托财产的行为。人民法院根据委托人的请求作出撤销受托人处分信托财产行为的判决后，受托人的处分行为即发生自始无效的法律后果。这种无效处分行为的法律后果主要有两个方面的内容：一是恢复信托财产的原状，即恢复到无效处分行为发生之前的状态，以消除无效处分行为所造成的不应有的后果。二是赔偿信托财产损失。受托人处分信托财产的行为被撤销后，受托人有过错的，应当赔偿信托财产的损失。

委托人的撤销权是一种形成权，因此法律规定了除斥期间，这就是自委托人知道或者应当知道撤销原因之日起一年内不行使的，撤销权归于消灭。

《信托法》第二十三条　【解任受托人】

第二十三条　受托人违反信托目的处分信托财产或者管理运用、处分信托财产有重大过失的，委托人有权依照信托文件的规定解任受托人，或者申请人民法院解任受托人。

---

① 《法律问答与释义》，载中国人大网，http：//www. npc. gov. cn/zgrdw/npc/flsyywd/jingji/2003 -11/14/content_ 324174. htm。

典型案例

湖南桂阳农村商业银行股份有限公司、财信证券有限责任公司营业信托纠纷二审民事判决书①

上诉人湖南桂阳农村商业银行股份有限公司（以下简称桂阳农商行）因与被上诉人财信证券有限责任公司（以下简称财信证券）以及原审被告广州农村商业银行股份有限公司（以下简称广州农商行）、湖南桑植农村商业银行股份有限公司（以下简称桑植农商行）、河北南和农村商业银行股份有限公司（以下简称南和农商行）营业信托纠纷一案，不服湖南省郴州市中级人民法院（2020）湘10民初6号民事判决，向本院提起上诉。本院于2020年11月23日立案后，依法组成合议庭进行了审理。本案现已审理终结。

桂阳农商行主张财信证券在管理“珠江8号”时购买“15沪华信MTN001”债券的行为违反法律强制性规定，且债券实际来源于桑植农商行、南和农商行，财信证券与桑植农商行、南和农商行存在恶意串通行为，广州农商行未尽监管职责，应认定为无效行为，相关方应互相返还财产、赔偿损失，故提起本案诉讼。财信证券、广州农商行、桑植农商行、南和农商行均不同意桂阳农商行的诉讼请求。诉讼中，一审法院致函中国证监会湖南监管局，函请其就财信证券违规行为的性质进行界定，中国证监会湖南监管局回函称其不能（在民事案件中）应一审法院要求作出认定意见。

一审法院认为，本案为证券纠纷。桂阳农商行要求解除与财信证券、广州农商行签订的《珠江8号资管合同》（含补充协议），首先，对照双方合同约定，桂阳农商行要求提前解除合同不符合双方合同的约定；其次，就合同解除后的清算问题，桂阳农商行没有提出任何主张。故桂阳农商行的该诉讼请求也不能成立。综上所述，一审法院判决：驳回桂阳农商行的全部诉讼请求。

桂阳农商行上诉请求：……（五）因财信证券管理、处分“珠江8号”存在重大过失，且已造成损失，故桂阳农商行有权依据《信托法》第二十三条的规定，解除《珠江8号资管合同》。

财信证券答辩称：桂阳农商行行使解除权不符合约定或法律规定。本案不存在“受托人违反信托目的处分信托财产或者管理运用、处分信托财产有重大过失”的情形，而且合同明确约定桂阳农商行自担投资风险，桂阳农商行不能因产生投资风险就主张解除合同。因此，桂阳农商行无权依据《信托法》第二

---

① 湖南省高级人民法院民事判决书，（2020）湘民终1853号。

十三条主张解除合同。

二审法院认为，因《珠江8号资管合同》尚在履行过程中，桂阳农商行既未提供相应的证据证明本案已经达到合同约定的解除条件，又未提供证据证明本案具有解除合同的法定情形，故其请求解除《珠江8号资管合同》的上诉请求亦不能成立，本院不予支持。此外，因本案争议的法律关系为信托法律关系，故本案案由应确定为营业信托纠纷。一审判决将本案案由确定为证券纠纷不当，本院予以纠正。最终二审法院维持原判。

权威解读①

本条是对委托人依法解任受托人的规定。

委托人解任受托人的权利是基于委托人的资格和地位所产生的。在信托关系中，委托人是提供财产设立信托的人，信托目的就是委托人意欲达成的目的，受托人是委托人基于信任所选定的。信托成立后，受托人应当按照信托文件体现的委托人的意愿，管理运用、处分信托财产，实现信托目的。委托人在信托成立后虽然不具有直接管理处分信托财产的权利，但是作为信托财产的提供者，信托目的的设定人，信托财产是否安全，从而信托目的能否实现，对委托人利益有重要影响，委托人拥有保护信托财产、维护信托目的并促使信托目的实现的权利。正是基于这种法律地位，委托人享有解任受托人的权利。委托人行使解任受托人权利的方式有两种：第一种是直接行使解任权。在信托文件对解任受托人的具体条件、程序等有规定时，委托人可以按照信托文件的规定行使解任权。第二种是通过诉讼方式行使解任权，即委托人可以申请人民法院解任受托人。无论信托文件对解任受托人的内容是否作出规定，委托人都可以申请人民法院解任受托人。

《信托法》第二十四条 【受托人的定义】

第二十四条 受托人应当是具有完全民事行为能力的自然人、法人。

法律、行政法规对受托人的条件另有规定的，从其规定。

① 《法律问答与释义》，载中国人大网，http：//www. npc. gov. cn/zgrdw/npc/flsyywd/jingji/2003 - 11/14/content_ 324174. htm。

典型案例

杜某与张某文委托合同纠纷二审民事判决书①

2016 年 4 月 21 日，原告张某文通过中国工商银行向被告杜某转账 20 万元后，原告与汉中厚德股权投资合伙企业签订了一份《投资顾问委托书》，该委托书约定：一、委托人为原告张某文，受托人为汉中厚德股权投资合伙企业；二、委托人委托受托人作为其投资顾问，对委托人与借款人张某光的借款事项进行全程见证监督；三、若借款人不能按期偿还欠款，委托受托人代为电话催款、上门催款及提起诉讼等。出借资金为 30 万元，出借时间为 2016 年 5 月 3 日至 8 月 2 日，出借利率为月息 2%，若出借人提前收回该资金，应提前一个月向受托人说明，由受托人给予全部收回，年利率收益按 7.5 折给予受托人全部收益。该委托书有原告签字及汉中厚德股权投资合伙企业的印章以及被告杜某的私章。因被告未能将收回的原告出借的资金本金及利息向原告返还，原告遂诉至本院。

一审法院认为，本案中对于本案案由的问题。原告以营业信托纠纷为由提起诉讼，但首先双方签订的是《投资顾问委托书》，而非信托书；其次我国《信托法》第二十四条规定："受托人应当是具有完全民事行为能力的自然人、法人。"《投资顾问委托书》的受托人汉中厚德股权投资合伙企业系有限合伙企业，并不是法人，被告杜某也不具有信托法中规定的自然人可以接受信托的相关资质，故本案案由应该确定为委托合同纠纷。二审法院维持原判。

权威解读②

本条是对受托人资格的规定。

受托人是委托人设立信托的相对人，从委托人那里接受财产权的委托，负有按照信托目的管理、处分信托财产的义务。因此，受托人应当具有成为财产权主体的一般资格，即应当具有民事行为能力。受托人可以是自然人，也可以是法人。法人为受托人的，受托人应当具备依法设立并且可以在核准登记的范围内从事管理、处分信托财产活动的资格。本条第一款规定的是受托人的一般资格。如果法律、行政法规对受托人资格条件另有规定，则应当依照特别法规定的条件执行。如设立信托投资公司，应当依照《信托公司管理办法》规定的条件办理，设立证券投资基金，应当依照《证券投资基金公司管理办法》办理。

---

① 陕西省汉中市中级人民法院民事判决书，（2020）陕 07 民终 286 号。

② 《法律问答与释义》，载中国人大网，http：//www.npc.gov.cn/zgrdw/npc/flsyywd/jingji/2003－11/14/content_324169.htm。

《信托法》第二十五条 【受托人的义务】

第二十五条 受托人应当遵守信托文件的规定，为受益人的最大利益处理信托事务。

受托人管理信托财产，必须恪尽职守，履行诚实、信用、谨慎、有效管理的义务。

典型案例

华澳国际信托有限公司、顾某群财产损害赔偿纠纷二审民事判决书[①]

2013年6月，委托人上海寅浔与受托人华澳国际信托有限公司（以下简称华澳信托）签订信托合同，通过指定管理资金信托的方式，将委托人交付的信托资金用于向浙江联众公司发放贷款。借款人浙江联众公司与贷款人华澳信托签订贷款合同，辽阳红美公司作为保证人与债权人华澳信托签订保证合同。涉案信托项目推进期间，2013年8月，顾某群向上海寅浔公司账户汇款140万元，后该笔资金被用于归还辽阳红美公司的对外债务。法院查明，浙江联众公司、辽阳红美公司等实控人皆为陈某某，且陈某某指使王某设立上海寅浔等机构用以非法集资。2013年12月，华澳信托内部出具《项目风险排查报告》称“项目风险判断：浙江联众公司财务状况良好，保证人辽阳红美公司现金流充足，项目风险可控，本次检查未发现重大风险事项。”2016年5月，上海银监局出具《信访事件处理意见书》，主要内容包括以浙江联众公司单一资金信托为例，华澳信托存在对委托人未充分调查、资金划付未严格按照协议执行事务管理存在漏洞等问题。2017年5月，上海市检察院指控浙江联众公司实控人陈某某及上海寅浔王某等人犯集资诈骗罪、非法吸收公众存款罪，其通过伪造相关保障房项目合同，以高息为诱饵非法集资2.8亿余元，并以上述合同安排，以华澳信托为通道将资金贷款给浙江联众公司，上海法院判处陈某有期徒刑并没收相关财产。

一审法院认为，顾某群在案件中主张华澳信托因怠于履行《信托法》所规定的信托责任而应对顾某群损失承担侵权损害赔偿责任，故案件主要争议焦点在于华澳信托应否对顾某群承担侵权损害赔偿责任。对此，根据侵权责任的构

① 上海金融法院民事判决书，（2020）沪74民终31号。

成要件，一审法院认定如下：首先，从损害后果来看，根据上海市第一中级人民法院（2017）沪01刑初50号《刑事判决书》的认定，因陈某某、林某某、王某的犯罪行为已经造成了顾某群等投资者231,875,200元的实际损失，其中顾某群投入的140万元尚未追回，因此，顾某群存在经济损失的事实应予认定。其次，从华澳信托的过错来看，华澳信托辩称，其作为事务管理型信托的受托人，不对信托资金的来源和性质进行穿透性核查。一审法院认为，华澳信托作为专业信托机构，即使案涉的信托履行属于被动事务管理型信托，根据我国《信托法》第二十五条的规定，华澳信托也应当审慎尽职地履行受托业务的法定责任，把控业务准入标准，完善项目尽职调查，同时认真做好事中事后管理，严格资金支付，严格贷（投）后管理，还应特别关注信托项目背景以及委托资金和项目用途合规性审查，不得向委托人转移信托计划合规风险管理责任，而华澳信托在签订及履行涉案《信托合同》的过程中并没有尽到上述责任，故存在一定过错，因此，对华澳信托该项辩称，一审法院难以采信。再次，从华澳信托行为的违法性来看，华澳信托作为专业信托机构，应当遵守《信托法》等法律和行政法规的相关规定。《信托法》第二十五条明确规定："受托人应当遵守信托文件的规定，为受益人的最大利益处理信托事务。受托人管理信托财产，必须恪尽职守，履行诚实、信用、谨慎、有效管理的义务。"因此，华澳信托作为"华澳·浙江联众贷款项目单一资金信托"的受托人应当忠实、勤勉地履行自己的信托义务。从前述华澳信托的过错行为来看，华澳信托违反了《信托法》所要求的受托人诚实、信用、谨慎、有效管理的法定义务，因此存在违法行为。

二审法院认为，上诉人华澳信托在开展单一资金信托业务中存在违反审慎经营原则的情况，一定程度上侵害了上诉人顾某群的利益。至于上诉人华澳信托应当承担的责任范围和比例，一审法院综合考虑认为，犯罪分子陈某某、王某、林某某等人的集资诈骗行为是本案中顾某群等投资者损失的根本和主要原因，顾某群自身对其损害发生亦具有过错，应自行承担相应损失。华澳信托在管理涉案信托业务过程中的过错行为一定程度造成了顾某群等投资者损失，酌情认定其对顾某群的涉案损失承担20%的补充赔偿责任。二审法院认为上述责任认定主次分明，比例合理，应予认可。上诉人顾某群同时系（2017）沪01刑初50号刑事判决的被害人，其民事权利可先通过刑事追赃、退赔方式得以保障，一审判决上诉人华澳信托就投资者刑事追赃程序追索不成的损失在28万元的范围内承担补充赔偿责任，应属明确可行，本院予以支持。二审法院最终驳回上诉，维持原判。

权威解读①

本条是对受托人处理信托事务的原则以及诚实、信用、谨慎、有效管理义务的规定。

受托人处理信托事务应当按照信托文件以受益人的最大利益为原则。受托人是基于委托人的高度信任而取得信托财产管理处分权的；受托人承诺为受益人的利益管理处分信托财产，是信托成立的必要前提。受托人为受益人最大利益处理信托事务的原则，是信托特性的体现，也是信托性质的基本要求。

本条规定的受益人最大利益原则和诚实、信用、谨慎、有效管理信托财产的义务，是法定的原则和义务，受托人不得违反。如果违反上述原则和义务，受托人就要承担故意或重大过失的责任，对这种责任，当事人不能约定免除。

《信托法》第二十六条　【受托人与谋利】

第二十六条　受托人除依照本法规定取得报酬外，不得利用信托财产为自己谋取利益。

受托人违反前款规定，利用信托财产为自己谋取利益的，所得利益归入信托财产。

典型案例

杨某华、曹某军合同纠纷二审民事判决书②

2016年3月30日，平安信托与第一证券公司签订信托合同，委托人第一证券将资金委托给受托人平安信托，设立180号信托计划。平安信托与民生加银公司签订56号资管合同，约定平安信托代表180号信托作为资产委托人，民生加银作为资产管理人，设立56号资管计划，投资于非公开发行的股票飞利信。2016年3月29日，杨某华作为飞利信股东与平安信托签订《信用增级协议》，承诺为本次信托通过民生加银资管计划认购本次非公开发行股票的金额提供本金安全及相关收益的保障性措施，其中包含了收益差额补足条款及受让资管计

① 《法律问答与释义》，载中国人大网，http：//www. npc. gov. cn/zgrdw/npc/flsyywd/jingji/2003 - 11/14/content_ 324169. htm。

② 最高人民法院民事判决书，（2020）最高法民终1295号。

划项下全部权益，同时约定了违约金等相关条款。随后平安信托将信托资金投入资管计划，民生加银利用资管计划购得飞利信公司2.86%的股权。2018年4月，曹某军等四人分别与平安信托签订《信用增级协议》，约定主要内容与杨某华此前签署的信用增级协议一致，同时明确如存在相关差额补足义务人或资管计划权益受让义务人，各义务人对差额补足义务、资管计划权益受让义务承担连带责任。180号信托到期后，杨某华等四人未履行信用增级协议的义务。

二审法院认为，杨某华等4人上诉主张平安信托公司签订《信用增级协议》并主张差额补偿，违反了《信托法》第二十六条“受托人不得利用信托财产为自己谋取利益”的规定。本院认为，《信托法》第二十六条规定：“受托人除依照本法规定取得报酬外，不得利用信托财产为自己谋取利益。受托人违反前款规定，利用信托财产为自己谋取利益的，所得利益归入信托财产。”首先，杨某华等4人并未举证证明平安信托公司存在利用4.5亿元委托资金为自己谋取利益的事实。其次，即使存在这一事实，违反这一禁止性规定的法律后果是所得利益归入信托财产，杨某华等4人亦无权主张不承担受让资产管理计划权益及对投资本金及预期收益补足差额的义务。因此，本院对杨某华等4人提出的调取第一证券公司“创金尊安7号”定向资产管理计划合同及该计划清算报告、平安信托公司在180号信托项下的银行账户流水、民生加银公司在56号资管计划项下的银行账户流水的申请，不予准许。《信用增级协议》是平安信托公司与杨某华等4人之间的真实意思表示，内容并未违反法律、行政法规的强制性规定，合法有效，杨某华等4人应履行《信用增级协议》约定的对平安信托公司未能收回的投资本金及预期收益补足差额的义务。最终二审法院驳回上诉，维持原判。

权威解读①

本条是对禁止受托人利用信托财产为自己谋取利益规定。

受托人无论以何种名义和方式，都不得利用信托财产为自己谋取利益。受托人拥有信托财产的管理处分权，而信托财产的收益应归属于受益人。禁止受托人利用信托财产为自己谋取利益的规则主要包括以下内容：一是受托人不得以受托人的地位直接或间接地享有信托财产的收益；二是受托人不得以信托财产为自己的利益而进行交易；三是受托人不得因信托财产交易而从交易对方获

① 《法律问答与释义》，载中国人大网，http：//www.npc.gov.cn/zgrdw/npc/flsyywd/jingji/2003－11/14/content_ 324169.htm。

取自己的利益。

受托人违反法律规定，利用信托财产为自己谋取利益的，其所得利益归入信托财产。这就是违反这一禁止性规则的法律后果。受托人利用信托财产为自己谋取的利益，属于是由信托财产所产生的利益，将这些利益归入信托财产是合乎情理的。

《信托法》第二十七条 【不得转为固有财产】

第二十七条 受托人不得将信托财产转为其固有财产。受托人将信托财产转为其固有财产的，必须恢复该信托财产的原状；造成信托财产损失的，应当承担赔偿责任。

权威解读①

本条是对禁止将信托财产转为受托人固有财产的规定。

信托财产与受托人的固有财产虽然都是由受托人直接控制支配的财产，但是这二者的性质是不同的，信托财产具有独立性，是为信托目的而独立存在的财产，受托人仅在信托目的范围内为受益人的利益有权管理处分信托财产，信托财产的收益由受益人享有，因此受托人不得将信托财产转为其固有财产。受托人的固有财产是属于受托人所有的财产，受托人对其拥有排他的、充分完整的支配权，除法律另有规定外，这种支配权是不应受到限制的，受托人可以按照自己的意志处置其固有财产。

受托人违反本条禁止性规则，将信托财产转为其固有财产的，应当承担两项法律后果：一是恢复该信托财产的原状；二是造成信托财产损失的必须承担赔偿责任。

《信托法》第二十八条 【相互交易】

第二十八条 受托人不得将其固有财产与信托财产进行交易或者将不同委

① 《法律问答与释义》，载中国人大网，http：//www. npc. gov. cn/zgrdw/npc/flsyywd/jingji/2003 – 11/14/content_ 324169. htm。

托人的信托财产进行相互交易，但信托文件另有规定或者经委托人或者受益人同意，并以公平的市场价格进行交易的除外。

受托人违反前款规定，造成信托财产损失的，应当承担赔偿责任。

典型案例

1. 西藏信托有限公司与彭某等金融借款合同纠纷二审民事判决书[①]

2016年2月4日，就金鸿沣投资合伙企业（有限合伙）（以下简称金鸿沣）拟认购啤酒花非公开发行股票（标的股票）相关融资事宜，甲方西藏信托有限公司（以下简称西藏信托）与乙方金鸿沣、丙方杨某发和丁方彭某共同签署《框架协议》，约定本次融资分为三部分：首先，由金鸿沣参与认购标的股票，西藏信托向其发放过桥贷款1.4亿元用于缴纳股票认购款；其次，金鸿沣完成认购后，西藏信托向其发放1.4亿元信托打款，专项用于偿还过桥贷款；最后，金鸿沣完成认购后，西藏信托以信托资金受让其认购取得的啤酒花400万股股票的收益权，转让价格为2720万元，转让价款存入西藏信托指定的银行账户中作为信托贷款的还款保证金，同时金鸿沣应于信托贷款到期日按约定价格回购标的股票收益权。过桥贷款的发放需要先决条件，包括金鸿沣已增加西藏信托或西藏信托指定的第三方作为普通合伙人及执行事务合伙人，且合伙协议明确西藏信托或其指定第三方对合伙事务管理的一票否决权，同时锦鸿放将印章证件等交由西藏信托或其指定第三方保管。随后西藏信托与金鸿沣签订了《贷款合同》及《贷款合同补充协议》。2016年5月25日，西藏信托与金鸿沣就16,588,235股啤酒花股票签订《股票质押合同》，与杨某发、彭某签订《保证合同》；同日，金鸿沣、西藏信托、杨某发共同签订《回购协议》，以400万股啤酒花限售股股票为标的，约定转让方金约定36个月、2720万元的股票回购义务，杨某发为价款补足义务人，同时西藏信托与金鸿沣签署《股票质押合同》，为上述回购义务提供担保。2018年2月，西藏信托、金鸿沣、杨某发、彭某、张某共同签署《四方协议》，梳理了《框架协议》及有关交易文件的签订履行情况，约定了追加保证金事项。金鸿沣成立于2015年2月，原始登记合伙人为信和云某和陈某利，此后重新签订合伙协议约定信和云某为普通合伙人、执行事务合伙人，西藏信托、彭某为有限合伙人，西藏信托承认金鸿沣执行事务合

① 北京市高级人民法院民事判决书，（2021）京民终403号。

伙人委托代表系其指派，且金鸿沣所有印章证照由西藏信托保管。

一审法院对本案的最终处理意见。综上所述，本案中存在以下三种特殊情形：其一，涉案当事人之间基于《框架协议》及相应具体交易安排而形成的所有合同均因违反社会公共利益而无效；其二，西藏信托完全控制了金鸿沣可以对外作出有效意思表示的所有渠道，本案中形成一手托两家的不正常状况，直接涉嫌虚假诉讼；其三，西藏信托作为金鸿沣事实上的普通合伙人兼执行事务合伙人，与金鸿沣签订的所有合同均属于违法交易而依法无效，且须依法对主债务人金鸿沣的债务承担无限连带责任而导致债权债务主体混同，在此情况下西藏信托不得将债务转嫁由担保人承担。一审法院认为，以上三种情形任一成立，均足以导致驳回西藏信托诉讼请求的法律后果，何况本案中三种情形同时成立。至于杨某发、彭某抗辩主张的违约金过高、担保责任范围大于主债务责任等其他事由，已无须法院审查论述。据此，一审法院对西藏信托的所有诉讼请求均不予支持。

二审法院认为，关于本次交易的效力问题。西藏信托通过安坤19号信托计划募集2720万元信托资金用于购买金鸿沣400万股啤酒花股权收益权，再以收取还款保证金的名义将《回购协议》对应的2720万元信托资金转至指定资金账户并抵扣《贷款合同》项下本息，使不同信托计划的信托资金相互交叉，违反了《中华人民共和国信托法》第二十八条关于不得将不同委托人的信托财产进行相互交易的强制性规定。另外，《中国人民银行、中国银行保险监督管理委员会、中国证券监督管理委员会、国家外汇管理局关于规范金融机构资产管理业务的指导意见》中的“新老划断”范围并未明确将信贷资金违规进入股市的情形包括在内，《全国法院民商事审判工作会议纪要》第九十三条规定中提及的“新老划断”亦是针对信托公司的通道业务。因此，本案交易效力的认定不应按照上述“新老划断”的处理原则。综上所述，本案各方当事人通过《框架协议》等一系列交易安排，将信托资金用于炒股牟利，违反了强制性监管规定，且同时也违反了社会公共利益。符合《中华人民共和国合同法》第五十二条第（四）项“损害社会公共利益”以及《中华人民共和国担保法》第五条“主合同无效，担保合同无效”规定的合同无效情形，案涉《贷款合同》《贷款合同补充协议》《回购协议》《保证合同》《股票质押合同一》《股票质押合同二》《四方协议》均无效。

最终二审法院驳回上诉，维持原判。

2. 新华信托股份有限公司与重庆市东启房地产开发有限公司营业信托纠纷二审民事判决书①

2009年10月14日，东启房地产开发有限公司（以下简称东启房地产公司）、新华信托股份有限公司（以下简称新华信托公司）、帝多农业公司、王某、廖某东、张某伟签订《新华信托·东启·幻境旅游度假酒店项目股权投资集合资金信托计划合作协议》，约定新华信托公司设立新华信托·东启·幻境旅游度假酒店项目股权投资集合资金信托计划，帝多农业公司认购全部劣后受益权信托单位，帝多农业公司支付信托资金4000万元，其中800万元购买东启房地产公司的全部股权，其余3200万元向东启房地产公司增资，同时对信托资金的退出、信托报酬等问题作了相关约定。

2009年10月21日，帝多农业公司作为委托人和劣后受益人，新华信托公司作为受托人，共同签订《新华信托·东启·幻境旅游度假酒店项目股权投资集合资金信托计划资金信托合同》，约定受托人通过委派项目公司董事、实行印信和资金监管等方式对项目公司的日常运营进行监控，确保对项目公司日常经营管理的知情权和对重大事项的一票否决权。2009年10月14日，王某、廖某东、张某伟与新华信托公司签订《股权转让协议》，约定东启房地产公司的股东王某、廖某东和张某伟将股权全部转让给新华信托公司，股权转让总金额为800万元，新华信托公司按期支付所有转让股权的价款之后，依法享有作为目标公司股东的所有权利。2011年11月1日，林建群与东启房地产公司签订《重庆市商品房买卖合同》，林建群购买东启幻境项目楼房。

2012年4月27日，新华信托公司再次向帝多农业公司发送《通知函》，称若帝多农业公司不能在2012年5月6日之前向本信托计划信托专户支付相关款项，帝多农业公司作为劣后受益人享有对东启房地产公司股权的优先受让权灭失，新华信托公司可按照信托文件约定处置该公司持有的东启房地产公司股权。后新华信托公司与帝多农业公司围绕东启房地产公司股权处置多次沟通但未达成一致意见。

二审法院认为，关于本案的争议焦点二，东启幻境项目信托计划到期后，信托财产的清算处置是否妥当的问题。

从本案查明的事实看，新华信托公司在对东启幻境项目信托计划进行清算时，表面上是由中邦集团公司购买了东启房地产公司的股权，但根据新华中邦信托计划投资决策委员会的决议以及新华信托公司与中邦集团公司签订的《股

---

① 重庆市高级人民法院民事判决书，（2017）渝民终414号。

权代持协议》和《委托投资协议》，东启房地产公司的股权实质上是由新华信托公司发行的新华中邦信托计划项下的资金购买。也就是说，新华信托公司设立的新华中邦信托计划项下的信托财产购买了新华信托公司设立的东启幻境项目信托计划项下的信托财产。

《中华人民共和国信托法》第二十八条规定，受托人不得将其固有财产与信托财产进行交易或者将不同委托人的信托财产进行相互交易，但信托文件另有规定或者经委托人或者受益人同意，并以公平的市场价格进行交易的除外。受托人违反前款规定，造成信托财产损失的，应当承担赔偿责任。中国银行业监督管理委员会颁布的《信托公司集合资金信托计划管理办法》第二十七条规定："信托公司管理信托计划，应当遵守以下规定：（一）不得向他人提供担保……（四）不得以固有财产与信托财产进行交易；（五）不得将不同信托财产进行相互交易；（六）不得将同一公司管理的不同信托计划投资于同一项目。"

根据上述规定，受托人将不同委托人的信托财产进行相互交易的条件有两项，一是信托文件有规定或者经委托人或者受益人同意；二是以公平的市场价格进行交易。

本案中，新华信托公司举示的关于东启幻境项目的信托文件中并未作出受托人可以将不同委托人的信托财产进行相互交易相关规定，新华信托公司也未举示证据证明其在以不同委托人的信托财产进行相互交易之前征得了东启幻境项目信托计划的委托人或者受益人的同意。

关于交易的价格，帝多农业公司与新华信托公司签订的《资金信托合同》约定，新华信托公司应在信托终止后10个工作日内编制信托财产清算报告，委托人和受益人同意新华信托公司出具的清算报告无须经过第三方审计。受益人自收到信托清算报告或报告公布之日起10日内未提出书面异议的，新华信托公司就信托清算报告所列的有关事项解除责任。本案中，东启幻境项目信托计划于2012年5月6日到期，2012年5月28日，新华信托公司公布了东启幻境项目信托计划的信托财产清算报告。

虽然《资金信托合同》中约定，新华信托公司出具的清算报告无须经过第三方审计，但根据信托法的规定，受托人应当遵守信托文件的规定，为受益人的最大利益处理信托事务。受托人管理信托财产，必须恪尽职守，履行诚实、信用、谨慎、有效管理的义务。因此，即使新华信托公司出具的清算报告无须经过第三方审计，根据信托法的规定，新华信托公司必须证明其清算处分信托财产是以受益人利益最大化为原则，合理适当地进行了清算处分。

本案中，根据新华信托公司上诉理由，其主张信托财产的清算处分价格不低于甚至高于市场价值依据有以下几方面：第一，国信会计师事务所于2009年7月8日出具的《审计报告》；第二，天职会计师事务所于2011年8月31日出具的《尽职调查专项报告》；第三，经重庆市第五中级人民法院委托，金友评估公司于2013年5月14日出具的《司法鉴定意见书》；第四，帝多农业公司、东启房地产公司、王某、廖某东、张某伟与孙某于2011年10月18日签订的《股权投资合作协议》；第五，新华信托公司与帝多农业公司于2013年5月7日和2013年8月31日两次签订股权转让协议的交易价格。

本院认为，上述的各项比对事项，其相关的时间点均非在信托计划到期日的前后，不能直接证明信托计划到期时东启房地产公司股权的价值。且国信会计师事务所出具的《审计报告》、天职会计师事务所出具的《尽职调查专项报告》、金友评估公司出具的《司法鉴定意见书》，其委托审计、鉴定的目的并非股权转让，不能准确反映出以转让为目的的股权价值。另外，新华信托公司于2013年5月7日和2013年8月31日与帝多农业公司签订的两次股权转让协议中关于股权价格的计算方式，实际上就是新华信托公司以及新华信托公司委托的中邦集团公司投入到东启房地产公司的全部资金本金加上资金占用费以及信托报酬的金额，并没有以股权的市场价值作为参照。且帝多农业公司受让东启房地产公司的股权之后，也相应地要承担东启房地产公司的债务。

因此，新华信托公司主张信托财产的清算处分价格不低于甚至高于市场价值的依据不足。

新华信托公司在清算东启幻境项目信托计划信托财产时，采用了将不同信托计划项下的信托财产进行相互交易的方式，没有征得相关委托人或受益人的同意且没有证据证明其交易价格是公平的市场价格。因此，新华信托公司对信托财产的清算处置不符合合同约定和法律规定。

二审法院最终判决，新华信托公司的上诉请求不能成立，帝多农业公司的部分上诉请求成立。新华信托股份有限公司于本判决生效之日起十日内赔偿重庆帝多农业发展有限公司4000万元及以4000万元为基数按照年利率24%从2009年11月6日起计算至付清时至的损失。

权威解读 ①

本条是对受托人不得将其固有财产与信托财产进行交易的规定。

---

① 《法律问答与释义》，载中国人大网，http：//www.npc.gov.cn/zgrdw/npc/flsyywd/jingji/2003－11/14/content_ 324169.htm。

首先，受托人不得将其固有财产与信托财产进行交易。受托人以其固有财产与他人委托给他管理的信托财产进行交易，在这样的交易中，受托人既是交易中的双方当事人，又同时自己进行要约和承诺并承担交易双方的后果。但是如果受托人将其固有财产与信托财产进行交易，比如买卖，在信托的情况下，是指用信托名义下的金钱购买固有财产或者相反即用固有财产中的金钱部分去购买信托名义下的财物，由于交易的当事人只有受托人一个，没有磋商和讨价还价，没有真正的要约和承诺，而固有财产交易所得为受托人所有，信托财产的交易所得依信托文件规定受委托人的制约或为受益人设定利益，这样一种交易显然容易作弊，也与受托人为受益人的最大利益管理和处分信托财产这一原则要求不符。本条禁止受托人的固有财产与信托财产进行交易。所谓交易，不仅仅指买卖，也包括抵押、质押、留置、互换等方式，所有这些交易都被本条所禁止。

其次，受托人不得将不同委托人的信托财产进行相互交易。受托人虽然不是将其固有财产与信托财产进行交易，但将不同委托人委托给他的信托财产进行相互交易，也受本条禁止，其道理也是清楚的，因为受托人要为受益人的最大利益管理和处分财产，在两个以上的最大利益之间，受托人不可能也不应当有所偏向，所以本条禁止此类交易。

《信托法》第二十九条 【分别管理与记帐】

第二十九条 受托人必须将信托财产与其固有财产分别管理、分别记帐，并将不同委托人的信托财产分别管理、分别记帐。

权威解读[①]

本条是对信托财产的分别管理、分别记帐的规定。

受托人接受委托，对委托人所设定的信托财产进行管理和处分。由于信托财产与受托人的固有财产这两种财产的性质不同，本条规定受托人有义务将信托财产与其固有财产分别管理、分别记帐，并将不同委托人的信托财产分别管理、分别记帐。在有关司法机关和委托人、受益人查阅信托财产帐目、检查信

① 《法律问答与释义》，载中国人大网，http：//www.npc.gov.cn/zgrdw/npc/flsyywd/jingji/2003 - 11/14/content_ 324169.htm。

托财产管理和处分情况时，受托人可以而且应该据实说明情况。除非不可抗力或不得已的情况发生，由于受托人未履行对信托财产分别管理、分别记帐的义务，造成信托财产损失的，不免除受托人的责任。

《信托法》第三十条　【受托人再委托】

第三十条　受托人应当自己处理信托事务，但信托文件另有规定或者有不得已事由的，可以委托他人代为处理。

受托人依法将信托事务委托他人代理的，应当对他人处理信托事务的行为承担责任。

典型案例

北京中金信融资产管理中心、光大兴陇信托有限责任公司合同纠纷二审民事判决书①

2013年6月5日，北京中金信融资产管理中心（以下简称中金信融中心）与甘肃信托签订《单一资金信托合同》约定：中金信融中心将自己合法拥有的资金委托给甘肃信托，甘肃信托以自己的名义，向赫鑫利公司发放总额不超过15,000万元的贷款。赫鑫利公司将某厂房及土地使用权抵押并与甘肃信托签订《信托资金抵押合同》、新世纪公司将在建工程及其分摊的国有土地使用权抵押并与甘肃信托签订《信托资金抵押合同》、金太阳公司提供连带责任保证担保并与甘肃信托签订《信托资金保证合同》、实际控制人杨某平及其配偶徐某玲提供个人无限连带责任保证担保并出具《个人保证责任书》。信托类别为执行管理资金的信托，即受托人管理、运用、处分信托财产时，均依照本合同的约定和委托人中金信融中心的书面指令。委托人不提出考察、监督或调查的要求，受托人无须调查，并视为受托人尽到了“诚实、信用、谨慎、有效管理”的义务。2014年11月6日，中金信融中心和光大兴陇信托有限责任公司（以下简称光大信托公司）签订《信托财产分配及债权转让协议》约定，光大信托公司将其对赫鑫利公司截至2014年11月6日的信托贷款债权本金余额5150万元，利息61.6万元，共计5211.6万元的贷款债权转让给中金信融中心，中金信融中心替

---

① 最高人民法院民事判决书，(2020) 最高法民终488号。

代光大信托公司取得贷款债权项下所有权利、权益和利益。资产交割后，资产的相关风险和责任由中金信融中心自行承担。中金信融中心、光大信托公司、赫鑫利公司、新世纪公司及金太阳公司在该协议书上签字确认。2014 年 7 月 7 日，甘肃信托更名为光大信托公司。后双方纠纷，中金信融一审诉讼请求为：判令光大信托赔偿中金信融损失 5211.6 万元；判令光大信托承担本案全部诉讼费用。最高人民法院将本案发回重审后，中金信融增加诉讼请求：撤销《信托财产分配及债权转让协议》。一审法院驳回原告北京中金信融资产管理中心（有限合伙）的诉讼请求。

中金信融中心上诉请求：1. 依法撤销（2018）甘民初 269 号民事判决，改判支持中金信融中心的全部诉讼请求。2. 本案的诉讼费用由光大信托公司承担。事实与理由：1. 原审判决认定光大信托公司不违反“谨慎”义务，认定事实错误。光大信托公司直接将抵押权属证书邮寄抵押人重新办理，作为专业的信托投资机构未能预见邮寄他项权利证并让抵押人单独办理抵押权期限变更存在的风险，未能识别出粗制滥造，缺少防伪标识、有明显涂改痕迹的假证，违反了《信托公司管理办法》第二十六条的规定和《信托合同》第十一条第二款的约定，未尽到监督和谨慎义务。2. 一审判决认定中金信融中心仅承担“有限的审慎注意义务”，适用法律错误。本案责任认定的关键，是案涉合同对信托义务的具体约定。案涉《信托合同》第十一条约定了“诚实、信用、谨慎、有效管理的义务”，第十八条约定了“损失赔偿”。光大信托公司负有事中、事后管理职责，其擅自将抵押事务委托抵押人办理，违反了《中华人民共和国信托法》第三十条、《信托公司管理办法》第二十六条的规定，应当对抵押人处理信托事务的行为承担责任。

一审法院认为，中金信融中心与光大信托公司签订的《单一信托资金合同》《信托财产分配及债权转让协议》均系双方当事人的真实意思表示，属有效合同，各方当事人应当依照合同约定履行义务。根据当事人的诉辩主张，关于本案的争议焦点光大信托公司是否违反了信托计划文件的约定，是否应当承担赔偿责任及赔偿数额。一审法院认为，从光大信托公司是否违反了亲自办理抵押事务方面来说。《中华人民共和国信托法》第三十条规定：“受托人应当自己处理信托事务，但信托文件另有规定或者有不得已事由的，可以委托他人代为处理。受托人依法将信托事务委托他人代理的，应当对他人处理信托事务的行为承担责任。”根据该规定，受托人一般情况下应当自己处理委托事务，但是在合同约定的情形下可以例外。具体到本案中，《信托资金最高额抵押合同》（甘信计抵字 ZG〔2013〕79 -1 号）第七条明确约定由赫鑫利公司负责办理抵押登记。在同一天签订的《单一资金信托合同》（甘信计信字〔2013〕79号）第二条中亦对甘信计抵字ZG〔2013〕79－1号《信托资金最高额抵押合同》的合同编号、抵押值、抵押物等信息的明确记载。由此可知，中金信融中心在与光大信托公司签订《单一资金信托合同》时，应当对赫鑫利公司负责办理抵押登记的约定是明知的；在中金信融中心未对此提出异议的情况下，光大信托公司委托赫鑫利公司办理抵押登记并不违反信托法的相关规定，也不违背信托当事人的意思表示。而杨某平时任赫鑫利公司的法定代表人，光大信托公司将房屋他项权证邮寄给杨某平变更抵押权期限登记并无不妥。

二审法院认为，关于中金信融中心主张光大信托公司未尽到谨慎义务是否成立的问题。从案涉抵押权证的办理过程来看，案涉0004676号抵押权证系中金信融中心时任法定代表人张某明办理，后交光大信托公司留存。因该证存在瑕疵，光大信托公司将该证交还张某明办理，张某明将该证邮寄给杨某平。杨某平伪造了相关材料，持该权属证办理了解押手续并制作假证交还。案涉房产抵押事宜系由委托人中金信融中心时任法定代表人张某明亲自办理。中金信融中心主张因光大信托公司将有瑕疵的权属证书邮寄给杨某平，杨某平制造了假证返还，致使案涉房产解押的上诉理由，与事实不符。在委托人即中金信融中心的法定代表人亲自办理抵押事宜的情况下，中金信融中心上诉主张光大信托公司未尽到监督和谨慎审查义务，依据不足。中金信融中心、光大信托公司签订的《单一资金信托合同》中，并未约定光大信托公司办理案涉在建工程抵押手续。光大信托公司向张某明出具的《授权委托书》载明"全权委托办理房地产抵押手续"，并未区分系办理房产抵押还是在建工程抵押。中金信融中心上诉主张光大信托公司在000007号在建工程抵押登记证办理中未尽到谨慎义务，依据不足。

最终二审法院驳回上诉，维持原判。

权威解读①

本条是对受托人应当亲自处理信托事务的规定。

所谓自己处理，是指从制作信托文件、接受信托财产、办理有关手续、分别登录帐簿、从事与信托财产有关的交易、从事有关的生产经营管理活动都要由受托人本人办理，不能另转信托他人处理，受托人可以有自己的助手，但应以受托人自己的名义。受托人应当自己处理信托事务的例外情况有两种：一是信托文件

---

① 《法律问答与释义》，载中国人大网，http：//www.npc.gov.cn/zgrdw/npc/flsyywd/jingji/2003－11/14/content_324169.htm。

另有规定。二是有不得已的事由。不得已事由是我国法律中的专门法律用语，类似的法律用语有不可抗力、意外事件、情况紧急、不可归责于自己的事由等。

受托人出现上述的几类情况，将信托事务委托他人代理的，无论采取什么法律形式如委托拍卖、委托代理、行纪等，履行何种法律手续如口头委托或书面委托等，委托的是什么人或组织机构，受托人与该人或组织机构是什么关系，都由受托人自己决定，并应当对他人处理信托事务的行为承担责任，也就是在受托人与委托人、受益人的关系之中，代理人依据受托人的委托对外发生法律关系，相当于以受托人的名义承担处理信托事务的后果，履行作为受托人的所有义务。本条就此也明确了我国信托法不允许转信托。

《信托法》第三十一条 【共同受托人】

第三十一条 同一信托的受托人有两个以上的，为共同受托人。

共同受托人应当共同处理信托事务，但信托文件规定对某些具体事务由受托人分别处理的，从其规定。

共同受托人共同处理信托事务，意见不一致时，按信托文件规定处理；信托文件未规定的，由委托人、受益人或者其利害关系人决定。

典型案例

洪范基金管理有限公司吉林省分公司、兴业银行股份有限公司长春分行与王某君、长春市洪范三达投资管理部（有限合伙）、洪范基金管理有限公司营业信托纠纷二审民事判决书①

上诉人洪范基金管理有限公司吉林省分公司（以下简称洪范基金吉林省分公司）、兴业银行股份有限公司长春分行（以下简称兴业银行长春分行）因与被上诉人王某君，原审被告长春市洪范三达投资管理部（有限合伙）（以下简称三达投资管理部）、洪范基金管理有限公司（以下简称洪范基金公司）营业信托纠纷一案，不服长春市朝阳区人民法院（2018）吉0104民初147号民事判决，向本院提起上诉。本院受理后，依法组成合议庭进行了审理。本案现已审理终结。

2012年6月，王某君与洪范基金签订《信托合同》，约定王某君将信托资金

① 吉林省长春市中级人民法院民事判决书，（2018）吉01民终2580号。

委托给洪范基金吉林省分公司，信托类型为自益信托，洪范基金吉林省分公司根据本合同的约定，为王某君的利益进行管理和运用信托财产，信托基金有权通过出让其持有的吉林三达资产管理有限公司67%的股权，吉林三达资产管理有限公司溢价回购信托基金合伙企业所持有的吉林三达资产管理有限公司的股权等方式获取资金向受益人信托基金利益分配。王某君以信托基金期限届满，洪范基金未按时归还信托本金及收益为由诉讼来院，要求洪范基金、三达投资管理部返还王某君投资本金及收益，兴业银行长春分行承担赔偿责任。

一审法院认为，根据《中华人民共和国信托法》第三十一条“同一信托的受托人有两个以上的，为共同受托人”的规定，因三达投资管理部存在与洪范基金吉林省分公司共同处理信托事务、共同管理信托基金、代洪范基金吉林省分公司分配信托基金收益的行为，故应认定三达投资管理部与洪范基金吉林省分公司为共同受托人，三达投资管理部应与洪范基金吉林省分公司共同承担向王某君返还信托资金本金110万元及利息的责任。

二审法院认为，王某君与洪范基金吉林省分公司之间并未形成有效的信托法律关系，信托无效后，受托人应将其领受的信托财产返还给委托人，基于信托财产已经产生的收益亦应归属于委托人所有。故洪范基金吉林分公司应向王某君返还110万元款项。洪范基金吉林分公司明知其不具有设立信托法律关系的受托人资格而与王某君签订信托合同，具有过错，且洪范基金吉林分公司在后续履行受托人义务的过程中亦有多处严重违反信托合同约定及受托人义务的行为，因此，其应赔偿王某君因信托无效而受到的损失。原审判决认定事实部分不清，适用法律确有瑕疵，应予纠正。最终判决上诉人洪范基金管理有限公司吉林省分公司、洪范基金管理有限公司、长春市洪范三达投资管理部（有限合伙）应于本判决生效后立即给付被上诉人王某君人民币110万元及利息。

权威解读①

本条是对共同受托人如何处理信托事务的规定。

只要在同一信托中受托人有两个以上的，即为共同受托人。共同受托人作为同一信托关系的一方当事人，其相互之间的关系在本条没有涉及，但从本条规定看，其相互之间不存在递补、代位的关系，而是共同行使受托人权利，平等、共同享有受托人的权利，不因共同受托人的情况而划分信托份额，分割信

① 《法律问答与释义》，载中国人大网，http：//www.npc.gov.cn/zgrdw/npc/flsyywd/jingji/2003－11/14/content_ 324169.htm。

托财产，共同受托人对信托财产共同共有。同一信托的信托文件应明确共同受托人的这种法律地位，但不禁止信托文件作其他的安排。

共同受托人接受委托，代人理财，原则上应共同处理信托事务。所谓共同处理信托事务，是指两个以上受托人没有先后顺序、没有主从关系、没有份额关系，类似于普通合伙人中的共同共有、共同执行业务的关系。当然，也不反对共同受托人之间经过平等协商的工作分工。在信托文件有规定的时候，对某些具体事务可以由受托人分别处理。

《信托法》第三十二条　【连带赔偿责任】

第三十二条　共同受托人处理信托事务对第三人所负债务，应当承担连带清偿责任。第三人对共同受托人之一所作的意思表示，对其他受托人同样有效。

共同受托人之一违反信托目的处分信托财产或者因违背管理职责、处理信托事务不当致使信托财产受到损失的，其他受托人应当承担连带赔偿责任。

典型案例

张某梅与山西信托股份有限公司合同纠纷二审民事判决书[①]

上诉人张某梅因与被上诉人山西信托股份有限公司合同纠纷一案，不服太原市杏花岭区人民法院（2018）晋0107民初2451号民事判决，向本院提起上诉。本院于2019年3月19日立案后，依法组成合议庭，对本案进行了审理。上诉人张某梅及其委托诉讼代理人唐某林、马某，被上诉人山西信托股份有限公司的委托诉讼代理人彭某霞、刘某桂，原审第三人中国光大银行股份有限公司的委托诉讼代理人黄某，原审第三人晋商银行股份有限公司的委托诉讼代理人左某、王某芬到庭参加诉讼。本案现已审理终结。

张某梅上诉请求：1. 撤销山西省太原市杏花岭区人民法院（2018）晋0107民初2450号民事判决并依法改判被上诉人赔偿上诉人本金损失人民币3,000,000元，收益1,237,500元，合计4,237,500元；2. 本案全部诉讼费用由被上诉人承担。

一审法院认定事实：原告在《山西信托˙信裕15号（第一期）集合资金信

① 山西省太原市中级人民法院民事判决书，（2019）晋01民终2060号。

托计划认购风险申明书》中委托人一栏签名。原告（委托人）与被告（受托人）之间又签订一份《山西信托·信裕15号（第一期）集合资金信托合同》（以下简称《信托合同》），且被告向原告提供《山西信托·信裕15号（第一期）集合资金信托计划说明书》。2013年1月29日被告与联盛投资公司签订《债权转让协议》，约定被告拟以设立的“山西信托·信裕15号集合资金信托计划”（以下简称信托计划）的信托资金购买联盛投资公司合法拥有的对联盛能源公司的150,200万元的应收款债权；联盛投资公司出具承诺函，承诺在信托计划融资期内的任一日期标的应收款债权不发生变化且其余额不低于150,200万元整；联盛能源公司与被告分别签署两份《追加股权质押担保合同》。2013年9月、10月被告多次向联盛投资公司及担保人联盛能源公司、邢某斌、李某晓送达《关于提请履行合同义务的函》。

一审法院认为，原告张某梅与被告山西信托股份有限公司签订的合同名为信托合同，合同内容亦符合我国信托法中关于信托的相关规定，故认定原、被告之间存在信托关系。双方签订的信托合同系双方真实意思表示，不违反法律法规的禁止性规定，应属合法有效。被告依信托合同的约定将原告的300万元投入山西信托·信裕15号集合资金信托计划中，现原告以被告未尽到风险提示义务、在信托产品设立和管理期间履职不当要求被告承担违约赔偿责任。原告主张被告违约赔偿其本金损失300万元和相应收益的请求，证据不足，本院不予支持。一审判决如下驳回原告张某梅的诉讼请求。

二审法院认为，关于被上诉人和原审第三人应否承担赔偿责任。根据《信托法》第三十二条的规定，受托人违反信托目的处分信托财产或者因违背管理职责、处理信托事务不当致使信托财产受到损失的，受托人应承担赔偿责任。现上诉人未能证明被上诉人有主观过错和实施了违反信托义务的行为，也未证明自己遭受的具体确定的损失和行为之间存在因果关系。故上诉人以实现刚性兑付为目的来请求被上诉人承担赔偿损失的主张，理由不足。本案中，原审第三人光大银行和晋商银行均非上诉人的合同相对人，上诉人依合同之诉向原审第三人主张权利亦无法支持。二审法院最终驳回上诉，维持原判。

权威解读 ①

本条是对共同受托人共同处理信托事务应承担的责任的规定。

---

① 《法律问答与释义》，载中国人大网，http：//www.npc.gov.cn/zgrdw/npc/flsyywd/jingji/2003－11/14/content_324168.htm。

共同受托人接受委托，代人理财，必与第三人发生债权债务关系，如以自己的名义处理信托财产的买卖、租赁等，都必然会发生财务往来，共同受托人因处理信托事务对第三人所负债务，共同受托人应当承担连带清偿责任。每一共同受托人都有偿还全部债务的义务，清偿该债务的共同受托人对其他共同受托人有追偿的权利。受托人有过错，除以信托财产承担对第三人的债务外，还应以自己的固有财产承担部分或全部责任，并应依信托法和信托文件的规定赔偿信托财产的损失。委托人和受益人有过错，除了信托财产之外，也应以自己的其他财产承担对第三人的债务，第三人知道与其交易的标的是信托财产的，应相应部分或全部免除受托人、委托人和受益人除信托财产以外的其他财产的责任。

共同受托人平等地行使处理信托事务的权利，第三人（这里应特别指出本条的第三人是指信托关系以外的人，其实应该是除特定信托关系中的受托人、委托人和受益人之外的第四人）对共同受托人之一所作的意思表示，对同一信托的其他共同受托人同样有效，对该特定信托有效，对该特定信托名义下的信托财产有效。

《信托法》第三十三条　【记录与报告】

第三十三条　受托人必须保存处理信托事务的完整记录。

受托人应当每年定期将信托财产的管理运用、处分及收支情况，报告委托人和受益人。

受托人对委托人、受益人以及处理信托事务的情况和资料负有依法保密的义务。

典型案例

中信信托有限责任公司等营业信托纠纷二审民事判决书[①]

2015 年，谭某峥与中信信托签署《信托计划说明书》《认购风险申明书》《信托合同》等，明确委托人谭某峥认购中信信托发行的 26 号信托计划，并约定受托人中信信托根据委托人的意愿及指定，聘请福达公司为本信托计划的投

① 北京市第三中级人民法院民事判决书，（2018）京 03 民终 13860 号。

资顾问并与其签署投资操作协议，谭某峥认购B类信托单位。2015年4月17日，谭某峥向指定账户汇入100万元，2015年12月14日，中信信托出具《清算报告》，称因26号信托计划触发合同约定平仓条件，而B类投资者未按约定追加足额增强资金，信托计划触发提前终止条件，按照合同约定向A类及B类受益人进行分配。2016年5月11日，广东证监局向投资者回复称，福达公司及安州公司（2016年2月底前福达公司为其唯一股东）相关人员均未取得证券投资咨询业务资格。2016年10月11日，银监会对江涛反应26号信托计划虚假披露信息等问题进行回复，称未发现中信信托虚假披露相关费用问题，中信信托允许投资者向信托财产专户转入资金行为不符合信托法规定。2018年4月，证监会对安州公司控制包括26号信托计划进行投资的违规行为进行处罚。

一审法院认为，在分析中信信托公司是否存在违约行为时，涉及中信信托是否充分履行信息披露义务和通知义务。我国《信托法》规定，"受托人必须保存处理信托事务的完整记录；受托人应当每年定期将信托财产的管理运用、处分及收支情况，报告委托人和受益人"。《信托公司集合资金信托计划管理办法》第三十四条规定，信托公司应当依照法律法规的规定和信托计划文件的约定按时披露信息，并保证所披露信息的真实性、准确性和完整性。根据上述规定，信托公司具有保存完整记录和报告义务。本案中，《信托计划说明书》及《信托合同》均明确约定，受托人每周在其网站上公布信托单位净值，每月向委托人和受益人寄送信托单位净值披露的书面材料，按季制作信托资金管理报告，并在受托人网站上"网上信托"栏目进行披露。从实际情况看，中信信托公司并未提供证据证明其履行了相关的披露义务。据此，中信信托公司未能履行信息披露义务，存在违约行为。最终一审法院酌定中信信托公司承担30%的赔偿责任，判决中信信托公司于判决生效之日起十日内赔偿谭某峥损失273,572.45元。

谭某峥上诉请求：1. 撤销一审判决书第一项并改判中信信托公司赔偿损失455,954.08元；2. 中信信托公司承担本案全部诉讼费用。

二审法院认为，中信信托公司上诉主张其已单独完成合同约定的信息披露义务，并提供26号信托计划净值信息披露公告网页截图，用以证明中信信托公司根据《信托合同》按周披露单位净值情况。《信托合同》第8.5.3条以及第14.2.4条约定，受托人应当妥善保存处理信托事务的完整记录。受托人每周在其网站上公布信托单位净值；每月向委托人和受益人寄送信托单位净值披露的书面材料；受托人将按季制作信托资金管理报告，信托资金管理报告将在受托人网站"网上信托"栏目进行披露。

《信托法》第三十三条规定："受托人必须保存处理信托事务的完整记录。受托人应当每年定期将信托财产的管理运用、处分及收支情况，报告委托人和受益人。受托人对委托人、受益人以及处理信托事务的情况和资料负有依法保密的义务。"《信托公司集合资金信托计划管理办法》第三十四条规定："信托公司应当依照法律法规的规定和信托计划文件的约定按时披露信息，并保证所披露信息的真实性、准确性和完整性。"中信信托公司应当依法依约履行信息披露义务。现中信信托公司提供的网页截图没有发布时间，证据来源于中信信托公司官网，中信信托公司可以任意修改官网发布内容，证据本身的真实性存疑。即使中信信托公司确实如其主张完成了每周在其网站就信托单位净值进行公布的义务，其亦无证据证明按照合同约定完成了每月向委托人和受益人寄送单位净值披露的书面材料。故中信信托公司存在未依约履行信息披露义务的行为。

二审法院最终判定，中信信托公司应赔偿损失的核算方式应为：（信托单位净值减少总额－已计提费用及A类受益人的固定信托收益－律师费－开户费）×B类受益人个人投资数额占总体B类受益人投资总份额中的份数，经核算，谭某峥上诉主张的455,954.08元不高于中信信托公司应承担的赔偿责任的金额，故本院对于谭某峥上诉主张的应赔付金额予以支持。

权威解读①

本条是对受托人保管有关记录、向委托人和受益人提出报告以及依法保密义务的规定。

本条第一款规定了其必须保存处理信托事务的完整记录的义务。处理信托事务的完整记录，指有关信托的财产和物品的收支情况，有关信托的金钱方面的收付情况，处理信托事务的方式，交易对方的情况等。完整是指与处理信托事务有关的全部合同、单据、凭证、账户资料等。保存是指记录并装订成册，在计算机处理时应有专门存储方式。还应执行我国有关会计、税收征收管理、审计等方面的法律法规。本条第二款规定受托人应当每年定期将信托财产的管理运用、处分及收支情况报告委托人和受益人。本条第三款规定受托人依法负有保密义务。保密的内容包括委托人、受益人以及处理信托事务的情况和资料。保密应依法，在相关的国家机关和工作人员依照法定程序要求了解受托人处理信托事务及信托财产的情况时，应依法办理。

---

① 《法律问答与释义》，载中国人大网，http：//www. npc. gov. cn/zgrdw/npc/flsyywd/jingji/2003－11/14/content_ 324168. htm。

《信托法》第三十四条　【受托人的支付义务】

第三十四条　受托人以信托财产为限向受益人承担支付信托利益的义务。

典型案例

1. 四川信托有限公司与大连银行股份有限公司营业信托纠纷二审民事判决书①

大连银行股份有限公司（以下简称大连银行）（委托人、受益人）与四川信托有限公司（以下简称四川信托公司）（受托人）签署《信托合同》，约定有关信托财产运用、收益分配、信息披露等条款。同时，大连银行（委托人）与四川信托公司（受托人）签订《预期年化收益率申请协议》，载明预期年化收益率6.7%。2018年12月11日，大连银行（甲方）向四川信托公司（乙方）邮寄《赎回协议》，四川信托公司在该协议上加盖其公司印章予以确认。

2018年12月28日，大连银行向四川信托公司发送《督促函》，要求四川信托公司履行兑付义务。四川信托公司发送回执确认收到上述督促函。2019年6月6日，大连银行就提前赎回信托单位的问题发送律师函。

结合当事人的诉辩意见，二审法院确定本案的争议焦点二、四川信托公司应否以其固有财产对信托财产应付的信托利益不足部分承担责任。

二审法院认为：四川信托公司上诉称，由于案涉信托项目的底层资产出现逾期和流动性问题，导致信托财产专户内没有足额现金，案涉信托项目自然也就不具备向大连银行进行赎回的客观条件，因此导致赎回未生效，并非四川信托公司过错。《资产配置确认函》并不是大连银行投资直接对应的资产情况，大连银行持有的信托受益权与底层资产并不存在对应关系。大连银行要求四川信托公司以自有资金支付差额部分，违反了《中华人民共和国信托法》第三十四条的禁止性规定，构成刚性兑付，不应当得到支持。

二审法院认为，关于信托财产专户内没有足额现金以及《资产配置确认函》中资产非大连银行投资直接对应的资产的问题，均不构成四川信托公司所称的不具备赎回的客观条件，因本院对此问题已经在前一争议焦点中予以阐述，故不再赘述。关于四川信托公司所称违反了《中华人民共和国信托法》第三十四

---

① 北京市高级人民法院民事判决书，（2021）京民终853号。

条的禁止性规定，构成刚性兑付。本院认为，《中华人民共和国信托法》第三十四条规定，受托人以信托财产为限向受益人承担支付信托利益的义务。该条规定的是支付信托利益以信托财产为限。案涉《信托合同》约定，“受托人因违背信托文件、处理信托事务不当而造成信托财产损失的，由受托人以固有财产赔偿；不足赔偿时，由投资者自担”。该条约定的是因受托人违反信托义务，使信托财产受到损失，由受托人的固有财产对信托财产的损失承担赔偿责任，以实现对受益人的保护。该约定与《中华人民共和国信托法》第三十四条的规定并不冲突，未违反该规定，应为有效。关于刚性兑付，是指信托产品到期后，即便信托计划出现不能如期兑付或兑付困难的情形时，信托公司也必须分配给投资者本金以及收益。现四川信托公司因其自身原因未能及时完成赎回义务，导致信托财产不足以支付大连银行的信托利益，并非前述所称的刚性兑付，一审法院认定四川信托公司以自有财产对不足部分承担支付责任并承担违约责任不构成刚性兑付。四川信托公司的相关上诉意见，无事实及法律依据，本院不予采信。综上所述，四川信托公司的上诉请求不能成立，应予驳回；一审判决认定事实清楚，适用法律正确，应予维持。最终二审法院驳回上诉，维持原判。

2. 廊坊银行股份有限公司、四川信托有限公司信托纠纷民事二审民事判决书①

2018年4月12日，廊坊银行股份有限公司（以下简称廊坊银行）与四川信托有限公司（以下简称四川信托公司）签订《信托合同》，约定廊坊银行为3亿元认购信托计划的受益人，并同时签署了《预期年化收益率申请协议》，约定预期年化收益率7.5%。后四川信托公司兑付部分本金及利息，双方于2018年12月18日签署《信托合同补充协议》，延长原信托合同到期日至2019年8月18日，预期收益率调整为7.6%。2018年4月，双方还曾签署《信托转让协议》，约定廊坊银行将信托受益权转让给四川信托公司，后因信托合同延期，双方签订了《信托转让补充协议》，将原转让价款付款时间调整为2019年8月18日前。2019年8月18日后，四川信托公司共支付本金1.15亿元，信托收益及违约金2920万元。

一审法院认为，本案的争议焦点为：廊坊银行与四川信托公司签订的《信托转让协议》及《信托转让补充协议》的性质及效力，四川信托公司应否支付转让价款。本案中，双方签订的《信托合同》合法有效，依据《信托合同》双

---

① 河北省高级人民法院民事判决书，（2021）冀民终397号。

方成立信托法律关系，廊坊银行为信托项目的委托人及受益人，四川信托公司为信托项目的受托人。双方签订的《信托转让协议》及《信托转让补充协议》改变了《信托合同》所确立的权利义务关系。根据《信托转让协议》及《信托转让补充协议》的约定，四川信托公司在固定时点受让廊坊银行持有的信托受益权，承担了廊坊银行在信托计划项下的全部投资风险，而廊坊银行则通过收取固定的信托受益权转让价款来获取利益。因此，双方法律关系名为信托受益权转让，实为保本保收益的协议安排。故双方签署的《信托转让协议》及《信托转让补充协议》均属于刚性兑付条款，违反了《信托法》第三十四条“受托人以信托财产为限向受益人承担支付信托利益的义务”的强制性规定，依法应属无效，廊坊银行无权要求四川信托公司履行上述协议并向其支付受益权转让价款。在本案诉讼中，廊坊银行也未就《信托转让协议》及《信托转让补充协议》无效的过错举证，故对廊坊银行的诉讼请求不予支持。廊坊银行可依据双方签订的《信托合同》和其补充协议，以及因《信托转让协议》及《信托转让补充协议》无效而受到的损失，另行主张权利。

一审法院依据《中华人民共和国信托法》第三十四条和《中华人民共和国民事诉讼法》第一百四十二条的规定，判决为：驳回廊坊银行股份有限公司的诉讼请求。一审案件受理费 1,152,892.0 元，由廊坊银行股份有限公司负担。

二审法院认为，对案涉合同性质的认定，应结合合同的签订背景、签订目的、合同内容、当事人的真实意思表示以及合同的履行情况等多种因素综合考虑认定。本案中，双方当事人于 2018 年 4 月 12 日签订《信托合同》，廊坊银行在认购四川信托公司 3 亿份信托单位所对应的信托受益权的同时签订了《信托转让协议》。虽然信托受益权可以依法转让，但自廊坊银行认购四川信托公司信托产品时双方就另行签订了廊坊银行定期收回固定本金和固定收益的协议。从双方签订的《信托合同》《信托合同补充协议》《信托转让补充协议》约定的内容来看，标的物一致，债权债务数额连续计算，信托产品期限延长日期和信托受益权的转让日期互相衔接。且明确约定，无论信托受益权以及对应的信托计划是否存在瑕疵，信托受益权对应的信托利益是否存在瑕疵等，四川信托公司均需要承担无条件不可撤销的受让信托受益权的义务和责任，受让价款为信托本金与收益之和，如果四川信托公司未按约定时间支付收购价款，则需要对廊坊银行承担赔偿责任。上述约定，廊坊银行不需要承担信托投资的任何风险，保证本金和收益的固定回报，而四川信托公司则要兜底承担全部风险。双方约定属于信托法律关系中的保底或刚性兑付的情形。

通过上述分析可知，《信托转让协议》、《信托转让补充协议》与《信托合同》、《信托合同补充协议》密切相关，廊坊银行否认二者关联关系，主张本案仅应依据转让合同纠纷确定案由并适用法律，不能成立。同时，《信托转让协议》《信托转让补充协议》双方约定，受让方无条件不可撤销的同意在双方约定的时间内，一次性受让全部剩余信托受益权，并无迟滞地将全部剩余信托受益权按照本金加收益之和的转让价款支付至转让方指定账户。上述保底或刚性兑付的约定明确变更了《信托合同》中“受托人不承诺本信托计划财产不受损失亦不保证信托财产的预期收益”的约定。一审法院认定《信托转让协议》及《信托转让补充协议》是对本案信托产品保本保收益的安排，属于刚性兑付的约定，认定事实并无不当，本院予以维持。

关于上诉人廊坊银行提出《信托法》第三十四条不属于法律、行政法规效力性、强制性规定问题。该法律规定强调了信托财产独立的基本原则，是信托当事人在信托活动中的行为准则，其目的是保护信托当事人的合法权益。廊坊银行的主张没有法律依据。廊坊银行以个案民事裁定不能否定最高人民法院《全国民商事会议纪要》的相关规定。最高人民法院的上述会议纪要明确规定：“信托公司、商业银行等金融机构作为资产管理的受托人与受益人订立的含有保证本息固定回报，保证本金不受损失等保底或者刚兑条款的合同，人民法院应当认定该条款无效。”一审法院认定《信托转让协议》及《信托转让补充协议》无效，符合《信托法》和最高人民法院的上述规定，本院予以维持。

最终二审法院驳回上诉，维持原判。

3. 安信信托股份有限公司、湖南高速集团财务有限公司营业信托纠纷二审民事判决书①

2016年，湖南高速集团财务有限公司（以下简称高速财务公司）与安信信托股份有限公司（以下简称安信信托公司）签署四份《信托合同》，高速财务公司认购信托资金4亿元。2019年5月4日，高速财务公司与安信信托公司签订《信托受益权转让协议》，约定受让人安信信托按照6.5%的年化收益率，受让高速财务公司4亿元资金信托所对应的信托受益权及相关衍生权力。2019年7月8日，高速财务公司与安信信托公司签署《补充协议》，约定前述受益权转让日变更为2020年5月4日，年化收益率变更为7.5%，并约定了相关违约金条款。后高速财务公司多次向安信信托公司出具催告函，要求其支付本金及收益。一审法院在案件审理过程中，就受益权转让协议、补充协议的签订是否属于刚性兑付向上海银保监局发函征询，上海局回复称若《信托受益权转让协

① 湖南省高级人民法院民事判决书，（2020）湘民终1598号。

议》、《补充协议》与《信托合同》非同时间签订，则不符合刚性兑付的情形。

一审法院判决：一、安信信托公司自判决书生效之日起10日内向高速财务公司支付信托受益权转让价款，转让价款本金4亿元及信托资金收益（以4亿元为基数，按年利率7.5%从2019年5月5日计算至2020年5月4日止）；二、安信信托公司自判决书生效之日起10日内向高速财务公司支付违约金（以转让价款本金4亿元为基数，按年利率10%从2020年5月5日起计算违约金至转让价款本金清偿之日止，但总额不得超过1,253,260,274亿元）；三、安信信托公司自判决书生效之日起10日内向高速财务公司支付律师代理费98万元、律师咨询费6万元及差旅费9.023万元；四、驳回高速财务公司的其他诉讼请求。一审案件受理费2,762,848.41元，由安信信托公司负担。

二审法院认为，本案双方争议的涉案《信托受益权转让协议》及《补充协议》应认定无效。理由如下：第一，人民法院认定民事合同的性质，应根据合同条款所反映的当事人的真实意思，并结合其签订合同的真实目的以及合同的实际履行情况等因素进行综合判断。本案中，高速财务公司与安信信托公司于2016年签订四份《信托合同》，高速财务公司向安信信托公司认购信托资金4亿元，由安信信托公司对高速财务公司所交付的信托资金进行集合管理、运用和处分。安信信托公司根据约定向高速财务公司分配信托利益并收取一定的信托费用，高速财务公司则根据约定享有信托利益并自行承担信托计划可能存在的投资风险。2019年，高速财务公司与安信信托公司签订《信托受益权转让协议》及《补充协议》，将原受益人高速财务公司依据前述《信托合同》所享有的4亿元信托资金所对应的信托受益权及相关一切衍生权利转让给安信信托公司。从上述两份协议的内容来看，均约定安信信托公司保证按期返还涉案信托资金本金和一定比率的固定收益。《信托受益权转让协议》中约定转让价款=标的信托受益权对应的信托资金×（1+［6.5］%/年×转让方实际持有信托受益权的天数/365）－转让方持有标的信托受益权期间已获得分配的信托利益。《补充协议》进一步约定，2019年5月4日之前的转让价款按原协议的标准执行，2019年5月4日后的转让价款为标的信托受益权对应的信托资金本金和信托收益之和。自2019年5月5日起，信托资金收益率按［7.5］%/年（365天）执行，收益款按季支付。从上述转让价款的计算方式可以看出，高速财务公司获得的收益为其原投入的信托资金本金+固定比例的溢价款，其所获得的是固定的收益回报，其收益情况不受涉案信托计划的实际盈亏情况影响。同时，《信托受益权转让协议》第六条亦明确，高速财务公司作为受益人依据《信托合同》所享有的全部标的信托受益权及相应的权利和义务均由安信信托公司承继，高速财务公司不再承担《信托合同》项下任何权利义务和风险。可见，高速财务公司并无参与涉案信托计划并承担相应风险的真实意思，也无须承担信托受益权的任何风险，即使收益为零，其亦可以通过受益权转让款取得固定收益。安信信托公司和高速财务公司双方依据《信托合同》建立的信托法律关系，而通过其后签订的《信托受益权转让协议》及《补充协议》，改变了《信托合同》确立的权利义务关系。原受托人安信信托公司受让了原由高速财务公司享有的信托利益并承担了因信托计划所产生的全部投资风险。而高速财务公司则从《信托合同》中脱离出来，通过收取固定的信托受益权的转让价款来获取利益。如果《信托受益权转让协议》及《补充协议》实际履行，会达到委托人从受托人处得到了本息固定回报、保证本金不受损失的结果。其法律关系是名为信托受益权转让，实为保本保收益的承诺安排。违反了《中华人民共和国信托法》第三十四条"受托人以信托财产为限向受益人承担支付信托利益的义务"的规定，应属无效。

第二，一审法院在本案审理过程中，就《信托受益权转让协议》及《补充协议》的签订是否为刚性兑付行为向上海银保监局发出《征询函》，上海银保监局于2020年8月28日作出《上海银保监局关于回复长沙中级人民法院征询函的函》，该函载明上海银保监局对安信信托公司进行了相关调查，并向湖南银保监局进行了协查问询。上海银保监局认为安信信托公司与高速财务公司签订的《信托受益权转让协议》等一系列操作是保证本金收益不受损失的行为，属于违规刚性兑付行为。上海银保监局系进行金融规范、监督管理的专业行政机构，亦是信托公司的主管部门，其具有对金融机构相关违法违规行为予以认定并加以处罚的职能，其对此作出的书面回复，是行政机关对于该行为定性的权威结论。故亦应认定双方签订涉案转让协议系违规刚性兑付行为。

第三，《全国法院民商事审判工作会议纪要》第九十二条规定，信托公司、商业银行等金融机构作为资产管理产品的受托人与受益人订立的含有保证本息固定回报、保证本金不受损失等保底或者刚兑条款的合同，人民法院应当认定该条款无效。受益人请求受托人对其损失承担与其过错相适用的赔偿责任的，人民法院依法予以支持。实践中，保底或者刚兑条款通常不在资产管理产品合同中明确约定，而是以"抽屉协议"或者其他方式约定，不管形式如何，均应认定无效。本案中，虽然没有在《信托合同》中直接约定保本保收益的条款，但在《信托受益权转让协议》《补充协议》的约定显然是保本保收益的约定，如前如述，属于刚性兑付的约定，故该两协议应认定无效。

因双方签订的《信托合同》约定资金信托计划总期限为60个月，自信托计划成立之日起算，及受益人满足将信托受益权规模的1/3的依托资金交付至信托财产专户等条件时，可认定信托计划成立。本案中，2017年5月5日，高速财务公司通过银行转账方式将4亿元信托资金一次性转入安信信托公司银行账户，涉案信托计划已成立，故双方约定的资金信托期限未到期，双方应继续履行《信托合同》项下的权利和义务。在合同履行期限内，高速财务公司主张依据《补充协议》，要求安信信托公司向其支付信托受益权转让价款4亿元本金及信托资金收益、违约金，本院不予支持。履行期满后，高速财务公司如认为有损失，可依法另行主张权利。

最终二审法院判决如下：一、撤销湖南省长沙市中级人民法院（2019）湘01民初3659号民事判决；二、安信信托股份有限公司自本判决书送达之日起10日内向湖南高速集团财务有限公司支付律师代理费49万元、律师咨询费3万元及差旅费45,115元；三、驳回湖南高速集团财务有限公司的其他诉讼请求。

权威解读①

本条是对受托人向受益人支付信托利益的规定。

所谓信托利益，就是指由信托财产本身及其收益所产生的利益，包括本金及其孳息，如金钱本金及其产生的利息，果树及其所结的果实，母畜及所产的奶产品及所产的仔畜，房屋及其出租的租金等。受托人的职责就是管理和运用这些财产，向受益人支付信托利益。受托人向受益人支付信托利益，本条规定，仅以信托财产为限，包括本金及其孳息。也就是说，受托人向受益人支付完本金及其孳息，也就履行了自己的法定义务，不必牵连自己的固有财产，也不必用其他财产包括委托人的其他财产来支付受益人的信托利益。至于受托人在管理和运用信托财产中所造成的交易中的损失，只要受托人严格依照信托法和信托文件规定办理，没有过错，也是只能在信托利益中相应减除，而无须弥补。

《信托法》第三十五条 【受托人的报酬】

第三十五条 受托人有权依照信托文件的约定取得报酬。信托文件未作事先约定的，经信托当事人协商同意，可以作出补充约定；未作事先约定和补充

① 《法律问答与释义》，载中国人大网，http：//www. npc. gov. cn/zgrdw/npc/flsyywd/jingji/2003－11/14/content_ 324168. htm。

约定的，不得收取报酬。

约定的报酬经信托当事人协商同意，可以增减其数额。

典型案例

上海森泽房地产有限公司、四川信托有限公司营业信托纠纷二审民事判决书[①]

2011年5月24日，上海森泽房地产有限公司（以下简称森泽房地产公司）作为委托人与四川信托有限公司（以下简称四川信托公司）作为受托人签订了《信托合同》，并对有关该信托的权利义务进行了详细约定。项目公司为乾观公司。2011年5月24日，森泽房地产公司、四川信托公司、乾观公司签订《关于乾观公司之增资协议》，约定：乾观公司注册资本为50万元，森泽房地产公司出资50万元，占出资总额的100%。四川信托公司拟设立“川信—上海森泽股权投资集合资金信托计划”，募集优先级信托资金不超过25,000万元。森泽房地产公司以其享有的对乾观公司的本金为9950万元的债权认购信托计划的次级信托单位。四川信托公司拟以信托计划募集的资金向项目公司增加出资，增资完成后，乾观公司注册资本变更为5000万元。其中，四川信托公司持有乾观公司99%股权，森泽房地产公司持有乾观公司1%股权。2011年12月26日，森泽房地产公司、四川信托公司、乾观公司签订《债务确认合同》，约定：森泽房地产公司以享有的对乾观公司的本金为9950万元的债权认购信托计划的次级信托单位。森泽房地产公司已将上述债权交付给四川信托公司，四川信托公司已成为乾观公司的债权人。

四川信托公司后期向全部优先级受益人支付优先级信托本金264,956,427.4元。2012年12月12日，四川信托公司在信托现金财产中扣收了信托费用152,850元，后又在信托现金财产中扣收信托事务管理费869,959.89元和信托报酬176,934.87元。尚欠2012年5月26日至11月25日的信托报酬1,083,339.1元。2014年10月30日，森泽房地产公司起诉四川信托公司，认为四川信托公司违约，对其造成了损失，请求四川信托公司向森泽房地产公司返还购买次级信托单位资金9950万元及其兑现收益995万元。2015年7月9日，四川省高级人民法院驳回了森泽房地产公司的诉讼请求。2016年1月16日，森泽房地产公司向最高人民法院提起上诉，2016年6月25日，最高人民法院驳回

---

① 四川省成都市中级人民法院民事判决书，(2018) 川01民终4863号。

上诉，维持原判。

一审法院认为，本案争议焦点有三个，一是森泽房地产公司是否是支付信托报酬的适格主体；二是除第一笔信托报酬外，四川信托公司是否有权再收取信托报酬；三是应付信托报酬的金额。

关于第一个争议焦点。《信托合同》，系双方真实意思表示，内容不违反法律、行政法规的强制性规定，应属合法有效。《中华人民共和国信托法》第三十五条第一款明确规定，受托人有权依照《信托合同》的约定取得报酬。根据《信托合同》之约定，森泽房地产公司为案涉信托计划的次级委托人和受益人。信托报酬由信托财产承担，当受托人因处理信托事务发生费用后，如果现金形式的信托财产不足支付，则由次级受益人即森泽房地产公司向信托账户足额追加资金。关于现金形式的信托财产，双方在兴业银行以四川信托公司的名义开立了信托财产专户，森泽房地产公司称不清楚信托财产账户有几个，也并没有提交证据证明有其他账户。又根据最高人民法院（2015）民二终字第406号民事判决书的内容，在本案所涉信托法律关系中，森泽房地产公司购买信托单位的信托资金和债权是信托财产，信托资金投入乾观公司后，目标股权和目标债权是信托财产。而目标股权和债权并非现金形式的信托财产。本院查明截至2016年12月21日，案涉信托财产专户上现金余额为2009.47元，现金形式的信托财产已不足以支付信托报酬，故森泽房地产公司应当履行向信托账户足额追加资金的义务，即森泽房地产公司是不足额资金的实际承担主体，四川信托公司有权向森泽房地产公司行使现金形式的信托财产不足支付部分信托报酬的追索权，森泽房地产公司为本案适格主体。森泽房地产公司在向四川信托公司支付信托报酬后，四川信托公司无权再从信托财产中扣收相应的款项。对于森泽房地产公司抗辩的，信托报酬应当由信托财产支付，四川信托公司应当向乾坤公司行使追索权。一审法院认为，信托财产只是双方约定支付信托报酬的一种形式，这与森泽房地产公司是信托报酬的实际支付主体并不矛盾。首期信托报酬虽从乾观公司开立于兴业银行的账户中划扣，但根据最高人民法院终审判决，乾观公司仅是融资和运作项目的平台，并不能说明乾观公司是应当支付信托报酬的主体。故对于该抗辩，一审法院不予采纳。

关于第二个争议焦点。根据最高人民法院（2015）民二终字第406号判决确定的内容，四川信托公司按约履行义务，没有处理信托事务不当，故有权按照合同约定收取信托报酬。关于森泽房地产公司抗辩的，根据《信托合同》第十条第四款第四项之规定，“若次级受益人于信托计划满12个月之日受让全部优先信托单位的情况发生，受托人将不再收取第一笔固定信托报酬之外的固定信托报酬”，一审法院认为，案涉信托计划于2011年5月26日正式成立，虽然《转让合同》约定“在信托计划存续满12个月之日起或未满12个月但符合信托合同约定相关情形时，次级受益人有权以约定价格受让信托计划项下的优先级信托单位。”《债权协议》《股权协议》《支付确认协议》《上海乾观实业有限公司管理协议》继续明确由被告受让优先级信托单位，并由乾观公司支付转让款，但森泽房地产公司未提交证据证明其或乾观公司在信托计划满12个月之日支付完毕转让价款且完成确认手续，同时，森泽房地产公司在庭审中承认其受让优先级信托单位的时间是在信托计划满12个月之后。故，森泽房地产公司抗辩的，在信托计划满12个月之日受让优先级信托单位的，四川信托公司只能收取第一笔信托报酬，一审法院不予采纳。除第一笔已支付信托报酬外，四川信托公司仍有权收取信托报酬。

关于第三个争议焦点。四川信托公司已收取了从2011年5月26日—2012年5月25日的信托报酬。《信托合同》约定，信托计划成立后满12个月之日（含）起5个工作日内应预先支付第二笔固定信托报酬，第二笔固定信托报酬计算至信托计划成立满18个月之日（不含），即第二笔固定信托报酬应从2012年5月26日起计算至2012年11月25日止。根据查明的事实，尚欠信托报酬金额为1,083,339.1元，但案涉以四川信托公司名义开立于兴业银行的信托财产专户中还余2009.47元，原告可以自行扣收，故，被告还应当向原告支付信托报酬1,081,329.63元，四川信托公司多主张的部分，一审法院不予支持。

据此，一审法院判决：一、森泽房地产公司应于判决发生法律效力之日起十日内给付四川信托公司2012年5月26日至2012年11月25日期间的信托报酬1,081,329.63元。二、驳回四川信托公司的其他诉讼请求。

二审法院认为，本案在二审中的争议焦点为：森泽房地产公司是否是案涉信托报酬的支付主体；四川信托公司是否有权主张第二笔固定信托报酬。

关于森泽房地产公司是否是信托报酬支付主体的问题。本院认为，根据信托合同第十条第（一）项信托财产所承担的费用之约定，信托报酬属于应由信托财产承担的费用之列。同时，合同第十条第（一）项约定：“……现金形式的信托财产不足支付的，次级受益人应在信托费用支付前5个工作日或根据受托人书面通知所载明日期、金额向信托账户足额追加资金。”该合同约定明确了向信托财产追加资金义务的主体为次级受益人，案涉信托计划的次级受益人即为森泽房地产公司，故四川信托公司主张由森泽房地产公司负担信托报酬的请求具有明确的合同依据。至于森泽房地产公司抗辩首期信托报酬从乾观公司资产中支取，乾观公司为信托报酬负担主体的主张，本院认为，最高人民法院

(2015) 民二终字第406号民事判决针对的是受托人从乾观公司的资产中支取首期信托报酬等行为是否违反信托合同约定的问题，并没有以此认定后续的信托报酬依然应由乾观公司负担，更不能以此认定森泽房地产公司与四川信托公司就后续信托报酬的支付问题变更了原有信托合同约定。故森泽房地产公司的该上诉理由，本院不予支持。

关于四川信托公司是否有权主张第二笔固定信托报酬的问题。森泽房地产公司上诉主张已经履行了受让全部优先级信托单位的义务，故四川信托公司无权主张剩余报酬。对此本院认为，信托合同第十条第四款规定“若次级受益人于信托计划满12个月之日受让全部优先信托单位的情况发生，受托人将不再收取第一笔固定信托报酬之外的固定信托报酬”，该约定为附条件的合同条款，受托人不再收取首期信托报酬以外其他固定报酬，应满足两个前提条件，除了“受让全部优先信托单位”以外还必须满足“信托计划满12个月之日”的时间限定。根据查明的事实，信托计划成立满12个月之日森泽房地产公司并未受让全部优先信托单位。故森泽房地产公司的上诉主张并不符合合同约定，四川信托公司仍有权继续向森泽房地产公司主张第二笔固定信托报酬。

综上所述，森泽房地产公司的上诉请求不能成立，应予驳回。一审判决认定事实清楚，适用法律正确。二审法院最终驳回上诉，维持原判。

权威解读[①]

本条是对受托人报酬的规定。

受托人的代人理财是否应取得报酬，应依具体情况而定，本条条文中并未对受托人取得报酬作强制性规定，由当事人自己在信托文件中约定。在民事信托中，以不取得报酬为原则，以取得报酬为例外。在所谓的营业信托中，报酬也不是主要的考虑因素，对信托财产的管理和处分可以扣除管理和处分费用，然后可以根据信托财产的商业回报率来商定报酬，比如采取提成制、折扣制等。

《信托法》第三十六条　【不得请求给付报酬】

第三十六条　受托人违反信托目的处分信托财产或者因违背管理职责、处

① 《法律问答与释义》，载中国人大网，http：//www. npc. gov. cn/zgrdw/npc/flsyywd/jingji/2003 - 11/14/content_ 324168. htm。

理信托事务不当致使信托财产受到损失的，在未恢复信托财产的原状或者未予赔偿前，不得请求给付报酬。

典型案例

吉林省建苑设计集团有限公司四川信托有限公司信托纠纷二审民事判决书①

2012年11月20日，吉林省建苑设计集团有限公司（以下简称吉林建苑公司）与四川信托有限公司（以下简称四川信托）签署《信托合同》，前者经董事会审议，将自有资金3000万元委托给四川信托，用于向众诚钡盐公司发放贷款。2012年11月5日，四川信托与众诚钡盐签署《信托贷款合同》，约定贷款事宜，同日四川信托与褚某武、褚某刚及山东振昊钨钼公司签署了相关《质押合同》及《保证合同》，为信托贷款项下义务提供增信。自2013年6月20日起，众诚钡盐公司未按期支付利息，随后四川信托多次向吉林建苑公司发函，并采取了相应的资产保全措施。2013年11月19日，四川信托向众诚钡盐及担保人发函通知，明确相关贷款信托计划将于2013年11月20日终止，非货币信托财产将向吉林建苑公司原状分配，未获清偿的债权及信托项下债务一并归属吉林建苑公司，借款人及担保人自2013年11月20日起应向吉林建苑公司履行义务。

关于四川信托是否应当返还吉林建苑公司信托报酬、赔偿损失。二审法院认为，吉林建苑公司上诉主张，案涉法律关系的性质为"居间+委托代理"，在合同履行中，四川信托主要存在以下违约行为：一是向吉林建苑公司出具的《尽职调查报告》的数据不实，严重误导了吉林建苑公司，增加了项目风险；二是四川信托向吉林建苑公司提供的第一季度管理报告严重失实，结合法律规定，四川信托应当按照合同约定返还报酬、赔偿吉林建苑公司的损失。

本院认为，根据《中华人民共和国信托法》第三十六条关于"受托人违反信托目的处分信托财产或者因违背管理职责、处理信托事务不当致使信托财产受到损失的，在未恢复信托财产的原状或者未予赔偿前，不得请求给付报酬"的规定，结合在第一个争议焦点中关于双方形成了信托法律关系的分析，吉林建苑公司要求四川信托返还报酬、赔偿损失的前提是四川信托在案涉合同履行中存在违反信托目的处分信托财产或者因违背管理职责、处理信托事务不当致

① 四川省高级人民法院民事判决书，（2017）川民终680号。

使信托财产受到损失的行为。结合双方的主张，具体评析如下：

（一）关于《尽职调查报告》是否存在误导吉林建苑公司的问题，本院认为，四川信托的抗辩意见能够成立，主要理由如下：

第一，根据案涉《信托合同》第三条关于“受托人为被动信托，根据委托人指定管理并运用信托资金，按照信托目的持有、管理信托财产，直到信托终止”、第五条“发放信托贷款的基本条件”第2款关于“信托贷款发放的基本条件如下：(1) 借款为众诚钡盐公司”、第十三条第一款“风险揭示”部分关于“委托人了解并认可借款人与保证人的经营状况、财务状况、信用状况，自行判断并承担风险”的约定，结合在2012年11月20日案涉《信托合同》签订之前，2012年9月29日吉林建苑公司已形成《董事会决议》，决定以自有资金3000万元信托给四川信托，用于向众诚钡盐公司发放流动贷款的事实，案涉信托项目实质是吉林建苑公司自主决定设立，四川信托是按照吉林建苑公司的指示将3000万元发放给众城钡盐公司，项目的风险是由吉林建苑公司自行判断、承担。

第二，《尽职调查报告》的出具主体并非四川信托，是四川信托下属职能部门“资产管理部”起草，从《尽职调查报告》的内容看，并不是向委托人吉林建苑公司出具，而是四川信托下属职能部门向公司出具。结合案涉《信托合同》中关于项目风险由吉林建苑公司自行判断并承担的内容，从常理上推断，四川信托关于《尽职调查报告》是用于该公司内部审批流程使用的抗辩意见能够成立。

第三，《尽职调查报告》中明确载明“此项目为被动型管理项目”，从吉林建苑公司提交的证据显示在2012年10月17日收到《尽职调查报告》后，其在阅知了报告中的内容后，仍于2012年11月20日签订案涉《信托合同》，且合同中明确载明由吉林建苑公司自行判断并承担项目风险。据此，可以认定《尽职调查报告》并非其判断项目风险的依据。

综上所述，吉林建苑公司关于四川信托出具与客观情况不实的《尽职调查报告》系违约行为的上诉理由不能成立，不予支持。

（二）关于四川信托向吉林建苑公司提供的第一季度管理报告是否因严重失实而构成违约的问题，本院认为，如前所述，案涉信托项目的设立是由吉林建苑公司自主决定，并由其自行判断并承担项目风险，结合吉林建苑公司在《上诉状》中明确认可因案涉信托项目系被动信托，四川信托对信托财产的管理实属事务型管理。基于事务型管理的义务标准，结合众诚钡盐公司在第一季度按约履行了付息义务的事实，应当认定四川信托依据众诚钡盐公司提供的第三方专业审计机构出具的财务数据制作第一季度管理报告已经完成了合同义务，并不存在违约行为。据此，吉林建苑公司的该项上诉理由不能成立，不予支持。

基于前述分析，因四川信托并不存违反信托目的处分信托财产或者因违背管理职责、处理信托事务不当致使信托财产受到损失的行为，吉林建苑公司要求其承担返还信托报酬并赔偿损失的上诉主张亦不能成立。

最终二审法院驳回上诉，维持原判。

权威解读[①]

本条是对受托人请求给付报酬的限制性规定。

受托人可以不取得报酬，但也不排除可以取得报酬，对于约定取得报酬的，本条对受托人请求给付报酬规定了一个限制。由于受托人实际占有信托财产并依信托文件的规定管理和处分信托财产，受托人行使报酬请求权无须经过其他信托当事人的同意，按前条规定，信托文件事先有约定的，按约定依法取得，未作约定，通过补充约定取得，但应受本条规定限制，受托人在未恢复信托财产的原状或未予以赔偿前，不得取得报酬。

《信托法》第三十七条　【优先受偿与损失承担】

第三十七条　受托人因处理信托事务所支出的费用、对第三人所负债务，以信托财产承担。受托人以其固有财产先行支付的，对信托财产享有优先受偿的权利。受托人违背管理职责或者处理信托事务不当对第三人所负债务或者自己所受到的损失，以其固有财产承担。

典型案例

中信信托有限责任公司、青岛海融兴达商业管理有限公司追偿权纠纷二审民事判决书[②]

2011年8月11日，中信信托有限责任公司（以下简称中信信托公司）依据北京市方圆公证处作出执行证书，以青岛舒斯贝尔公司为被执行人，向山东省

① 《法律问答与释义》，载中国人大网，http：//www.npc.gov.cn/zgrdw/npc/flsyywd/jingji/2003－11/14/content_324168.htm。

② 最高人民法院民事判决书，（2016）最高法民终475号。

高级人民法院（以下简称山东高院）申请强制执行。2013 年 5 月 3 日山东高院依法拍卖了被执行人青岛舒斯贝尔公司名下的土地使用权，竞买人青岛海融兴达商业管理有限公司（以下简称青岛海融公司）以 3.02 亿元竞得。2013 年 5 月 27 日，山东高院裁定将青岛舒斯贝尔公司名下土地使用权，过户到买受人青岛海融公司名下。同日，山东高院向青岛市房地产登记中心发出协助执行通知书，要求协助将上述房产过户到买受人青岛海融公司名下。2013 年 10 月 31 日，山东高院作出（2011）鲁执字第 13－6 号执行裁定，证实青岛舒斯贝尔公司暂无财产偿还剩余债权，该次执行程序终结。2014 年 1 月 13 日，山东高院给青岛经济技术开发区地方税务局发函，说明其已分别作出相关执行裁定及协助执行通知书，请青岛市房地产登记中心将青岛舒斯贝尔公司名下的青房地权市字第 20108××××、20108××××号土地使用权过户到买受人青岛海融公司名下。根据《竞买协议书》约定，标的的证照办理、变更、过户等相关手续由买受人持拍卖手续及委托人为其出具的相应材料自行办理，因此产生的税费按照国家规定由买卖双方各自承担。对于该标的物的前权利人应缴纳或补缴的税费，如前权利人不配合缴纳的，则由买受人另行出资垫付，并自行向前权利人追索。该约定不违反法律规定，望青岛经济技术开发区地方税务局接此函后，接受买受人垫付的应由青岛舒斯贝尔公司所缴费用，尽快让买受人办理过户手续，以维护其正当权益。青岛海融公司提交填发日期为 2014 年 1 月 20 日的税收缴款书 21 张，主张其为青岛舒斯贝尔公司垫付各项税费合计 64,530,410.18 元。

青岛市中级人民法院（2014）青执裁字第 20 号执行裁定、山东高院（2014）鲁执复议字第 129 号执行裁定查明：青岛舒斯贝尔公司系由股东英属开曼群岛舒斯贝尔集团有限公司（认缴出资 6300 万美元，占比为 90%）、山东舒斯贝尔公司（认缴出资 700 万美元，占比为 10%）共同认缴出资 7000 万美元组建的中外合资经营企业。2010 年 6 月 7 日，英属开曼群岛舒斯贝尔集团有限公司将 40% 的股权转让给山东舒斯贝尔公司，转让后两个股东各占 50% 的股份，各认缴出资 3500 万美元。截至 2010 年 12 月 23 日，英属开曼群岛舒斯贝尔集团有限公司实际出资 3101 万美元，欠缴注册资本金 399 万美元，山东舒斯贝尔公司实际出资 143.5456 万美元，欠缴注册资本金 3356.4544 万美元。两股东总计实际出资 3444.5456 万美元，占认缴总资本的 49.21%。2010 年 7 月，中信信托公司与山东舒斯贝尔公司等签署《投资协议》。同月，中信信托公司与山东舒斯贝尔公司签署《中信—舒斯贝尔特定资产收益权投资集合信托计划信托合同》《股权转让合同》。一审法院判决：青岛舒斯贝尔公司于判决生效后十日内返还青岛海融公司垫付税款共计 64,530,410.18 元；山东舒斯贝尔公司在未缴纳出资本息范围内对青岛舒斯贝尔公司不能清偿的部分承担补充赔偿责任；中信信托公司对山东舒斯贝尔公司应承担的补充赔偿责任承担连带责任。

一审法院认为，关于青岛海融公司请求判令山东舒斯贝尔公司在未出资本息范围内对青岛舒斯贝尔公司不能清偿部分承担补充赔偿责任、中信信托公司对山东舒斯贝尔公司应承担的补充赔偿责任承担连带责任是否具有事实和法律依据的问题。山东舒斯贝尔公司系青岛舒斯贝尔公司设立时的股东，根据工商登记中验资报告的记载，其未在法定期限内履行股东应尽的全面出资义务，后其向中信信托公司转让全部股权。根据《股权转让合同》的约定，受让人中信信托公司对山东舒斯贝尔公司未全面履行股东出资义务是明知的。办理股权变更工商登记后，中信信托公司与舒斯贝尔集团有限公司签订《中外合资经营企业合同》，双方各出资3500万美元、各占50%的股份，并制定了《中外合资青岛舒斯贝尔地产开发有限公司章程》，成立了新的中外合资经营公司青岛舒斯贝尔公司。之后，中信信托公司亦未依法补交出资。根据公司法司法解释（三）第十三条第二款关于“公司债权人请求未履行或者未全面履行出资义务的股东在未出资本息范围内对公司债务不能清偿的部分承担补充赔偿责任的，人民法院应予支持”的规定和第十八条关于“有限责任公司的股东未履行或者未全面履行出资义务即转让股权，受让人对此知道或者应当知道，公司请求该股东履行出资义务、受让人对此承担连带责任的，人民法院应予支持；公司债权人依照本规定第十三条第二款向该股东提起诉讼，同时请求前述受让人对此承担连带责任的，人民法院应予支持”的规定，青岛海融公司请求判令山东舒斯贝尔公司在未出资本息范围内对青岛舒斯贝尔公司不能清偿部分承担补充赔偿责任、中信信托公司对山东舒斯贝尔公司应承担的补充清偿责任承担连带责任具有事实和法律依据。中信信托公司主张其不是公司法意义上的股东，缺乏法律依据，亦与现行法律规定不符，一审法院不予支持。

《信托法》第三十七条第一款规定：“受托人因处理信托事务所支出的费用、对第三人所负债务，以信托财产承担。受托人以其固有财产先行支付的，对信托财产享有优先受偿的权利。”根据该条规定，可以认为，第三人不受信托当事人之间《信托合同》有关约定的约束，不受信托财产和固有财产责任划分的约束，信托人应当以其名下的所有财产对第三人承担责任。因此，在本案中，无论案涉股权是信托资产，还是中信信托公司的固有财产，不影响中信信托公司承担未全部出资的股东责任，《信托合同》对第三人没有约束力。一审法院判决：一、青岛舒斯贝尔公司于判决生效后十日内返还青岛海融公司垫付税款共计64,530,410.18元；二、山东舒斯贝尔公司在未缴纳出资本息范围内对青岛舒斯贝尔公司不能清偿的部分承担补充赔偿责任；三、中信信托公司对山东舒斯贝尔公司应承担的补充赔偿责任承担连带责任。

二审法院认为，一审法院根据公司法司法解释（三）第十三条第二款、第十八条的规定，判令中信信托公司对山东舒斯贝尔公司在未出资范围内就青岛海融公司对青岛舒斯贝尔公司的债权应承担的补充赔偿责任负连带责任并无不当。二审法院同时指出，《信托法》第三十七条第一款是关于“处理信托事务所产生费用与债务如何负担”的规定。根据该条文，无法得出一审判决关于“第三人不受信托财产和固有财产责任划分的约束，信托人应当以其名下的所有财产对第三人承担责任”的结论。一审判决对该条法律规定适用不当，本院予以纠正。

综上所述，中信信托公司的上诉理由不能成立，应予驳回；一审判决认定基本事实清楚，适用法律虽有瑕疵，但裁判结果正确，应予维持。最终二审法院驳回上诉，维持原判。

权威解读①

本条是对信托财产产生的债务如何确定偿债顺序的规定。

受托人接受他人委托，管理和处分信托财产，处理信托事务，要花费许多人力物力，受托人对于这些费用、债务，应该以信托财产承担，因为信托财产与其他财产分别管理、分别记账，受托人发生这些费用和债务，就在单独管理和单独立账的信托财产中以金钱或非金钱予以支付。在受托人以其固有财产先行支付的，相当于受托人以自己的固有财产先行垫付，在信托财产中享有优先受偿的权利。而信托文件或信托当事人允许信托财产与受托人的固有财产发生交易，受托人因此与信托财产形成的债务关系，受托人对信托财产没有优先受偿的权利。

受托人违背管理职责或者处理信托事务不当对第三人所负债务，适用民法上的过错原则，不能使用信托财产偿还债务，应以自己所有的固有财产承担。自己所受到的损失，也不能要求以信托财产赔偿损失，而应以其固有财产承担损失。

---

① 《法律问答与释义》，载中国人大网，http：//www.npc.gov.cn/zgrdw/npc/flsyywd/jingji/2003-11/14/content_324168.htm。

《信托法》第三十八条　【受托人的辞任】

第三十八条　设立信托后，经委托人和受益人同意，受托人可以辞任。本法对公益信托的受托人辞任另有规定的，从其规定。

受托人辞任的，在新受托人选出前仍应履行管理信托事务的职责。

权威解读①

本条是对受托人辞任的规定。

受托人可能因为种种原因，自己的情况发生变化或不能很好地履行受托人职责，或者与委托人、受益人发生一些关系上的变故，在这样的情况下，只需经委托人和受益人同意，受托人就可以辞任，也就是不再担任受托人。考虑到本法的有关建立信托需要书面文件的规定，这里的同意应采取书面文件形式。

公益信托由于为不特定的受益人的利益管理和处分信托财产，有一定的社会公益性，本法对其辞任规定了特殊的批准程序，应遵守本法的相关条款。

考虑到前后两个受托人职责的衔接的必要，本条第二款规定，受托人辞任的，并不能立即推卸自己作为受托人的职责，在新的受托人选出前，仍应履行管理信托事务的职责，也就是受托人的职责，只是不开展新的信托财产运用业务，不处分重要的信托财产。

《信托法》第三十九条　【受托人职责终止】

第三十九条　受托人有下列情形之一的，其职责终止：

（一）死亡或者被依法宣告死亡；

（二）被依法宣告为无民事行为能力人或者限制民事行为能力人；

（三）被依法撤销或者被宣告破产；

（四）依法解散或者法定资格丧失；

（五）辞任或者被解任；

（六）法律、行政法规规定的其他情形。

① 《法律问答与释义》，载中国人大网，http：//www. npc. gov. cn/zgrdw/npc/flsyywd/jingji/2003 - 11/14/content_ 324168. htm。

受托人职责终止时，其继承人或者遗产管理人、监护人、清算人应当妥善保管信托财产，协助新受托人接管信托事务。

权威解读①

本条是对受托人的职责终止的规定。

本条规定了六种法定情形，受托人在发生该情形之一时，其受托人职责终止。受托人既包括自然人，也包括法人或其他社会组织。

第一，作为受托人的自然人死亡或依法被宣告死亡。我国《民法典》规定，公民的民事权利能力从出生时起到死亡时止。

第二，被依法宣告为无民事行为能力人或者限制民事行为能力人。按我国法律规定，10 周岁以上的未成年人是限制民事行为能力人，可以进行与他的年龄、智力相适应的民事活动；其他民事活动由他的法定代理人代理，或者征得他的法定代理人的同意。不满 10 周岁的未成年人是无民事行为能力人，由他的法定代理人代理民事活动。

第三，被依法撤销或者被宣告破产。被依法撤销是指由法定机关依法撤销有关法人和社会组织，该法人或社会组织就不再具有相应的民事权利能力，其作为受托人的职责终止。

第四，依法解散或者法定资格丧失。法人或其他社会组织依法宣布解散，其作为受托人的职责终止；法人或其他社会组织丧失法定从事特定信托活动的资格，其作为受托人的职责终止。

第五，受托人依本法和信托文件辞任或者被解任，其作为受托人的职责终止。

第六，法律、行政法规规定有其他情形，受托人的职责依法终止。

本条第二款规定，在受托人职责终止时，并不立即解除其相关法定义务，作为一种过渡的安排，受托人的继承人（包括法定继承人和遗嘱继承人）、监护人、法人或其他社会组织的清算人应当妥善保管信托财产，协助新受托人接管信托事务，以便顺利地完成受托人职责的交接。

---

① 《法律问答与释义》，载中国人大网，http：//www. npc. gov. cn/zgrdw/npc/flsyywd/jingji/2003 – 11/14/content_ 324168. htm。

《信托法》第四十条　【新受托人的选任】

第四十条　受托人职责终止的，依照信托文件规定选任新受托人；信托文件未规定的，由委托人选任；委托人不指定或者无能力指定的，由受益人选任；受益人为无民事行为能力人或者限制民事行为能力人的，依法由其监护人代行选任。

原受托人处理信托事务的权利和义务，由新受托人承继。

权威解读①

本条是对受托人职责终止时选任新受托人的程序的规定。

受托人职责终止的，要依有关程序选任新受托人。首先是信托文件有规定的，依信托文件的规定选任新受托人。信托文件是规定信托当事人各方权利义务的法律文书，选任新受托人与信托各方当事人的权益有密切关系，在信托文件有规定的情况下，依照其规定办理。信托文件未规定的，由委托人选任。委托人有时会发生不指定或者无能力指定的情况。不指定是指委托人基于种种主客观原因不指定新的受托人，无能力指定是指委托人由于种种原因不能指定新的受托人。在这些情况发生时，只能由受益人选任；受益人为无民事行为能力人或者限制民事行为能力人的，依法由其监护人代行选任。这几种程序是一个递进的关系，只有前一个程序没有选出新的受托人，后一个程序才能启动，开始选任新的受托人的工作。

《信托法》第四十一条　【受托人职责终止的责任】

第四十一条　受托人有本法第三十九条第一款第（三）项至第（六）项所列情形之一，职责终止的，应当作出处理信托事务的报告，并向新受托人办理信托财产和信托事务的移交手续。

前款报告经委托人或者受益人认可，原受托人就报告中所列事项解除责任。但原受托人有不正当行为的除外。

① 《法律问答与释义》，载中国人大网，http：//www. npc. gov. cn/zgrdw/npc/flsyywd/jingji/2003 - 11/14/content_ 324168. htm。

权威解读 ①

本条是对受托人的职责终止时如何向新受托人办理移交手续和承担责任的规定。

所谓报告，包括有关的财务报表及相关说明书、大宗财产的处理方式和情况的说明，主要是依据对信托财产分别管理、分别记账积累的记录和有关资料的说明使委托人和受益人了解相关情况。在受托人是法人或其他组织的情况，可以规范详细一些，并应符合有关法律、行政法规的规定；在受托人是个人的情况，作出使委托人、受益人了解情况的报告即可，但两种情况都要做到真实、完整和准确，不能弄虚作假或采取欺骗手法。作出报告是一个方面，同时应向新受托人办理信托财产和信托事务的移交手续。

《信托法》第四十二条　【共同受托人之一职责终止后的信托财产管理和处分】

第四十二条　共同受托人之一职责终止的，信托财产由其他受托人管理和处分。

权威解读 ②

本条是对共同受托人之一职责终止时如何处理信托财产的规定。

同一信托有两个共同受托人，共同受托人之一职责终止，只剩下一个受托人，与一般的信托关系一样，原信托关系不发生变化。而当同一信托有多个共同受托人的情况下，共同受托人人数减少一个，但仍有两个以上的共同受托人，原信托关系不发生变化，继续属于共同受托人。本条规定，不因共同受托人之一其职责终止减少共同受托人数而需要选任新的受托人或增选受托人，应保留原信托关系，信托财产由其他剩下的受托人（不论是一个受托人或一个以上的受托人）继续管理和处分即可。

---

① 《法律问答与释义》，载中国人大网，http：//www. npc. gov. cn/zgrdw/npc/flsyywd/jingji/2003 - 11/14/content_ 324168. htm。

② 《法律问答与释义》，载中国人大网，http：//www. npc. gov. cn/zgrdw/npc/flsyywd/jingji/2003 - 11/14/content_ 324168. htm。

《信托法》第四十三条 【受益人】

第四十三条 受益人是在信托中享有信托受益权的人。受益人可以是自然人、法人或者依法成立的其他组织。

委托人可以是受益人，也可以是同一信托的唯一受益人。

受托人可以是受益人，但不得是同一信托的唯一受益人。

典型案例

徐州岚松家居用品经营有限公司、中诚信托有限责任公司合同纠纷二审民事判决书①

2014 年 3 月 7 日，中诚信托有限责任公司（以下简称中诚公司）与华厦集团、徐州岚松家居用品经营有限公司（以下简称岚松公司）、润彭置业、董某君、董某签订《合作协议》。主要内容为，中诚公司拟成立信托计划，募集 4 亿元优先信托资金用于对润彭置业进行增资。在信托计划存续期间的申购开放日内，中诚公司发行 4 亿份次级受益权信托单位，由华厦集团以其对润彭置业享有的 4 亿元借款债权进行认购，以实现各方利益。在信托计划存续期间，若货币形态的信托财产不足以支付实际发生的信托税费及信托费用的，华厦集团应对差额部分无条件补足。华厦集团承担的差额补足义务预计最高不超过 504,000,000 元。2014 年 3 月 7 日，岚松公司作为出质人与质权人中诚公司签订《股权质押合同》，债务人华厦集团、债权人中诚公司分别与保证人董某君、董某签订《保证合同》。2014 年 11 月 21 日，中诚公司向华厦集团、润彭置业发出《支付通知书》，要求华厦集团、润彭置业根据《差额补足协议》的约定，于 2014 年 12 月 20 日之前支付差额补足款。

二审法院认为，关于一审判决是否适用法律不当。中诚公司是否恶意规避法律，其投入润彭置业资金形成的股权是否不能享受信托计划赋予的特殊保障。《信托法》第四十三条规定：委托人可以是受益人，也可以是同一信托的唯一受益人。受托人可以是受益人，但不得是同一信托的唯一受益人。本案中，中诚公司以自有资金认购信托计划，其兼有委托人、受托人、受益人的身份。华夏集团为另一受益人。中诚公司并非唯一受益人，故其行为并不违反《信托法》

① 最高人民法院民事判决书，（2017）最高法民终 516 号。

第四十三条的规定，并不属于恶意规避法律的行为，信托计划并不因此被认定无效、中诚公司持有的股权并不因此不能得到保障。岚松公司关于原审法院适用法律错误的上诉请求不能成立，二审法院不予支持。

权威解读[①]

本条是对受益人的定义和范围的规定。

一、受益人的定义。受益人是信托关系的当事人，是在信托中享有信托受益权的人。受益人具有以下法律特征：(1) 受益人是信托关系的当事人。(2) 受益人是在信托关系中纯享利益之人。(3) 受益人是在信托关系中享有信托受益权的人。

二、受益人的资格和范围。受益人并不需要通过承诺或者为一定的法律行为，以取得信托受益权，自信托生效之日起即享有信托受益权，且受益人是信托关系中纯享利益之人，原则上只要具有民事权利能力的人都可以成为受益人，因此本条规定，受益人可以是自然人、法人或者依法成立的其他组织。关于受益人的范围，胎儿可以成为信托关系中的受益人；外国人原则上可以作为受益人。但是，如果有关法律、法规对外国人取得某物或者某项权利有限制性规定，而该物或者该项权利为受益权的客体应当移转给该外国人的，则外国人不得成为该信托的受益人。比如，《文物保护法》第二十五条中规定，非国有不可移动文物不得转让、抵押给外国人。因此，如果设定信托，以私人收藏的文物作为信托财产，信托文件规定由受托人将该文物移转给受益人，则外国人不能作为该信托的受益人；本法将受益人限定在自然人、法人、依法成立的其他组织的范围之内，因此非人类的生命形态不能成为受益人。

三、委托人或者受托人作为受益人。在信托关系中，受益人通常为委托人指定之第三人，委托人也可以设立自益信托，指定自己为唯一受益人，将其财产权委托给受托人，由受托人为自己的利益管理和处分信托财产，也可以指定自己与其他受益人为共同受益人，由受托人为自己和其他受益人的利益管理和处分信托财产。委托人还可以指定受托人为共同受益人之一，由其管理和处分信托财产。但是，委托人不得指定受托人为某一信托的唯一受益人，因为当受托人是某一信托的唯一受益人时，信托财产的管理、处分权和信托受益权归于同一人，信托就失去了其设立和存在的意义。

---

① 《法律问答与释义》，载中国人大网，http：//www. npc. gov. cn/zgrdw/npc/flsyywd/jingji/2003 - 11/14/content_ 324173. htm。

《信托法》第四十四条　【受托受益权的起始】

第四十四条　受益人自信托生效之日起享有信托受益权。信托文件另有规定的，从其规定。

典型案例

深圳市三秦资产管理有限公司与陈某华民间借贷纠纷一审民事裁定书[①]

原告深圳市三秦资产管理有限公司与被告陈某华、第三人袁某涛民间借贷纠纷一案，经法院审理查明：原告作为甲方，被告作为乙方，共同于2015年6月8日签订了一份《证券投资合伙协议》，约定由甲方就其认购成立的《四川信托锦惠二十九号证券投资集合资金信托计划》单位通过杭州恒生网络技术服务有限公司投资管理平台（以下简称HOMS系统）开立合伙账户，甲方作为优先合伙人（出具的资金为优先资金），乙方作为劣后合伙人（出具的资金为劣后资金）共同投资证券市场。投资决策和交易操作由乙方负责，但在乙方违反本合同相关规定或合伙账户资产触及预警线、平仓线时，甲方有权限制乙方的操作权限并按合同规定自主操作进行证券交易。

本院认为：本案所涉争议名为民间借贷，实际上是一方以其自有资金存入他人指定的证券交易账户作为质押，并利用他人提供的证券交易账户及账户内的资金（包括其自有资金以及他人提供的相应比例的资金进行交易）交易并获利的行为，亦即证券业内所称的“配资炒股”行为。本案原、被告之间签订的《证券投资合伙协议》违反了《中华人民共和国证券法》关于证券交易实名制的相应规定，属于无效合同。因此，原告不能依据该协议要求被告向其承担赔偿责任；如果协议无效，配资双方的权利义务应依据双方之间“配资”的具体情形、过错程度等相关因素来确定。在本案中，原告虽然与被告签订了《证券投资合伙协议》，但却没有履行实际的出资义务。本案原告虽然提供给了被告一个证券账户供其进行证券操作，但原告既非该账户的所有人，也非实际控制人。该账户内相应的资金的所有权不属于原告所有。本案所涉的相应证券交易所产生的损失也是对账户的所有人产生的损失。因此，从“配资”的实际履行情况来看，原告亦无权要求被告赔偿其损失；原告称本案的第三人袁某涛将其所有

① 广东省深圳前海合作区人民法院民事裁定书，（2015）深前法商初字第121号。

的信托收益权出借出原告，原告将该权益项下的资金出借给被告，因此，原告是本案适格的原告。但依据《中华人民共和国信托法》第四十四条规定："信托受益人自信托生效之日起享有信托收益权。信托文件另有规定的，从其规定。"同时，第四十八条规定："受益人的信托收益权可以依法转让和继承。"从上述法律规定可以看出，究竟谁是信托的受益权人应该依据信托文件的内容来确定。从法律性质来讲，信托收益权人可以将其权利转让给他人，也可以将其依据该信托取得的资金或者实物转借给他人，但却不能将该信托收益权出借他人。本案的信托收益权在其信托文件中明确约定属于不可转让。如果第三人将其依据信托获得的1400万元借给了原告，那么应该有相应的支付借款的行为（比如将1400万元打入原告的证券交易账户）。在本案中，原告在整个"配资"过程中只做了一件事，即将他人的证券账户的交易密码告诉了被告。从原告的实际行为来分析，原告更应该是借款人与实际出资人之间的一个中介，而不是实际出资人。综上所述，原告深圳市三秦资产管理有限公司不是实际履行配资义务的出资人，其不是本案的适格原告，其要求被告赔偿损失的主张没有事实和法律依据，本院不予支持。最终法院驳回原告深圳市三秦资产管理有限公司的起诉。

后二审法院广东省深圳市中级人民法院民事判决书［（2018）粤03民终13038号］维持原判。

权威解读①

本条是对受益人享有信托受益权起始时间的规定。

一、信托受益权的内容。信托受益权是受益人在信托中享受信托利益的权利。信托受益权有狭义和广义之分，狭义的信托受益权是指受益人享有的在信托存续期间取得信托财产收益的权利、在信托终止后信托文件没有另外规定信托财产归属人的情况下获得信托财产本金的权利。广义的信托受益权包括受益人享有的在信托存续期取得信托财产收益的权利、在信托终止后获得信托财产本金的权利以及由此产生的监督受托人管理、处分信托财产的权利。具体来讲，信托受益权包括以下几个方面的内容：（1）在信托存续期间，享受信托财产收益的权利。（2）在信托终止时获得信托财产本金的权利。（3）监督受托人管理、处分信托财产的权利。

二、信托受益权的性质。受益人所享有的信托受益权作为私法上的一种权

① 《法律问答与释义》，载中国人大网，http://www.npc.gov.cn/zgrdw/npc/flsyywd/jingji/2003-11/14/content_324173.htm。

利，综合各种观点，应当承认信托是一种特殊的民事法律关系，并且应当以特别法赋予信托受益权这种特殊的权利以独立的法律效力。

三、受益人享有信托受益权的起始时间。根据本条的规定，受益人自信托生效之日起享有信托受益权。因此，受益人因信托的生效而取得信托受益权。

四、信托文件对受益人享有信托受益权的起始时间另有规定的，从其规定。

《信托法》第四十五条 【共同受益人信托利益的享有】

第四十五条 共同受益人按照信托文件的规定享受信托利益。信托文件对信托利益的分配比例或者分配方法未作规定的，各受益人按照均等的比例享受信托利益。

典型案例

卢某、上海浦东发展银行股份有限公司长沙分行等不当得利纠纷民事二审民事判决书[①]

上诉人卢某因与被上诉人上海浦东发展银行股份有限公司长沙分行（以下简称浦发银行长沙分行）、廖某文，原审第三人赵某迟、陈某、国民信托有限公司（以下简称国民信托公司）、湖南轻盐创业投资管理有限公司（以下简称轻盐创投公司）不当得利纠纷一案，不服湖南省长沙市岳麓区人民法院（以下简称一审法院）作出的（2021）湘0104民初12989号民事判决，现依法向本院提起上诉。本院于2022年1月27日立案后，依法组成合议庭进行了审理。本案现已审理终结。

一审法院查明事实：2017年9月，浦发银行长沙分行（优先级委托人/受益人）、赵某迟（劣后级委托人/受益人）、轻盐创投公司（劣后级委托人/受益人）分别与国民信托公司（受托人）签订《国民信托—芙蓉5号集合资金信托计划信托合同》《信托资金来源声明书》，约定全体委托人指定浦发银行长沙分行为本信托计划的委托人代表，本信托计划设立时为自益信托，初始依托受益人为委托人。本信托计划募集资金用于购买上海万豪持有的万达信息股份有限公司约4160万股股票收益权，上海万豪将信托资金用于补充企业日常经营流动

---

① 湖南省长沙市中级人民法院民事判决书，（2022）湘01民终1718号。

资金。上海万豪以其持有的标的股票提供质押担保。另查明，卢某知晓上述信托计划后于2017年9月25日转账300万元给陈某，与陈某共同签订《委托投资确认书》，载明：截至2017年9月25日，收到委托人（实际出资人）卢某国民信托—芙蓉5号集合资金信托计划第一期项目委托投资理财资金300万元。上海万豪因资不抵债，上海铁路运输法院于2019年10月28日裁定受理上海万豪破产清算一案。浦发银行长沙分行委托律师持上述文件向上海万豪管理人申报破产债权。

一审法院认为：就信托计划终止后的信托财产分配，根据《中华人民共和国信托法》第五十五条的相关规定，信托终止，信托财产的归属确定后，在该信托财产转移给权利归属人的过程中，信托视为存续，权利归属人视为受益人。即此时，为法律拟制信托存续的状态。同时根据该法第四十五条规定："共同受益人按照信托文件的规定享受信托利益。"则在信托财产全部转移至权利归属人前，优先级、劣后级受益人仍受信托文件关于分配比例或方法的条款约束。故，就案涉信托计划终止后的信托财产分配，作为优先级受益人的浦发银行长沙分行与作为劣后级受益人的廖某文仍存在信托合同关系，双方受案涉信托合同及《第二期信托单位认购确认书》关于信托财产分配的约束。此时，即使浦发银行长沙分行未按约分配此时的信托财产给廖某文，廖某文仍应基于信托合同主张权利。而卢某作为最终的实际投资人，因其与陈某间的委托理财合同关系，陈某与廖某文间的间接委托投资合同关系，本身存在法律上的原因。卢某如认为其权益就此间接受到损失，应通过合同之诉或债权人代位权之诉主张权利。此外，即使浦发银行长沙分行因擅自多分而损害廖某文的利益，与廖某文形成不当得利之债，则权利人仍系廖某文，卢某无该不当得利请求权。卢某因与陈某间存在委托理财合同关系，陈某与廖某文间的委托合同关系，仍应通过债权人代位权主张浦发银行长沙分行向廖某文给付或以转委托合同关系向廖某文主张，从而维护其权利。就此，一审法院当庭予以释明，但卢某未变更其请求权，仍坚持主张不当得利。综上所述，对卢某以不当得利主张浦发银行长沙分行、廖某文承担返还义务的诉请，不予支持。卢某可依据相应合同关系另行主张权利。对浦发银行长沙分行、廖某文关于本案不属于不当得利的相应诉辩理由予以采纳。

二审法院驳回上诉，维持原判。

权威解读[①]

本条是对共同受益人如何享受信托利益的规定。

一、信托受益权的共有。共同受益人享有信托受益权，是指数个受益人对信托财产共同享有利益，并且共同对受托人享有给付信托利益的请求权，是共同受益人对信托受益权的“量”的分割，其性质为信托受益权之共有。权利的共有，分为共同共有和按份共有。共同共有以存在共同关系为前提，通常仅存于婚姻家庭领域之内或具有一定亲属关系的自然人之间。而信托受益权的共有不是因受益人之间存在婚姻家庭亲属关系而产生，而是因信托文件确定的受益人为数人而产生，因此受益权的共有为按份共有，即受益人对信托利益按应有份额共同享有权利之共有。

二、共同受益人享受信托利益的份额。共同受益人对信托利益所享有的份额为信托文件规定的份额，此份额可以是均等的份额，也可以是不均等的份额。信托文件对信托利益的分配比例或者分配方法未作规定的，应当按照平等的原则分配信托利益，即各受益人按照均等的比例享受信托利益。

《信托法》第四十六条　【信托受益权的放弃】

第四十六条　受益人可以放弃信托受益权。

全体受益人放弃信托受益权的，信托终止。

部分受益人放弃信托受益权的，被放弃的信托受益权按下列顺序确定归属：

（一）信托文件规定的人；

（二）其他受益人；

（三）委托人或者其继承人。

权威解读[②]

本条是对受益人放弃信托受益权的规定。

一、信托受益权的放弃。所谓信托受益权的放弃，是指依受益人的意思表

① 《法律问答与释义》，载中国人大网，http：//www.npc.gov.cn/zgrdw/npc/flsyywd/jingji/2003－11/14/content_ 324173. htm。

② 《法律问答与释义》，载中国人大网，http：//www.npc.gov.cn/zgrdw/npc/flsyywd/jingji/2003－11/14/content_ 324173. htm。

示，而使其信托受益权归于消灭的行为。因信托受益权的取得并不以受益人的承诺为要件，如果受益人表示沉默，应视为受益人接受信托受益权。因此受益人放弃信托受益权必须明确作出放弃的意思表示。

二、信托受益权放弃的法律后果。受益人放弃信托受益权产生以下法律后果：(1) 全体受益人放弃信托受益权的，信托终止。(2) 部分受益人放弃信托受益权的，还存在其他受益人，信托目的并未实现，该信托应当存续以实现信托目的。部分受益人放弃信托受益权的，应当为该放弃部分确定权利人，以结束其无主状态。根据本条第三款的规定，部分受益人放弃的信托受益权按照下列顺序确定其归属：(1) 信托文件规定的人；(2) 其他受益人；(3) 委托人或者其继承人。

《信托法》第四十七条 【信托受益权与受益人债务清偿】

第四十七条 受益人不能清偿到期债务的，其信托受益权可以用于清偿债务，但法律、行政法规以及信托文件有限制性规定的除外。

典型案例

吴某与陆某明、何某楠等确认合同无效纠纷二审民事判决书①

2014年1月3日，何某楠（作为甲方）、王某春（作为乙方）、陆某明（作为丙方、担保人）签订《欠款偿还协议》，约定在乙方归还全部欠款前，丙方自愿以其《民生信托—金马股份定向增发集合资金信托计划信托合同》项下的信托收益提供质押担保，并就甲方的欠款承担连带担保责任。陆某明（作为甲方）与何某楠（作为乙方）签订《信托权质押协议》，该协议约定：甲方同意将其名下由民生信托发行的关于金马股份的定向增发的信托权质押给乙方。

吴某与陆某明原系夫妻，吴某于2014年9月向原审法院提起诉讼，要求与陆某明离婚等，原审法院于2014年11月20日作出（2014）杭拱民初字第1798号民事判决，判决准予吴某与陆某明离婚，夫妻共同财产民生信托—金马股份定向增发集合资金信托1000万份额由双方各自拥有500万份额。吴某和陆某明均未上诉，该判决已发生法律效力。

---

① 浙江省杭州市中级人民法院民事判决书，(2015) 浙杭商终字第845号。

原审法院认为，合同的效力与合同能否履行、合同相对方是否有权处分并不具有必然关联与一致性，吴某主张的情形并不是认定合同无效的法定情形。吴某并主张，《物权法》第二百二十三条并未规定信托权可以出质，故陆某明以信托权设定质押是无效的。原审认为，《物权法》第二百二十三条第（七）项规定法律、行政法规规定可以出质的其他财产权利可以出质。《中华人民共和国信托法》第四十七条、第四十八条规定受益人不能清偿到期债务的，其信托受益权可以用于清偿债务；信托受益权可以依法转让和继承。且诚如前述，物权行为与债权行为应予区分，合同的效力与合同设定的质押是否有效、能否履行并非同一概念，故对吴某的该主张亦不予采纳。综上所述，案涉协议或条款并不存在无效的法定情形，吴某的诉讼请求依据不足，不予支持。

二审法院认为：本案争议的焦点是案涉《信托权质押协议》及《欠款偿还协议》第二条、第四条的效力，故应当依照《中华人民共和国合同法》第五十二条之规定，审查案涉协议的效力问题。首先，案涉合同的签订是否存在恶意串通、损害吴某作为财产共有人的利益之情形。吴某上诉认为何某楠并非善意第三人，但根据王某春出具的情况说明，载明通过民生信托购买金马股份定向增发1000万元系以陆某明名义认购，并注明陆某明是王某春的代理人，陆某明作为担保人在该份情况说明中也签字确认，这与各方所陈述的当时购买该信托产品的资金来源即系王某春打款至陆某明账户，后由陆某明向民生信托购买案涉信托产品之事实相符，故虽然陆某明、吴某之后对案涉民生信托—金马股份定向增发集合资金信托1000万份额作为夫妻共同财产予以了分割，王某春现对此也表示无异议，但就何某楠来说，应认为当时在签订案涉协议时其有理由相信陆某明仅是信托产品的代持人，即便该信托计划认购确认函是发给陆某明，何某楠也有理由相信陆某明提供质押及保证的行为得到了吴某的同意，吴某认为何某楠并非善意第三人理由不足。本案中，吴某也无证据证明何某楠与王某春、陆某明存在恶意串通之事实。在签订案涉协议时，何某楠、王某春、陆某明均系民事权利能力及民事行为能力人，对自己的行为以及产生的法律后果应当明知。其次，案涉协议是否违反法律强制性规定。根据《物权法》第二百二十三条第（七）项“法律、行政法规规定可以出质的其他财产权利可以出质”以及《中华人民共和国信托法》第四十七条、第四十八条“受益人不能清偿到期债务的，其信托受益权可以用于清偿债务，但法律、行政法规以及信托文件有限制性规定的除外”“受益人的信托收益权可以依法转让和继承，但信托文件有限制性规定的除外”之规定，集合资金信托计划的收益权属于信托收益权的一种，归属于财产权的范畴，案涉协议或条款并不存在无效的法定情形。综上所述，原审判决驳回吴某的诉讼请求并无不当。最终二审法院驳回上诉，维持原判。

权威解读①

本条是对信托受益权可以用于清偿到期债务的规定。

一、信托受益权可以用于清偿到期债务。受益人以信托受益权清偿债务具有以下法律特征：（1）受益人以信托受益权清偿债务，指的是受益人以因享有信托受益权而获得的信托财产收益来清偿债务。信托受益权的权利主体并没有发生变更，即受益人并不因此丧失其受益人地位。（2）受益人以其信托受益权清偿债务，受益人的债权人并不能直接要求受托人给付信托财产的收益，受托人对于受益人的债权人的支付信托利益的请求，可以予以拒绝。（3）在受益人以其信托受益权清偿债务的情况下，受益人的债权人没有撤销受托人违背信托目的或者管理职责处分信托财产行为的权利及其他监督受托人管理、处分信托财产的权利。如果受益人不能清偿到期债务而必须以信托财产予以清偿时，按照有关国家信托法的规定，则受托人已无信托财产可以管理或者处分，信托目的已不可能实现，该信托应当归于终止。因此，当受益人非以信托财产不能清偿其债务时，应当终止信托，受益人再以其所获得的信托财产清偿其债务。

二、信托受益权用以清偿到期债务的限制。信托受益权用以清偿到期债务的限制主要包括以下几个方面：（1）法律、行政法规有限制性规定的。（2）信托文件对信托受益权用以清偿债务的限制。主要包括以下两个方面：一是委托人和受托人在设立信托的信托合同、遗嘱或者其他书面文件中可就受益权用于清偿债务作出禁止性的规定，在这种情况下，受益人不得以受益权清偿债务。二是受信托目的的限制。如果受益人以信托受益权清偿债务违反信托目的或者将导致信托目的不能实现的，则受益人不能以其信托受益权来清偿债务。

《信托法》第四十八条　【信托受益权的转让和继承】

第四十八条　受益人的信托受益权可以依法转让和继承，但信托文件有限制性规定的除外。

---

① 《法律问答与释义》，载中国人大网，http：//www. npc. gov. cn/zgrdw/npc/flsyywd/jingji/2003 - 11/14/content_ 324173. htm。

典型案例

刘某与刘某佑确认合同无效纠纷二审民事判决书①

2015年6月11日，重庆信托公司作为甲方与复兴公司作为乙方签署《投资顾问协议》，约定：甲方根据信托项下次级受益人要求，聘请乙方担任“重庆信托九鼎共赢肆号集合资金信托”的投资顾问，乙方同意指派刘某佑先生作为授权代表，具体负责该信托项下的投资顾问服务。另查，刘某佑为复兴公司持股25%股东。

2015年7月21日，刘某（委托人）与重庆信托公司（受托人）签署《重庆信托九鼎共赢肆号集合资金信托合同（次级）》，其中约定受益人转让信托受益权，应持有效证明文件与受让人到重庆信托公司（或其指定地点）申请办理转让登记手续，经重庆信托公司登记后生效。否则，不得对抗受托人。信托受益权转让后，本信托项下受益人将其权利和义务相应转让给受让人，受让人成为本信托项下新的受益人。2017年7月7日，刘某（出让方）与刘某佑（受让方）签署《信托受益权转让协议》，同时，刘某（出让方）、刘某佑（受让方）向重庆信托公司出具《信托受益权转让登记申请书》，重庆信托公司表示其于2017年7月7日完成信托受益权转让登记。2017年7月9日，刘某佑（甲方）与刘某（乙方）签署《重庆信托九鼎共赢肆号集合资金信托计划投资合作协议》。

二审法院认为，本案系确认合同纠纷无效案件，争议的焦点在于刘某与刘某佑签订的7月7日《转让协议》是否有效。二审法院认定，综合分析，应认定双方是通过先将刘某持有的100万元信托受益权全部转让给刘某佑后，双方再行约定按比例持有，故本案所涉7月7日《转让协议》应属双方真实意思表示。

关于7月7日《转让协议》是否存在合同无效的法定情形。二审法院认为，刘某与刘某佑之间转让信托受益权的行为是否存在法律、法规禁止的情形。《信托法》第四十八条规定“受益人的信托受益权可以依法转让和继承，但信托文件有限制性规定的除外。”《信托合同（次级）》第二十条第一项约定：“次级受益人如转让、质押其持有的次级信托受益权，须通过受托人的同意方可转让或质押”，第三项约定“受益人转让信托受益权，应持有效证明文件与受让人到重庆国际信托有限公司（或其指定地点）申请办理转让登记手续，经重庆国际信托有限公司登记后生效。否则，不得对抗受托人”，第四项规定“信托受益权转让后，本信托项下受益人将其权利和义务相应转让给受让人，受让人成为本信

---

① 北京市第三中级人民法院民事判决书，(2020) 京03民终7496号。

托项下新的受益人”。由此可见，法律并未禁止受益人转让信托受益权，本案中，《信托合同（次级）》亦并未禁止次级受益人转让其受益权，仅是对转让程序、转让效力进行相应约定。故刘某与刘某佑之间的7月7日《转让协议》不违反法律、法规的禁止性规定。

综上所述，7月7日《转让协议》不存在《中华人民共和国合同法》规定的无效情形。根据以上论述，刘某与刘某佑签订的7月7日《转让协议》系双方当事人真实意思表示，不违反法律、法规的强制性规定，应属合法有效。一审法院对此认定错误，二审法院予以纠正。刘某佑有关要求确认合同无效的请求应予驳回，其有关要求重庆信托公司撤销信托受益权转让登记的诉讼请求应予一并驳回。

权威解读①

本条是对信托受益权可以转让和继承的规定。

一、信托受益权的转让。所谓信托受益权的转让，是指不改变信托受益权的性质和内容，受益人将其信托受益权移转给他人的民事法律行为。

二、信托受益权的继承。信托受益权作为受益人的一种财产权，在受益人死亡时应当列入其遗产，由其继承人继承。在受益人未立有合法遗嘱或者在法律规定的情形下，适用法定继承，受益人生前立有合法遗嘱的，其信托受益权应当由遗嘱指定的人继承。

三、信托受益权转让和继承受信托文件的限制。一般来讲，信托文件对受益权转让和继承的限制，一是受信托文件受益权转让和继承禁止条款的限制。二是受信托目的的限制，如果信托受益权的转让或者继承致使信托的存续违反信托目的或者导致信托目的不能实现，根据本法第五十三条的规定，则该信托归于终止，信托财产将按照本法第五十四条的规定确定归属人，信托受益权的受让人或者继承人并不能从中取得信托受益权。

《信托法》第四十九条　【法院的裁定】

第四十九条　受益人可以行使本法第二十条至第二十三条规定的委托人享

① 《法律问答与释义》，载中国人大网，http：//www. npc. gov. cn/zgrdw/npc/flsyywd/jingji/2003 – 11/14/content_ 324173. htm。

有的权利。受益人行使上述权利，与委托人意见不一致时，可以申请人民法院作出裁定。

受托人有本法第二十二条第一款所列行为，共同受益人之一申请人民法院撤销该处分行为的，人民法院所作出的撤销裁定，对全体共同受益人有效。

权威解读[①]

本条是对受益人享有的同委托人相同的权利的规定。

一、受益人享有的同委托人相同的权利。主要包括以下几项：1. 对信托事务的知情权，即受益人有权了解信托财产的管理运用、处分及收支情况，并有权要求受托人作出说明，有权查阅、抄录或者复制与信托财产有关的信托账目以及处理信托事务的其他文件。2. 调整信托财产管理方法的权利。3. 受托人违背职责行为的撤销权和恢复信托财产原状、损害赔偿的请求权。4. 解任受托人的权利。

二、受益人行使上述权利，与委托人意见不一致时，可以申请人民法院作出裁定。本条规定的受益人的权利，是与委托人相同的权利，因此，受益人行使上述权利，与委托人的意见不一致，而与委托人发生矛盾或者冲突时，受益人或者委托人均可申请人民法院作出裁定，以决定受益人是否能够行使上述权利或者受益行使上述权利的方式、程序或者内容等。

《信托法》第五十条　【解除信托】

第五十条　委托人是唯一受益人的，委托人或者其继承人可以解除信托。信托文件另有规定的，从其规定。

典型案例

斯太尔动力股份有限公司、国通信托有限责任公司合伙协议纠纷二审民事判决书[②]

2016年7月初，国通信托有限责任公司（以下简称国通公司）员工张某江

---

① 《法律问答与释义》，载中国人大网，http：//www. npc. gov. cn/zgrdw/npc/flsyywd/jingji/2003 - 11/14/content_ 324173. htm。

② 最高人民法院民事判决书，（2019）最高法民终515号。

与斯太尔动力股份有限公司（以下简称斯太尔公司）时任董事会秘书孙某就案涉信托计划通过电子邮箱进行联系，电子邮箱发送文件包括《增资协议》《信托合同》《投资顾问协议》等文件。2016年7月11日，斯太尔公司作为委托人、国通公司作为受托人签订《风险申请书》及《信托合同》，约定了利益分配、信息披露等条款。同日，斯太尔公司（甲方）、天晟合伙（乙方）国通公司（丙方）签订《投资顾问协议》约定：甲方同意，由丙方聘请乙方作为信托计划项下的投资顾问。2016年12月27日，国通公司作出《信托收益报告》，载明本信托计划项下的信托资金已按照投资顾问指令，分别用于对玉环德悦公司和北京东晟盈盛企业管理有限公司进行增资以及依照法律规定缴纳信托业保障基金。2017年8月14日，斯太尔公司向天晟合伙发出《关于提前赎回信托计划暨收益分配的申请》，2017年9月4日，天晟合伙作出《关于同意斯太尔公司赎回信托份额及收益支付计划的回复》，2018年3月8日，天晟合伙向国通公司发出《提示函》，其中载明：请国通公司立即按照《增资协议》约定，前往玉环德悦公司注册登记机关进行股权变更登记手续。2018年7月4日，玉环德悦公司办理了工商变更登记。后双方协议纠纷并诉至法院。

一审法院认为：关于斯太尔公司是否有权解除《信托合同》及《投资顾问协议》问题。《信托法》第五十条规定“委托人是唯一受益人的，委托人或者其继承人可以解除信托。信托文件另有规定的，从其规定”。本案中，《信托合同》约定受益人为委托人斯太尔公司，斯太尔公司系信托计划的唯一受益人。故斯太尔公司提出解除《信托合同》的诉讼请求，符合《信托法》第五十条的规定，对该诉讼请求予以支持。信托解除后，各方当事人应依照信托法的规定及合同约定确定信托财产的归属、转移信托财产。依据《中华人民共和国合同法》第九十三条第二款“当事人可以约定一方解除合同的条件。解除合同的条件成就时，解除权人可以解除合同”之规定，当事人可约定解除合同的条件。《投资顾问协议》3.1约定，除非经信托计划受益人全体一致同意或出现本协议3.2规定的情形，甲方（斯太尔公司）不得解任投资顾问。根据该约定，经信托计划受益人一致同意，斯太尔公司可以解任投资顾问。斯太尔公司是信托计划的唯一受益人，其提出解除《投资顾问协议》的诉讼请求，符合《投资顾问协议》3.1的约定，故一审法院对斯太尔公司提出解除《投资顾问协议》的诉讼请求予以支持。一审判决：一、解除斯太尔公司与国通公司签订的《信托合同》；二、解除斯太尔公司与国通公司、天晟合伙签订的《投资顾问协议》；三、驳回斯太尔公司的其他诉讼请求。

二审法院认为，关于《信托合同》解除后国通公司、天晟合伙是否应当向斯太尔公司返还1.3亿元信托本金并赔偿损失的问题。斯太尔公司是“方正东亚·天晟组合投资集合资金信托计划”第1期的委托人和唯一受益人，且该期信托资金单独管理运用，没有与其他各期信托资金混同运用，符合《信托法》第五十条规定的委托人单方解除信托合同的条件，一审判决认定委托人斯太尔公司可以解除本案信托合同，适用法律并无不当。最终二审法院驳回上诉，维持原判。

权威解读①

本条是对自益信托的解除的规定。

一、自益信托的解除。本条是对自益信托中委托人根据法律规定解除信托的规定。自益信托是委托人为自己的利益而设立，即委托人同时为唯一受益人，委托人与受益人为同一人，允许委托人享有随时解除信托的权利，在通常情况下并不会损害其他信托当事人的利益。因此，本条规定，自益信托的委托人或者其继承人可以解除信托，并且没有规定前提条件，即在自益信托的存续期间，委托人或者其继承人可以随时解除信托，不必征得受托人的同意，而且不需要有任何理由。

二、自益信托解除的法律后果。自益信托解除，产生以下法律后果：（1）信托终止，信托财产归属于信托文件规定的人；信托文件未规定的，信托财产归属于委托人或者其继承人。（2）因解除信托而给受托人造成损失的，委托人应当赔偿其损失。

三、自益信托的委托人解除信托的限制。自益信托的委托人一般情况下可以随时解除信托，但是信托文件另有规定的，委托人则不得随意解除该信托。

《信托法》第五十一条 【受托人变更受益人与处分受益权】

第五十一条　设立信托后，有下列情形之一的，委托人可以变更受益人或者处分受益人的信托受益权：

（一）受益人对委托人有重大侵权行为；

（二）受益人对其他共同受益人有重大侵权行为；

（三）经受益人同意；

---

① 《法律问答与释义》，载中国人大网，http：//www. npc. gov. cn/zgrdw/npc/flsyywd/jingji/2003 - 11/14/content_ 324172. htm。

（四）信托文件规定的其他情形。

有前款第（一）项、第（三）项、第（四）项所列情形之一的，委托人可以解除信托。

权威解读[①]

本条是对他益信托的委托人变更受益人、处分信托受益权和解除信托的规定。

一、委托人对信托的变更权。在自益信托中，除信托文件另有规定外，委托人或者其继承人可以随时解除信托，以使自己的受益权归于消灭。在他益信托中，受益人和委托人不是同一人，除下列情形外，委托人不得擅自变更受益人或者处分受益人的受益权：1. 受益人对委托人有重大侵权行为。所谓重大侵权行为，指的是侵权行为人实施侵权行为的主观性质或者手段比较恶劣，或者给他人的合法权益造成了严重损害等。2. 受益人对其他共同受益人有重大侵权行为。委托人为两个以上的受益人设定信托，其目的就是使这些受益人都能从该信托中获得利益，如果某一受益人对其他共同受益人实施重大侵权行为，给其他共同受益人的合法权益造成损害，就相对抵销了其他共同受益人从信托中获得的利益，委托人可以因此变更该受益人或者处分其信托受益权。3. 经受益人同意。受益人可以同意委托人变更受益人或者处分自己的受益权，从而放弃全部或者部分受益权。4. 信托文件规定的其他情形。委托人可以在设立信托的文件中保留变更受益人或者处分受益人的受益权的权利。

二、委托人对信托的解除权。根据本条的规定，委托人在下列情况下，可以行使解除权，使信托关系归于消灭：（1）受益人对委托人有重大侵权行为。（2）经受益人同意。受益人可基于自己的意志，同意委托人解除信托，使自己的信托受益权消灭。（3）信托文件规定的其他情形。委托人可以在信托存续期间根据信托文件的规定解除信托。

① 《法律问答与释义》，载中国人大网，http：//www. npc. gov. cn/zgrdw/npc/flsyywd/jingji/2003 - 11/14/content_ 324172. htm。

《信托法》第五十二条　【信托不终止的情形】

第五十二条　信托不因委托人或者受托人的死亡、丧失民事行为能力、依法解散、被依法撤销或者被宣告破产而终止，也不因受托人的辞任而终止。但本法或者信托文件另有规定的除外。

权威解读[①]

本条是对信托的连续性的规定。

一、信托的连续性。所谓信托的连续性，是指信托所具有的一经生效即不因委托人及受托人的欠缺而终止的法律特征。信托制度作为一种特殊财产管理制度，信托一经设立生效，信托财产即独立于委托人未设立信托的其他财产，并不因委托人的欠缺而终止。信托设立生效后，信托财产也独立于受托人的固有财产，信托也并不因受托人的欠缺而终止。

二、例外规定。有本条规定的除外情形时，信托终止：(1) 本法有例外规定的。根据本法第十五条的规定，设立信托后，委托人死亡或者依法解散、被依法撤销、被宣告破产时，委托人是唯一受益人的，因信托的存在已失去意义，因此该信托终止而不是存续。(2) 信托文件另有规定的。委托人在设立信托的文件中可以规定因委托人或者受托人的死亡、丧失民事行为能力、依法解散、被依法撤销或者被宣告破产，或者因受托人的辞任致使委托人或者受托人欠缺时，信托终止。

《信托法》第五十三条　【信托终止的情形】

第五十三条　有下列情形之一的，信托终止：

（一）信托文件规定的终止事由发生；

（二）信托的存续违反信托目的；

（三）信托目的已经实现或者不能实现；

（四）信托当事人协商同意；

① 《法律问答与释义》，载中国人大网，http：//www. npc. gov. cn/zgrdw/npc/flsyywd/jingji/2003 – 11/14/content_ 324172. htm。

（五）信托被撤销；

（六）信托被解除。

典型案例

孙某聪与中融国际信托有限公司营业信托纠纷二审民事判决书[①]

2014 年 12 月 27 日，孙某聪（委托人、受益人）与中融国际信托有限公司（以下简称中融信托公司）（受托人）订立《资金信托合同》，约定信托资金用于认购鑫璟宸澜（上海）投资中心（有限合伙）的全部有限合伙份额，用于澜起基金及其资产的境内外并购重组事项及股权收购活动。2017 年第 3 季度定期管理报告中其他重大事项部分载明：由于澜起科技公司上市进程较预期有所滞后，本信托计划将存在延期风险。2017 年第 4 季度定期管理报告中其他重大事项部分载明：本信托计划自动进入延长期，延长期至信托财产全部变现完毕且受托人宣布信托计划终止之日止。2018 年 3 月 27 日，信托计划终止，信托财产全部变现。

一审法院认为，孙某聪主张由于信托资金投资的澜起科技在本信托计划预期存续期满时存在巨大的发展潜力和估值提升空间，中融信托公司对该投资计划的终止行为损害了委托人的利益，没有合同和法律依据，一审法院不予支持。

二审法院认为，关于中融信托公司是否存在违约提前终止信托计划损害委托人利益的行为。孙某聪主张中融信托公司明知澜起科技公司即将上市的利好信息却违约提前转让所持有的澜起科技公司股权，终止涉案信托计划，导致孙某聪作为信托受益人的利益受到损害。《中华人民共和国信托法》第五十三条第（一）款规定："信托文件规定的终止事由发生，信托终止。"本案中，涉案《资金信托合同》虽在"风险揭示"部分载明"待澜起科技在中国香港上市或境内 A 股上市后澜起基金拟通过转让澜起控股的股权实现投资退出"，但同时亦提示"如果澜起科技无法在中国上市或股价低迷会导致信托财产遭受损失，从而给委托人或受益人带来损失"风险，并明确约定"信托计划预计存续期为 36 个月。信托计划在预计存续期内提前收回全部投资时信托计划提前终止；如信托计划于预计存续期届满时仍未收回全部投资，则受托人有权对信托计划延期并应于信托计划延长期间尽快完成信托计划的投资变现以终止信托计划"，且明

---

① 北京市第二中级人民法院民事判决书，（2020）京 02 民终 7486 号。

确信托目的为“受托人同意接受委托人的委托，按照委托人的意愿，以受托人自己的名义，根据信托文件的规定运用信托资金间接投资于澜起科技的股权”。因此澜起科技公司上市属于信托计划的预期投资安排，具有不能实现的风险，并非涉案信托文件约定的信托目的，更非信托计划的终止事由，信托计划预计存续期届满前收回全部投资或者预计存续期届满后尽快投资变现才是信托计划明确约定的终止事由。

虽然2015年1月至3月第一期定期管理报告中记载信托期限由2018年12月30日变更为2017年12月30日，但是中融信托公司主张此系系统故障所致，案涉信托计划从未变更过信托期限。鉴于案涉《资金信托合同》和其他相关文件中载明的案涉信托计划的存续期限均为36个月，故可以确认案涉信托期限约定为36个月。根据案涉《资金信托合同》的相关字面表述，从文义解释的角度理解，信托计划以36个月为限，延长期限的目的仅在于尽快完成投资变现，而非等待公司上市。涉案信托计划于2014年12月30日设立，信托募集资金按照约定路径间接投资于澜起科技公司股权，于2017年12月28日处置变现信托财产，于2018年3月27日终止，信托财产实现全部变现，因此中融信托公司处置变现、终止信托计划符合合同约定，孙某聪关于中融信托公司违约强行将信托财产提前变现的相关上诉主张，不能成立。

最终二审法院驳回上诉，维持原判。

权威解读①

本条是对信托终止事由的规定。

所谓信托的终止，是信托关系因法律或者信托文件规定的事由而归于消灭。信托终止的事由包括：

1. 信托文件规定的终止事由发生。设立信托的信托合同、遗嘱或者其他书面文件还可以规定信托的终止期限，当信托文件规定的终止期限届至时，信托关系消灭。

2. 信托的存续违反信托目的。比如，委托人设立信托，支持某垃圾处理项目的研究，以改善生态环境，如果该垃圾处理项目本身会对大气产生严重污染，则该信托的存续违反了信托目的，应当归于终止。

3. 信托目的已经实现或者不能实现。比如，委托人设定信托，以信托财产

① 《法律问答与释义》，载中国人大网，http：//www.npc.gov.cn/zgrdw/npc/flsyywd/jingji/2003－11/14/content_ 324172.htm。

为他人提供治疗某疾病的费用，当受益人的疾病已治愈，信托目的已经实现，该信托因此而终止。

4. 信托当事人协商同意。信托当事人即委托人、受托人、受益人依其共同意志，可以解除相互之间的权利义务关系，使信托终止。

5. 信托被撤销。信托被撤销，是指委托人设立信托损害其债权人利益时，债权人申请人民法院将该信托予以撤销。

6. 信托被解除。信托的解除，指的是在信托存续期间，信托关系当事人基于法律或者信托文件的规定，行使解除权而使信托关系归于消灭的民事法律行为。

《信托法》第五十四条　【信托财产的归属】

第五十四条　信托终止的，信托财产归属于信托文件规定的人；信托文件未规定的，按下列顺序确定归属：

（一）受益人或者其继承人；

（二）委托人或者其继承人。

典型案例

淮南市诚信隆淮南商贸中心与长安国际信托股份有限公司、淮南市鑫诚房地产开发有限公司及中国银行股份有限公司淮南分行信托合同纠纷二审民事判决书[①]

2013年1月6日，淮南市鑫诚房地产开发有限公司（以下简称淮南开发公司）与中国银行股份有限公司淮南分行（以下简称淮南中行）签订投融资财务顾问协议约定，基于淮南开发公司的融资需求，淮南中行协调第三方金融机构为淮南开发公司及资金方搭建资金融通渠道，淮南开发公司向淮南中行支付了约定的财务顾问费。

2013年6月13日，淮南市诚信隆淮南商贸中心（以下简称淮南商贸中心）（委托人）与长安国际信托股份有限公司（以下简称长安信托公司）（受托人）签订长安信托公司·淮南鑫诚特定物业收益权投资单一资金信托（二号）信托

① 陕西省高级人民法院民事判决书，（2016）陕民终179号。

合同（以下简称信托合同）约定，委托人基于对受托人的信任，自愿将其合法所有的自有资金委托给受托人，指定受托人将信托资金用于向淮南开发公司（以下简称融资方）购买其所持有的位于黄山市徽州区迎宾大道666号黄山自驾车营地12幢房产（以下简称特定物业）对应的特定物业收益权（以下简称标的特定物业收益权）。

2013年6月13日，长安信托公司（甲方）与淮南开发公司（乙方）签订的长安信托公司·淮南鑫诚特定物业收益权投资单一资金信托（二号）特定物业收益权转让及回购合同约定：鉴于淮南开发公司为位于黄山市徽州区迎宾大道666号黄山自驾车营地12幢房产的所有人，长安信托公司拟成立“长安信托公司·淮南鑫诚特定物业收益权投资单一资金信托（二号)”，以信托资金向淮南开发公司购买特定物业对应的特定物业收益权，淮南开发公司在信托存续期间按照12%/年的溢价率回购标的特定物业收益权。

2014年7月7日长安信托公司向淮南商贸中心出具的涉案信托2014年第2季度期间管理报告载明：融资方、抵押人、回购方淮南开发公司短期资金周转紧张，经长安信托公司与融资方和委托人共同协商一致，本项目拟实施延期，延期期限为1年。2014年6月27日至10月9日，长安信托公司多次向淮南开发公司发出催收函，告知其已构成实质违约，要求按约定支付回购价款并承担违约责任。

本案审理中，淮南商贸中心称其对长安信托公司管理报告中提出拟延期没有回复；因长安信托公司没有履行信托合同约定的受托人的义务，存在重大违约行为，依据合同法第九十四条第三项、第四项之规定，要求解除合同；同时要求返还信托资金本金并赔偿利息损失；其列淮南开发公司为被告的依据是淮南开发公司是信托资金实际收款人，要求淮南开发公司返还1300万元信托资产本金并支付利息的事实依据是淮南开发公司是使用信托资金的实际受益人；淮南开发公司与淮南商贸中心之间除信托财产原状分配协议外没有其他合同义务；其要求淮南中行返还1300万元信托资产本金及利息的依据是认为淮南中行在其与长安信托公司、淮南开发公司之间的信托、融资、投资之间起到居间作用，且获得较高收益，但淮南中行对淮南商贸中心没有合同义务；其要求三被告负连带责任的依据是三被告的共同行为造成淮南商贸中心的损失。

一审法院认为，关于三被告应否连带返还淮南商贸中心信托资产本金1300万元并赔偿资金占用利息损失1,395,333元的问题。

首先长安信托公司应否返还淮南商贸中心信托资产本金并赔偿资金占用利息损失。本院考虑到因涉案信托合同期限届满，信托合同已经终止，就本案而言，不存在返还已付信托资金并赔偿利息的事实基础；从受托人的角度讲，在信托成立、生效并终止后，应进入信托财产的分配和清算程序，并不存在返还信托资产本金的问题；从受益人的角度讲，根据《中华人民共和国信托法》第五十四条“信托终止的，信托财产归属于信托文件规定的人；信托文件未规定的，按下列顺序确定归属：（一）受益人或者其继承人；（二）委托人或者其继承人”之规定，涉案信托终止后，信托财产归属于受益人淮南商贸中心，不存在向委托人返还信托资金的问题，而是由受益人按照信托合同的约定方式来行使收益权。淮南商贸中心向长安信托公司支付1300万元属于按照信托合同约定支付信托资金的履约行为，在信托成立后该笔信托资金为信托财产，在信托期限内长安信托公司作为受托人对信托财产享有法律上的、形式上的所有权和实质上的管理权，长安信托公司系合法取得并在信托期限内合法占有、管理、运用信托资金，不存在赔偿资金占用利息的问题。长安信托公司在管理、运用涉案信托财产过程中的行为是否给信托财产造成损失，有待淮南商贸中心、长安信托公司、淮南开发公司按照信托财产原状分配协议约定对信托财产进行分配、清算后才能作出判断。在涉案信托财产尚未进行分配时，不能证明涉案信托财产价值最终发生贬损，故淮南商贸中心要求长安信托公司返还其信托资产本金1300万元并赔偿资金占用利息损失无事实及法律依据，对其该项诉请，本院依法不予支持。

其次淮南开发公司应否返还淮南商贸中心信托资产本金并赔偿资金占用利息损失。淮南商贸中心将其1300万元信托资金交付给长安信托公司后，该信托资金成为信托财产并实际由长安信托公司为名义上的所有权人，在长安信托公司通过买入返售方式对信托财产进行管理、运用过程中，长安信托公司将1300万元作为涉案特定物业收益权转让款支付给了淮南开发公司，淮南开发公司合法取得了长安信托公司支付的该笔资金。淮南商贸中心与淮南开发公司之间除了信托财产原状分配协议外不存在合同关系，淮南商贸中心要求淮南开发公司返还信托资产本金及赔偿资金占用利息损失无事实和法律依据，本院依法不予支持。

最后淮南中行应否返还淮南商贸中心信托资产本金并赔偿资金占用利息损失。因淮南中行并非涉案信托合同的一方当事人，其仅是应淮南商贸中心的申请办理了涉案信托资金的转账结算业务，淮南中行对淮南商贸中心不负有任何合同义务。因此，淮南商贸中心要求淮南中行返还信托资产本金及赔偿利息无事实和法律依据，对其该项诉讼请求，本院依法不予支持。综上所述，淮南商贸中心要求三被告连带返还其信托资产本金1300万元并赔偿资金占用利息损失的诉请不能成立，原审法院依法不予支持。

二审法院认为，原审判决认定事实清楚，处理正确，应予维持。最终驳回上诉，维持原判。

权威解读①

本条是对信托终止后信托财产归属的规定。

一、信托终止只对信托终止的将来发生法律效力，而不具有溯及既往的效力，即信托终止，信托关系当事人的权利归于消灭，义务不再履行，而信托终止前信托关系当事人对已取得的利益及已履行的义务不负恢复原状的责任。因此，信托终止的最直接的效力表现为受托人按照信托文件的规定管理、处分信托财产的义务、取得报酬的权利归于消灭，受益人的受益权归于消灭。

二、信托终止，信托财产的归属。信托终止除产生上述法律后果外，其信托财产还应当按照法律规定确定其归属。信托终止的，信托财产按照下列顺序确定其归属人：1. 归属于信托文件规定的人。2. 归属于受益人或者其继承人。3. 归属于委托人或者其继承人。

《信托法》第五十五条　【信托财产归属确定的后果】

第五十五条　依照前条规定，信托财产的归属确定后，在该信托财产转移给权利归属人的过程中，信托视为存续，权利归属人视为受益人。

典型案例

曹某、吉林省信托有限责任公司合同纠纷二审民事判决书②

2011年8月8日，吉林省信托有限责任公司（以下简称吉林信托公司）为设立吉信·松花江〔77〕号山西福裕能源项目收益权集合资金信托计划，对项目融资人进行了调查、可行性分析，结论为本信托项目符合国家产业政策，企业发展前景较好，安全性较强，风险基本可控。

---

① 《法律问答与释义》，载中国人大网，http：//www. npc. gov. cn/zgrdw/npc/flsyywd/jingji/2003－11/14/content_ 324172. htm。

② 最高人民法院民事判决书，（2019）最高法民终1594号。

2011年10月26日，经建行山西分行工作人员推介，李某兰（曹某母亲）代曹某与吉林信托签署系列信托文件，包括《信托计划说明书》《风险申明书》《信托合同》，签署了《吉信·松花江〔77〕号山西福裕能源项目收益权集资金信托计划资金信托合同》。

2012年11月20日，吉林信托公司向曹某分配第一年收益6,015,068.49元。2013年12月12日，吉林信托公司向一审法院提起诉讼，并申请法院采取诉讼财产保全措施。2015年4月30日，一审法院作出（2013）吉民二初字第8号民事判决书，判令山西联盛煤化工投资有限公司、山西联盛能源有限公司给付吉林信托公司借款本金、借款利息。相关方承担连带给付责任。2015年3月6日，山西省吕梁市中级人民法院（以下简称吕梁中院）裁定山西联盛能源有限公司、山西福龙煤化有限公司进行破产重整程序，经确认信托计划所涉债权为普通债权。

2017年5月4日，吉林信托公司发布以通讯方式召开受益人大会，就重整计划中的A、B清偿方案选择事宜征求受益人意见。2017年5月26日，吉林信托公司发布受益人参会、表决情况的公告，因实际参会的受益人所持信托单位份额未达到会议召开条件，受益人大会未能有效召开，没有就债权清偿方案的选择形成有效决议。

2018年5月22日，吉林信托公司代表信托计划选择了B方案。根据重整计划的安排，将信托计划原债权人民币1,264,827,335.93元中的91.18%转为对柳林县晋柳一号投资企业（有限合伙）的出资，剩余8.82%留作对山西晋柳能源有限公司的债权，留债部分从2020年4月21日起计算利息，利率为中国人民银行五年以上同期人民币贷款基准利率，由山西晋柳能源有限公司分七年偿还。

一审法院认为，关于曹某在案涉《信托合同》履行中是否发生了实际损失以及该损失和吉林信托公司、建行山西分行是否存在因果联系的问题。《信托公司集合资金信托计划管理办法》第三十一条规定："信托计划终止，信托公司应当于终止后10个工作日内作出处理信托事务的清算报告，经审计后向受益人披露。信托文件约定清算报告不需要审计的，信托公司可以提交未经审计的清算报告。"第三十二条规定："清算后的剩余信托财产，应当依照信托合同约定按受益人所持信托单位比例进行分配。分配方式可采取现金方式、维持信托终止时财产原状方式或者两者的混合方式。"据此规定，信托计划终止后应当对信托事务进行清算并按照合同约定分配信托财产。根据一审法院查明事实，吉林信托公司就案涉信托财产形成的债权通过破产重整程序对融资人持有股权，现案涉集合资金信托计划各方当事人未对信托财产进行清算亦未进行分配。根据

《中华人民共和国信托法》第五十五条“信托财产的归属确定后，在该信托财产转移给权利归属人的过程中，信托视为存续”的规定，案涉信托计划尚处于存续状态，故曹某在信托计划中的损失尚未确定。一审法院最终确定，曹某对吉林信托、建行山西分行主张的赔偿请求，缺乏事实和法律上的依据。一审法院判决驳回曹某的诉讼请求。

二审法院认为，关于曹某在案涉信托投资中是否发生了实际损失，吉林信托公司、建行山西分行是否应承担赔偿责任的问题。曹某依据《中华人民共和国信托法》以及案涉信托文件的约定，主张案涉信托理财产品于2013年11月16日已经到期，应当支付的金额确定。首先，曹某并未指出案涉信托文件中约定了保本条款，案涉信托计划并非保本理财产品，委托人应承担相应的投资风险。案涉信托文件约定的信托收益支付时间和到期时间，仅是对受托人向受益人支付信托受益的时间要求，并不能认定无论信托财产是否产生受益，受托人都必须无条件地支付约定的受益。其次，信托计划终止后应当对信托事务进行清算并按照合同约定分配信托财产。根据一审法院查明的事实，2016年7月8日，山西省吕梁市中级人民法院裁定包括融资人在内的32家联盛系企业合并重整。此后，吉林信托公司根据法院批准的《山西联盛能源有限公司等三十二家公司重整计划》《重整计划（修正案）》确定的普通债权清偿方案A、B，通过发布以通讯方式召开受益人会议等程序，最终选择清偿方案B。故吉林信托公司就案涉信托财产形成的普通债权1,264,827,335.93元中的91.18%转变为出资份额，剩余8.82%留作债权。案涉信托计划终止后，信托财产尚未完成清算和分配，曹某在案涉信托投资中的损失尚未确定。故一审判决驳回曹某损害赔偿的请求，有事实根据，本院予以维持。二审法院最终驳回上诉，维持原判。

权威解读①

本条是对信托终止后信托财产转移给权利归属人之前信托视为存续的规定。

一、信托终止后信托财产转移给权利归属人之前，信托视为存续。在信托终止后，信托财产移转期间，信托财产仍具有独立性，信托财产的归属确定后，在该信托财产转移给权利归属人的过程中，信托视为存续，权利归属人视为受益人。

二、信托财产移转期间，受托人和信托财产权利归属人的权利和义务。信

① 《法律问答与释义》，载中国人大网，http：//www.npc.gov.cn/zgrdw/npc/flsyywd/jingji/2003-11/14/content_324172.htm。

托终止后，信托财产移转期间，信托视为存续，受托人必须妥善保管信托财产，办理信托事务清算和移交信托财产的有关活动，如收取信托财产的债权、清偿处理信托事务的债务、分配信托财产于权利归属人、制作清算报告等。权利归属人在信托财产移转期间，享有移转信托财产的请求权以及监督受托人进行清算和移交信托财产的权利。

《信托法》第五十六条　【信托终止后的信托财产的被执行】

第五十六条　信托终止后，人民法院依据本法第十七条的规定对原信托财产进行强制执行的，以权利归属人为被执行人。

典型案例

中诚信托有限责任公司、中建一局集团第二建筑有限公司等其他案由执行监督执行裁定书①

申诉人中诚信托有限责任公司（以下简称中诚信托公司）不服北京市高级人民法院（以下简称北京高院）（2020）京执复7号执行裁定，向本院申诉。本院受理后，依法组成合议庭进行审查，现已审查终结。

北京高院认为，中诚信托公司提出异议、复议的主要理由是，（2010）京仲裁字第0506号仲裁裁决认定中建财务公司不享有优先受偿权，由此主张执行法院不应将56,263,549.28元案款发还中建财务公司。执行法院将该案款发还中建财务公司，并驳回中诚信托公司的异议理由，是根据最高人民法院执行局（2012）执监字第26号函的意见。据此，对中诚信托公司的复议申请，该院予以驳回。据此，北京高院于2020年5月28日作出（2020）京执复7号执行裁定，裁定驳回中诚信托公司的复议申请，维持北京二中院（2019）京02执异1179号执行裁定。

中诚信托公司不服，向最高人民法院申诉，请求撤销北京高院（2020）京执复7号执行裁定；撤销北京二中院（2019）京02执异1179号执行裁定；撤销北京二中院（2003）二中执字第37－3号执行裁定；裁定判令中建财务公司返还执行程序中向其错误分配的款项人民币56,263,549.28元及其孳息，并就该

---

①　最高人民法院执行裁定书，（2020）最高法执监554号。

款项由中诚信托公司优先受偿。事实及理由为：第一，依据信托法第五十六条的规定，本案应以信托财产权利归属人北京金盛源记投资管理有限公司（以下简称金盛源记公司）为被执行人，北京二中院将中诚信托公司作为被执行人适用法律错误。其一，中诚信托公司因承诺信托而取得的对中创公司的六项债权以及北京二中院据此分配的人民币56,263,549.28元案款均属于信托财产，与中诚信托公司固有财产相互独立。其二，信托财产分配后，受益人金盛源记公司应作为分配后财产的权利归属人享有相关财产权利、承受相应义务，信托终止后，人民法院应以金盛源记公司为被执行人，而不应强制执行受托人的固有财产。第二，北京二中院及北京高院在未查明中诚信托公司就案涉抵押物享有的抵押权范围的情况下，否定中诚信托公司对华麟科技大厦拍卖款的优先受偿权，认定基本事实不清。第三，北京二中院将从中诚信托公司处扣划的款项优先向一般债权人中建财务公司分配，缺乏事实和法律依据，并严重违背北京仲裁委员会生效仲裁裁决书的裁决结果。

最高人民法院认为，北京二中院及北京高院在上述异议、复议案件中，对中诚信托公司提出的异议未予实质审查，包括中诚信托公司的抵押权是否及于中建财务公司购买的华麟科技大厦的房屋、是否应以金盛源记公司为被执行人、是否可以强制执行中诚信托公司的固有财产等。北京二中院和北京高院对中诚信托公司提出的事实及理由未予实质审查即驳回其异议、复议请求，属于认定基本事实不清。

综上所述，参照《中华人民共和国民事诉讼法》第二百零四条，依照《最高人民法院关于人民法院执行工作若干问题的规定（试行）》第129条规定，裁定如下：一、撤销北京市第二中级人民法院（2019）京02执异1179号执行裁定，撤销北京市高级人民法院（2020）京执复7号执行裁定；二、本案由北京市第二中级人民法院重新审查处理。

权威解读①

本条是对信托终止后对信托财产强制执行的规定。

一、根据本法的有关规定，信托财产具有独立性，只有符合本法第十七条的规定，设立信托前债权人已对该信托财产享有优先受偿的权利，并依法行使该权利的，或者受托人处理信托事务所产生的债务，债权人要求清偿该债务的，

---

① 《法律问答与释义》，载中国人大网，http：//www.npc.gov.cn/zgrdw/npc/flsyywd/jingji/2003－11/14/content_324172.htm。

或者信托财产本身应担负的税款以及法律规定的其他情形，方可强制执行该信托财产。当信托终止时，无论是在该信托财产转移给权利归属人的过程中，还是在信托财产已转移给信托财产的权利归属人以后，权利人基于信托设立前存在于信托财产上的优先受偿的权利或因处理信托事务而产生的权利，也可以要求对该信托财产予以强制执行。

二、信托终止后对信托财产的强制执行以权利归属人为被执行人。在信托关系存续期间，受托人占有信托财产，并对信托财产享有管理和处分信托财产的权利，因此强制执行信托财产时，应当以受托人为被执行人。信托终止后，强制执行信托财产时，应当以信托财产的权利归属人为被执行人。

《信托法》第五十七条　【信托终止后受托人报酬的请求】

第五十七条　信托终止后，受托人依照本法规定行使请求给付报酬、从信托财产中获得补偿的权利时，可以留置信托财产或者对信托财产的权利归属人提出请求。

权威解读①

本条是对信托终止后受托人的报酬及获得补偿的请求权如何行使的规定。

一、信托终止后，受托人有权获得信托存续期间应当获得的报酬，对因处理信托事务所支出的费用、对第三人所负债务，以其固有财产先行支付的，受托人有权获得补偿。根据本法第三十五条、第三十七条的规定，信托终止后，信托关系虽归于消灭，但是受托人在信托关系存续期间应当获得的报酬以及因以其固有财产先行支付处理信托事务的费用、对第三人所负债务而获得补偿的权利应当得到满足。

二、信托终止后，受托人行使请求给付报酬、从信托财产中获得补偿的权利时，可以留置信托财产或者向权利归属人提出请求。

1. 留置信托财产。受托人对信托财产的留置权，具体包括以下内容：（1）受托人在其权利未获得满足前，可以继续占有该信托财产，并可以拒绝信托财产

① 《法律问答与释义》，载中国人大网，http：//www.npc.gov.cn/zgrdw/npc/flsyywd/jingji/2003-11/14/content_324172.htm。

的所有人即权利归属人的返还请求。（2）受托人享有收取留置的信托财产孳息的权利，并可以收取的孳息或者孳息的折价抵偿其债权。（3）对于留置的信托财产在留置期间的保管费用，受托人可以要求信托财产的所有人即权利归属人予以补偿。（4）将被留置的信托财产折价或者拍卖、变卖以满足其债权。

2. 对信托财产的权利归属人提出请求。信托终止后，信托财产的权利归属人成为信托财产的法律上的所有人，受托人对信托财产的权利归属人提出请求，可以口头或者书面形式要求信托财产的权利归属人给付报酬、给予补偿，也可以向人民法院对信托财产的权利归属人提起民事诉讼，由人民法院判决信托财产的权利归属人履行上述义务。

《信托法》第五十八条　【清算报告】

第五十八条　信托终止的，受托人应当作出处理信托事务的清算报告。受益人或者信托财产的权利归属人对清算报告无异议的，受托人就清算报告所列事项解除责任。但受托人有不正当行为的除外。

典型案例

洪某平与万向信托有限公司合同纠纷二审民事判决书①

2015年6月23日，委托人洪某平与受托人万向信托有限公司（以下简称万向信托公司）签署信托合同，约定洪某平以委托人、次级受益人身份投资本信托，并明确了预警、止损、追加资金等条款。2015年6月24日，洪某平认购次级信托份额500万元，上海金元百利资管公司认购优先信托份额1500万元。信托计划运作后，万向信托公司多次提请洪某平补仓，后者也多次作出补仓操作，此后双方就分配信托利益磋商未果，洪某平诉请法院判决解除与万向信托公司的原始合同并尤其赔偿相关损失。

一审法院认为，关于洪某平主张万向信托公司返还次级信托资金及利息损失，并承担优级信托收益、保管年费及综合服务费。信托是受托人按委托人的意愿以自己的名义为受益人的利益或者特定目的管理或者处分受托财产的行为。《信托法》第五十八条规定，信托终止的，受托人应当作出处理信托事务的清算

① 浙江省杭州市中级人民法院民事判决书，（2017）浙01民终2895号。

报告。双方信托合同约定，信托计划终止的，受托人应负责信托财产的保管、清理、变现、确认和分配。受托人在本信托计划终止后10个工作日内编制信托事务清算报告，并向届时尚存续的各期信托单元的受托人/受益人披露。根据前述规定，信托单元终止后，应由受托人进行信托事务的清算，清理因处理信托事务而产生的债权、债务，制作并提交清算报告。本案所涉信托计划已终止，万向信托公司虽分配了部分信托财产，但同时也预留了部分财产，迄今尚未清算分配，且涉及优先级受益人的利益。因此，双方应基于合同约定就剩余财产先行清算分配，而不能在本案中径行解决，故该院对洪某平该部分诉讼请求不予支持。综上所述，依照《中华人民共和国民事诉讼法》第六十四条之规定，判决驳回洪某平的诉讼请求。

二审法院认为：关于洪某平主张万向信托公司返还次级信托资金及利息损失，并承担优级信托收益、保管年费及综合服务费问题。根据《信托合同》及《中华人民共和国信托法》的相关规定，信托单元终止后，应由受托人进行信托事务的清算，清理因处理信托事务而产生的债权、债务，制作并提交清算报告。根据审理查明的事实，案涉信托计划业已终止，万向信托公司分配了部分信托财产，但同时也预留了部分财产，迄今尚未清算分配完毕。原审法院以双方应基于合同约定就剩余财产先行清算分配为由驳回洪某平该部分诉讼请求亦无不当。二审法院最终驳回上诉，维持原判。

权威解读①

本条是对信托终止后信托事务清算及受托人责任解除的规定。

一、信托事务的清算。信托事务的清算，是指信托终止后由受托人对因处理信托事务而产生的债权、债务进行清理的活动。信托事务的清算主要包括以下几个环节：(1) 清理债权、债务。(2) 核定并移交信托财产。(3) 制作并提交清算报告。

二、信托事务清算的法律后果。信托事务清算完结，受托人提交清算报告，并将信托财产移交给信托财产的权利归属人之后，受益人或者信托财产的权利归属人对清算报告无异议的，受托人就清算报告所列事项解除责任。对于清算报告未列入的事项以及已列入清算报告但受益人或者信托财产的权利归属人提出异议的事项，受托人不能解除责任。

---

① 《法律问答与释义》，载中国人大网，http：//www.npc.gov.cn/zgrdw/npc/flsyywd/jingji/2003-11/14/content_324172.htm。

《信托法》第五十九条 【公益信托的法律适用】

第五十九条 公益信托适用本章规定。本章未规定的，适用本法及其他相关法律的规定。

权威解读①

本条是对公益信托法律适用的规定。

依照信托的目的，信托可以分为公益信托与私益信托。私益信托是委托人为了自己和其他特定人的利益而设定的信托，公益信托是委托人为了社会公益目的而设立的信托，其目的必须有利于全社会或者社会中的部分公众。公益信托作为信托的一种，尽管原则上适用与私益信托相同的法律规则，但是由于公益信托具有公益性，因而在许多方面，适用与私益信托不同的规则。因此，本法将公益信托单独作为一章（第六章），专门作了规定。由此，可能引出这样一个问题，即公益信托除适用第六章的规定外，是否还适用本法的有关规定。本条的规定正是对公益信托法律适用的明确。

公益信托虽然有其特殊性，但它属于信托的一种，因此，它与其他信托又有着共同的属性，应当适用共同的规范。所以，本条规定对本章未规定的，适用本法及其他相关法律的规定。

《信托法》第六十条 【公益信托的范围】

第六十条 为了下列公共利益目的之一而设立的信托，属于公益信托：

（一）救济贫困；

（二）救助灾民；

（三）扶助残疾人；

（四）发展教育、科技、文化、艺术、体育事业；

（五）发展医疗卫生事业；

---

① 《法律问答与释义》，载中国人大网，http：//www. npc. gov. cn/zgrdw/npc/flsyywd/jingji/2003 - 11/14/content_ 324171. htm。

（六）发展环境保护事业，维护生态环境；

（七）发展其他社会公益事业。

权威解读①

本条是对公益信托范围的规定。

公益信托由于关系到公共利益，且享受税收等方面的优惠，因此，对公益信托必须要有严格的判定标准，即什么属于公益目的。根据英美信托法的理论与审判实务，公益信托的成立必须具备以下要件：公益目的、公共利益、绝对的公益性。只有符合以上三项条件的，才属于公益信托。

以定义的方式对公益信托作出规定，从准确性、完整性等方面来讲，比较困难。本条对公益信托的界定，也是采取了列举的方式，本条列举的这些内容，与我国公益事业捐赠法规定的公益事业的范围是一致的。信托目的只有符合本条列举的规定，才属于本法规定的公益信托。

《信托法》第六十一条　【国家鼓励发展公益信托】

第六十一条　国家鼓励发展公益信托。

权威解读②

本条是关于国家鼓励发展公益信托的规定。

国家对公益信托给予优惠。从英美两国看，对公益信托的优惠主要表现在税收优惠上。在委托人将财产交给受托人，成立公益信托的阶段，减免所得税、赠与税、遗产税。在公益信托成立后，受托人对信托财产进行管理或处分，信托财产所生的孳息，无论是利息收入、租金收入或投资所得，只要用于公益目的，免征所得税。

我国公益事业捐赠法对捐赠财产用于公益事业规定了优惠措施，主要体现

① 《法律问答与释义》，载中国人大网，http：//www. npc. gov. cn/zgrdw/npc/flsyywd/jingji/2003 - 11/14/content_ 324171. htm。

② 《法律问答与释义》，载中国人大网，http：//www. npc. gov. cn/zgrdw/npc/flsyywd/jingji/2003 - 11/14/content_ 324171. htm。

在税收优惠上。2023 年 12 月，新修订的《中华人民共和国慈善法》专门增加了第八十八条有关慈善信托税收优惠的相关规定，即自然人、法人和非法人组织设立慈善信托开展慈善活动的，依法享受税收优惠。

《信托法》第六十二条　【公益信托的批准】

第六十二条　公益信托的设立和确定其受托人，应当经有关公益事业的管理机构（以下简称公益事业管理机构）批准。

未经公益事业管理机构的批准，不得以公益信托的名义进行活动。

公益事业管理机构对于公益信托活动应当给予支持。

权威解读①

本条是关于公益信托设立及确定受托人的规定。

由于公益信托涉及社会公共利益，因此对公益信托的管理和监督要严于私益信托。就公益信托的设立环节，英美法要求向有关机关履行登记注册手续。比如英国规定，公益信托的设立，应当由受托人向公益委员会办理登记手续。日本、韩国等大陆法系国家规定设立公益信托必须经有关机关的批准。

本条对公益信托的设立作了以下规定：

（一）在本法关于信托设立的有关规定基础上，本条对公益信托的设立规定了审批制，要求经有关公益事业的管理机构批准。比如运用信托形式资助癌症患者，应当经卫生行政部门的批准；运用信托形式资助贫困大学生，应当经教育行政部门批准等。

（二）关于受托人的资格，本法规定受托人应当是具有完全民事行为能力的自然人、法人。法律、行政法规对受托人的条件另有规定的，从其规定。考虑到公益信托的社会公益性，为了保护公共利益，本条明确规定公益信托受托人的确定要经公益事业管理机构批准。

（三）本条第二款从反面规定，未经公益事业管理机构批准，不得以公益信托的名义进行活动，任何单位和个人都不得以公益信托的名义进行活动，特别是防止不法分子打着公益信托的招牌骗取委托人的财物而据为己有。

---

① 《法律问答与释义》，载中国人大网，http：//www. npc. gov. cn/zgrdw/npc/flsyywd/jingji/2003 - 11/14/content_ 324171. htm。

（四）本条第三款的规定是对“国家鼓励发展公益信托”一个方面的具体体现，公益事业管理机构对于公益信托活动应当给予支持。

《信托法》第六十三条　【公益信托财产及其收益的使用】

第六十三条　公益信托的信托财产及其收益，不得用于非公益目的。

权威解读①

本条是对公益信托的信托财产及其收益的用途的规定。

由于公益信托涉及社会公共利益，所以本法第六十二条对公益信托的设立规定了审批制，要求公益信托的设立及其受托人的确定，应当经公益事业管理机构的批准。本条的规定，是突出强调受托人必须要严格依照信托文件的规定执行信托事务，以确保公益目的的实现。根据本法规定，公益信托设置信托监察人，信托监察人有权以自己的名义，为维护受益人的利益，提起诉讼或者实施其他法律行为。受托人应当每年至少一次作出信托事务处理情况及财产状况报告，经信托监察人认可后，报公益事业管理机构核准，并由受托人予以公告。公益信托的受托人违反信托义务的，由公益事业管理机构变更受托人。

《信托法》第六十四条　【信托监察人】

第六十四条　公益信托应当设置信托监察人。

信托监察人由信托文件规定。信托文件未规定的，由公益事业管理机构指定。

权威解读②

本条是关于公益信托设置信托监察人的规定。

---

①《法律问答与释义》，载中国人大网，http：//www. npc. gov. cn/zgrdw/npc/flsyywd/jingji/2003－11/14/content_ 324171. htm。

②《法律问答与释义》，载中国人大网，http：//www. npc. gov. cn/zgrdw/npc/flsyywd/jingji/2003－11/14/content_ 324171. htm。

（一）关于信托监察人的设置。本条首先在第一款明确规定公益信托应当设置信托监察人。这是本法关于公益信托的特别规定，是法定要求，对私益信托则没有这方面的规定。与私益信托从成立时就有明确的受益人不同，公益信托在执行过程中，由于受益人范围比较广泛，由广大的受益人直接对受托人的信托活动进行监督难以操作，所以在公益信托中设置信托监察人，是为了加强对公益信托的监督，保证公益信托目的的实现，以保护社会公众利益。

（二）关于信托监察人的选任，本条首先规定由信托文件规定；信托文件未规定的，由公益事业管理机构指定。本条关于公益信托设置信托监察人的规定，就要求公益事业管理机构在审查批准公益信托的设立时，应当审查信托文件中是否规定了信托监察人。如果未作规定，应当对该公益信托指定信托监察人。

《信托法》第六十五条　【信托监察人的权利】

第六十五条　信托监察人有权以自己的名义，为维护受益人的利益，提起诉讼或者实施其他法律行为。

权威解读[①]

本条是对信托监察人权利的规定。

公益信托的受益人是不特定的社会公众，为了维护公益信托受益人的利益，加强对公益信托活动的监督，保证信托目的的实现，本法规定公益信托应当设置信托监察人，信托监察人即是受益人利益的代表。本条规定的主要含义是：（一）信托监察人行使权利时是以自己的名义进行，信托监察人是一个独立的法律主体。（二）信托监察人行使权利是为了受益人的利益，这是信托监察人作为受益人利益代表的具体体现。（三）信托监察人行使权利的方式是进行诉讼或者实施其他法律行为。

---

① 《法律问答与释义》，载中国人大网，http：//www.npc.gov.cn/zgrdw/npc/flsyywd/jingji/2003－11/14/content_324171.htm。

《信托法》第六十六条　【公益信托人的辞任】

第六十六条　公益信托的受托人未经公益事业管理机构批准，不得辞任。

权威解读 ①

本条是关于公益信托受托人辞任的规定。

关于私益信托受托人的辞任，本法规定应当经委托人和受益人同意，即必须要经委托人和受益人共同同意。本条关于公益信托受托人的辞任，规定必须经公益事业管理机构批准，比私益信托的规定要严格。这是因为，虽然公益信托是委托人设立的，但是本法规定公益信托受托人的确定要经公益事业管理机构批准。即委托人选任的受托人，必须经公益事业管理机构批准才能作为公益信托的受托人。与此相对应，本条规定公益信托的受托人未经公益事业管理机构批准，不得辞任。同时，由于公益信托的受益人是不确定的，是不特定的社会公众，受托人的辞任由受益人同意在实际中难以操作。因此，本条关于公益信托受托人的辞任，没有规定要经委托人、受益人同意。

《信托法》第六十七条　【公益信托的检查、报告与公告】

第六十七条　公益事业管理机构应当检查受托人处理公益信托事务的情况及财产状况。

受托人应当至少每年一次作出信托事务处理情况及财产状况报告，经信托监察人认可后，报公益事业管理机构核准，并由受托人予以公告。

权威解读 ②

本条对公益信托管理和监督的相关规定是，由公益事业管理机构检查公益信托受托人处理信托事务的情况及财产状况，并要求受托人制作相关报告。

① 《法律问答与释义》，载中国人大网，http：//www. npc. gov. cn/zgrdw/npc/flsyywd/jingji/2003 - 11/14/content_ 324171. htm。

② 《法律问答与释义》，载中国人大网，http：//www. npc. gov. cn/zgrdw/npc/flsyywd/jingji/2003 - 11/14/content_ 324171. htm。

《信托法》第六十八条　【公益信托受托人的变更】

第六十八条　公益信托的受托人违反信托义务或者无能力履行其职责的，由公益事业管理机构变更受托人。

权威解读①

本条是对公益事业管理机构变更公益信托受托人的规定。

关于私益信托受托人的变更，本法规定了两种情况。一是受托人违反信托目的处分信托财产或者管理运用、处分信托财产有重大过失的，委托人、受益人有权依照信托文件的规定解任受托人，或者申请人民法院解任受托人。二是受托人因死亡或者被宣告死亡、被宣告为无民事行为能力人或者限制民事行为能力人、被依法撤销或者被宣告破产、依法解散或者法定资格丧失等情形导致其职责终止时，依照信托文件的规定选任新受托人；信托文件未规定的，由委托人选任；委托人不指定或者无能力指定的，由受益人选任。

《信托法》第六十九条　【变更信托文件】

第六十九条　公益信托成立后，发生设立信托时不能预见的情形，公益事业管理机构可以根据信托目的，变更信托文件中的有关条款。

权威解读②

本条是对公益事业管理机构变更公益信托文件有关条款的规定。

与私益信托的规定相比，本条的规定有下列不同点：一是关于公益信托条款进行变更的前提是发生设立信托时不能预见的情形，比私益信托规定的前提要广泛。二是有权对公益信托条款进行变更的是公益事业管理机构，而不是委

① 《法律问答与释义》，载中国人大网，http：//www. npc. gov. cn/zgrdw/npc/flsyywd/jingji/2003 - 11/14/content_ 324171. htm。

② 《法律问答与释义》，载中国人大网，http：//www. npc. gov. cn/zgrdw/npc/flsyywd/jingji/2003 - 11/14/content_ 324171. htm。

托人、受益人。三是对公益信托变更的范围未作任何限制，不限于私益信托可以变更信托财产的管理方法这一种形式。即公益事业管理机构根据信托目的，可以对信托文件的条款进行变更。

《信托法》第七十条　【终止报告】

第七十条　公益信托终止的，受托人应当于终止事由发生之日起十五日内，将终止事由和终止日期报告公益事业管理机构。

权威解读[①]

本条是对公益信托终止时受托人有关义务的规定。

本章没有规定公益信托终止的情形。根据本法规定，公益信托适用本章规定，本章未规定的，适用本法及相关法律的规定。因此，公益信托终止的情形应当适用本法关于私益信托终止情形的规定。公益信托因下列情形而终止：第一，信托文件规定的终止事由出现。第二，信托的存续违反信托目的。第三，信托目的已经实现或者不能实现。第四，信托被撤销。

本法规定公益信托的设立必须经公益事业管理机构批准，从对公益信托管理的连续性考虑，本条要求公益信托的终止要向公益事业管理机构报告。

《信托法》第七十一条　【公益信托终止的清算报告与公告】

第七十一条　公益信托终止的，受托人作出的处理信托事务的清算报告，应当经信托监察人认可后，报公益事业管理机构核准，并由受托人予以公告。

权威解读[②]

本条是对公益信托终止时受托人有关义务的规定。

---

① 《法律问答与释义》，载中国人大网，http：//www. npc. gov. cn/zgrdw/npc/flsyywd/jingji/2003 – 11/14/content_ 324171. htm。

② 《法律问答与释义》，载中国人大网，http：//www. npc. gov. cn/zgrdw/npc/flsyywd/jingji/2003 – 11/14/content_ 324171. htm。

信托终止后，作为对信托财产进行管理或者处分的受托人，应当制作处理信托事务的清算报告。本条关于公益信托终止的规定，与私益信托相同的是，要求受托人作出处理信托事务的清算报告。所不同的是，对清算报告的审核程序要比私益信托复杂。

《信托法》第七十二条　【公益信托终止后信托财产的处理】

第七十二条　公益信托终止，没有信托财产权利归属人或者信托财产权利归属人是不特定的社会公众的，经公益事业管理机构批准，受托人应当将信托财产用于与原公益目的相近似的目的，或者将信托财产转移给具有近似目的的公益组织或者其他公益信托。

权威解读①

本条是关于公益信托适用“类似原则”的规定。

公益信托中的“类似原则”的适用是公益信托与私益信托的一个重要区别。对于公益信托，除非在信托文件中规定了明确的权利归属人，否则，信托财产不会归复某受益人、委托人或者他们的代理人。信托财产将用于与初始信托“尽可能相似”的其他一些公益目的，从而使公益信托能够继续存在下去。这就是英美法上著名的“类似原则”。日本、韩国一些大陆法学者将此称之为“公益信托的继承性”。本条对公益信托也规定了“类似原则”。第一，关于“类似原则”适用的前提是：公益信托终止，没有信托财产权利归属人或者信托财产权利归属人是不特定的社会公众，即如果在公益信托文件中明确规定了信托终止后信托财产的权利归属人，就不能对该信托适用“类似原则”。第二，关于实施“类似原则”的审批，须经公益事业管理机构批准，这是公益事业管理机构对公益信托实施管理的延伸和继续。第三，具体的实施方法是由受托人将信托财产用于与原公益目的相近似的目的，或者将信托财产转移给具有近似目的的公益组织或者其他公益信托。前者是指使信托关系存续，将信托财产用于与原公益目的相近似的目的。后者是指将该信托财产转移给与原信托具有近似目的的公益组织，或者将该信托财产转移给与原信托具有

---

① 《法律问答与释义》，载中国人大网，http：//www. npc. gov. cn/zgrdw/npc/flsyywd/jingji/2003 - 11/14/content_ 324171. htm。

近似目的的其他公益信托。

《信托法》第七十三条　【公益信托的委托人、受托人或受益人的诉权】

第七十三条　公益事业管理机构违反本法规定的，委托人、受托人或者受益人有权向人民法院起诉。

权威解读 ①

本条是关于公益信托当事人对公益事业管理机构的违法行为有权起诉的规定。

根据本法规定，公益事业管理机构的违法行为主要是：公益事业管理机构对符合公益信托条件的信托不予批准；公益事业管理机构随意变更公益信托的受托人；公益事业管理机构随意变更公益信托文件中的有关条款。公益信托终止后，在有信托财产权利归属人的情况下，公益事业管理机构要求该公益信托适用“类似原则”等。这些行为损害了公益信托当事人的利益。由于公益事业管理机构是不同行业的行政部门，因此，公益信托的委托人、受托人或者受益人向人民法院起诉时，以公益事业管理机构为被告的诉讼，属于行政诉讼。

《信托法》第七十四条　【施行日期】

第七十四条　本法自 2001 年 10 月 1 日起施行。

权威解读 ②

本条是对本法施行日期的规定。

关于法律的施行日期，从我国已通过的法律看，有三种形式的规定：一是

---

① 《法律问答与释义》，载中国人大网，http：//www. npc. gov. cn/zgrdw/npc/flsyywd/jingji/2003 - 11/14/content_ 324171. htm。

② 《法律问答与释义》，载中国人大网，http：//www. npc. gov. cn/zgrdw/npc/flsyywd/jingji/2003 - 11/14/content_ 324170. htm。

从颁布之日起施行，这主要适用于法律实施的条件比较成熟，或者是不需要作什么准备就可以实施的情况。二是法律规定于将来的某一日期施行，即从颁布到施行有一段时间，这主要是为了做好法律实施的准备工作。三是法律规定以另一部法律的实施作为前提，规定本法的施行日期。本条规定本法的施行日期采用的是第二种形式。本法是2001 年4 月28 日由九届全国人大常委会第二十一次会议审议通过的，当天以国家主席令予以公布。从4 月28 日通过到10 月1 日起施行，这期间有五个多月的时间，目的是做好信托法的实施准备工作。